2021

HUGO DE BRITO **MACHADO SEGUNDO**

PODER PÚBLICO E LITIGIOSIDADE

2021 © Editora Foco

Autor: Hugo de Brito Machado Segundo
Diretor Acadêmico: Leonardo Pereira
Editor: Roberta Densa
Assistente Editorial: Paula Morishita
Revisora Sênior: Georgia Renata Dias
Capa Criação: Leonardo Hermano
Diagramação: Ladislau Lima
Impressão miolo e capa: FORMA CERTA

Dados Internacionais de Catalogação na Publicação (CIP) (Câmara Brasileira do Livro, SP, Brasil)

M149p   Machado, Hugo de Brito
   Poder público e litigiosidade / Hugo de Brito Machado. - Indaiatuba, SP : Editora Foco, 2021.

   168 p. ; 17cm x 24cm.

   Inclui índice e bibliografia.

   ISBN 978-65-5515-158-9

   1. Direito Público. 2. Poder público. 3. Litigiosidade. I. Título.

2020-2460   CDD 341   CDU 342

Elaborado por Vagner Rodolfo da Silva – CRB-8/9410

Índices para Catálogo Sistemático:

1. Direito Público 341   2. Direito Público 342

DIREITOS AUTORAIS: É proibida a reprodução parcial ou total desta publicação, por qualquer forma ou meio, sem a prévia autorização da Editora FOCO, com exceção do teor das questões de concursos públicos que, por serem atos oficiais, não são protegidas como Direitos Autorais, na forma do Artigo 8º, IV, da Lei 9.610/1998. Referida vedação se estende às características gráficas da obra e sua editoração. A punição para a violação dos Direitos Autorais é crime previsto no Artigo 184 do Código Penal e as sanções civis às violações dos Direitos Autorais estão previstas nos Artigos 101 a 110 da Lei 9.610/1998. Os comentários das questões são de responsabilidade dos autores.

NOTAS DA EDITORA:

Atualizações e erratas: A presente obra é vendida como está, atualizada até a data do seu fechamento, informação que consta na página II do livro. Havendo a publicação de legislação de suma relevância, a editora, de forma discricionária, se empenhará em disponibilizar atualização futura.

Erratas: A Editora se compromete a disponibilizar no site www.editorafoco.com.br, na seção Atualizações, eventuais erratas por razões de erros técnicos ou de conteúdo. Solicitamos, outrossim, que o leitor faça a gentileza de colaborar com a perfeição da obra, comunicando eventual erro encontrado por meio de mensagem para contato@editorafoco.com.br. O acesso será disponibilizado durante a vigência da edição da obra.

Impresso no Brasil (10.2020) – Data de Fechamento (10.2020)

2021

Todos os direitos reservados à
Editora Foco Jurídico Ltda.

Rua Nove de Julho, 1779 – Vila Areal
CEP 13333-070 – Indaiatuba – SP

E-mail: contato@editorafoco.com.br
www.editorafoco.com.br

Nota ao leitor

A ideia de escrever este livro surgiu em Viena, Áustria. Realizei pesquisa em torno da tributação indireta, em 2012, e, analisando seus resultados, foi possível perceber o que poderia ser uma questão de princípio, talvez extensível a situações diversas: a tensão, no âmbito do direito da União Europeia, entre autonomia e efetividade, e a importância do devido processo legal a conectar o direito processual ao direito material. Isso levou a uma nova pesquisa, também no *Institut für Österreichisches und Internationales Steuerrecht* da *Wirtschaftsuniversität*, desta vez sobre os precedentes da Corte de Justiça Europeia em torno da apontada tensão, em outras questões envolvendo o Direito Público. Em síntese, pelo princípio da autonomia considera-se que cada Estado membro da União Europeia é livre para disciplinar a forma como o Direito da União será implementado (*enforcement*) em seu território. A definição das atribuições das autoridades administrativas, dos procedimentos a serem seguidos, da forma como a legalidade de seus atos será controlada etc., tudo isso é matéria a ser livremente disciplinada por cada Estado. Daí a existência, nos distintos Países da União Europeia, de estruturas bem diversas, sejam elas judiciárias ou administrativas, além de processos, ritos, prazos etc. também diferentes. A questão é que, embora tenham liberdade nesse quesito, os Estados membros têm, por igual, de dar efetividade ao Direito da União Europeia. Podem escolher apenas *como*. Isso levou à formação de uma jurisprudência, na Corte de Justiça Europeia (que conhece apenas de questões relacionadas à interpretação do Direito da União), sobre disposições processuais domésticas de diversos países da Europa. Ou seja, embora, em tese, não conheça de questões processuais, pois elas são internas a cada país, a Corte, que apenas trata de aspectos relacionados ao Direito da União, passou excepcionalmente a tratar das tais questões processuais internas aos países, quando elas *inviabilizam* a efetividade do Direito da União.

Percebeu-se, assim, a existência de toda uma jurisprudência que dá sinais, *a contrario*, a respeito do conteúdo do princípio do devido processo legal. Confirmou-se, ainda, algo que já havia sido constatado na pesquisa sobre a tributação indireta: os Tribunais internos, ou domésticos, são geralmente mais flexíveis às exigências do Estado que integram, curvando-se a elas, do que a Corte Europeia de Justiça, talvez dotada de mais independência e imparcialidade. E isso ocorre, muitas vezes, de maneira disfarçada, ou sub-reptícia: em vez de a Corte nacional simplesmente dar razão ao Poder Público, em casos nos quais ele não a tem, o julgador resvala por questões processuais para deixar de dar razão ao cidadão contribuinte. Preservam-se as aparências, e a ideia de que se vive em um Estado de Direito.

Algum tempo depois, em 2017, iniciei, no Curso de Mestrado do Centro Universitário Christus, a condução de uma disciplina dedicada a pesquisar a difícil tarefa de fazer efetiva a jurisdição contra quem é encarregado de prestá-la, intitulada *Poder Público e Litigiosidade*. Nesse ambiente, alimentada pelas ricas discussões com discentes e colegas de docência, a pesquisa foi expandida ao contexto brasileiro, indagando por causas e propondo soluções. A discussão do tema de forma específica na pós-graduação permitiu a problematização de tópicos que, de algum modo, já eram discutidos com os alunos da graduação, no Curso de Direito do Centro Universitário Christus e na Faculdade de Direito da Universidade Federal do Ceará, nas disciplinas de *Direito Tributário I e II* e de *Processo Tributário*.

Essa, em suma, foi a origem deste livro, produzido para discutir temas ligados ao chamado Processo Tributário. Entretanto, em vez de se escrever um manual ou um compêndio, com o exame pormenorizado e panorâmico de todos os assuntos a ele relacionados, optou-se pela verticalização de alguns de seus aspectos mais sensíveis. Embora sejam questões que aparecem em outros ramos do processo, mesmo quando no mérito não se discute o Direito Público e não se tem o Estado como parte, pareceu-nos que nas questões tributárias, que tocam mais diretamente no financiamento da máquina pública, elas emergem de forma mais visível. Daí seu enfrentamento aqui, calcado em considerações filosóficas, históricas e de direito comparado, destinadas a permitir um olhar crítico sobre o direito positivo brasileiro e, principalmente, sobre a forma como os Tribunais brasileiros o interpretam e aplicam.

Não se teve, é claro, a pretensão de examinar todos os desdobramentos do tema, ou as várias questões que ele suscita. As limitações humanas tornam qualquer tentativa de conhecer a realidade limitada e precária e, nessa condição, provisória. Com este livro não poderia ser diferente. O importante, porém, é que se identifiquem as principais questões, se levantem os problemas, e se lhes apontem soluções. Ainda que estas não sejam consideradas boas, a provocação terá valido a pena se motivar outras pessoas a seguirem adiante procurando alternativas melhores, ou indicando os erros cometidos, pois só isso permite sua correção. Toda crítica, portanto, será muito bem-vinda.

Fortaleza, junho de 2019,

Hugo de Brito Machado Segundo

Sumário

NOTA AO LEITOR III

1. NOÇÕES FUNDAMENTAIS 1

   1.1. A origem natural dos grupos de seres vivos e do papel de seus líderes 1

   1.2. A capacidade de criar realidades institucionais e a distinção dos grupos humanos 3

   1.3. Estado, Estado de Direito e Tríplice Função 4

   1.4. Diálogo entre Teoria e Prática 10

2. PROVA E VERDADE NOS PROCESSOS ENVOLVENDO O PODER PÚBLICO 11

   2.1. A importância da verdade para a correta aplicação do Direito 11

   2.2. Precariedade da cognição humana e repercussões no campo probatório 12

   2.3. Ônus da prova em questões tributárias 19

   2.4. Arbitramento como "última ratio" 21

   2.5. Provas e indícios 23

   2.6. Questões de fato e a recusa em se produzirem provas no processo 23

   2.7. Poderes instrutórios do juiz e presunção de veracidade dos atos administrativos 25

   2.8. Fundamentação da sentença que aprecia questões de fato 27

3. OS CUSTOS DE SE DEMANDAR CONTRA O PODER PÚBLICO 31

   3.1. Despesas processuais e efetividade da jurisdição 31

   3.2. Honorários advocatícios de sucumbência 33

4. TUTELAS PROVISÓRIAS EM FACE DO PODER PÚBLICO 41

   4.1. Classificação dos provimentos judiciais e tutelas provisórias 41

   4.2. Fundamento constitucional para a concessão de tutelas provisórias 42

   4.3. Interpretação das regras que veiculam restrições à concessão de tutelas provisórias contra o Poder Público 46

   4.4. Liminares e compensação tributária 47

   4.5. A questão da proliferação de liminares 49

   4.6. O pedido de suspensão de liminar e de segurança 50

| 5. EXECUÇÃO CONTRA O PODER PÚBLICO | 53 |

5.1. Cumprimento de sentença como modalidades de execução (em sentido amplo) contra a Fazenda Pública... 54

5.2. Realidade brasileira anterior ao precatório.. 54

5.3. Problemas atuais da sistemática de precatório 56

    5.3.1. Oportunidades de protelação abertas à Fazenda 56

    5.3.2. Não inclusão do valor no orçamento 57

5.4. Assimetrias relativamente à execução movida pelo Poder Público e sua justificação 60

5.5. Igualdade e critérios de atualização de dívidas 61

5.6. Emendas constitucionais e violação de cláusulas pétreas 62

5.7. O regramento da EC 94/2016.. 66

5.8. Ampliação da sistemática inerente às "requisições de pequeno valor – RPV". 67

6. EXECUÇÃO PELO PODER PÚBLICO 71

6.1. Tutela executiva e o recebimento de créditos pelo Poder Público 71

6.2. Particularidades da execução fiscal 73

6.3. Ineficiência da execução fiscal e meios alternativos de cobrança 75

6.4. Execução administrativa?.. 76

7. EFICÁCIA TEMPORAL DAS DECISÕES JUDICIAIS ENVOLVENDO O PODER PÚBLICO E SEGURANÇA JURÍDICA 81

7.1. Modulação de efeitos e sua justificação 81

7.2. Modulação em favor do Poder Público e fundamentos do controle de constitucionalidade... 83

7.3. Modulação, restituição do indébito e constitucionalidade eficaz 84

7.4. Tratamento do assunto no Tribunal de Justiça Europeu 85

7.5. Jurisprudência brasileira relativamente à modulação, em matéria tributária .. 86

7.6. Caminhos na busca por critérios 88

8. FUNDAMENTOS USADOS NAS DECISÕES JUDICIAIS PROFERIDAS EM PROCESSOS EM QUE É PARTE O PODER PÚBLICO... 91

8.1. A tensão entre descobrir e criar e a natureza institucional do Direito 92

8.2. Coerência, papel criador e imparcialidade 94

8.3. O que a incoerência é capaz de revelar 96

8.4. Exemplos de possíveis incoerências... 97

    8.4.1. A quem pertencem os juros de depósitos judiciais feitos para suspender a exigibilidade do crédito tributário?... 97

| 8.4.2. | Natureza "interna" ou "aduaneira" do PIS e da COFINS incidentes na importação | 98 |

8.4.2. Natureza "interna" ou "aduaneira" do PIS e da COFINS incidentes na importação 98

8.4.3. ICMS no transporte de passageiros 99

8.4.4. Unidade da pessoa jurídica dividida entre matriz e filiais 100

8.5. Situações em que se guardou coerência e suas consequências práticas 102

8.5.1. Lançamento por homologação: declaração desacompanhada de pagamento 102

8.5.1.1. Lançamento por homologação e denúncia espontânea 104

8.5.1.2. Lançamento por homologação, coerência e contagem da prescrição 106

8.5.1.3. Demonstração prática do valor da coerência 107

8.6. Integridade da jurisprudência 108

8.7. Estabilidade da jurisprudência 108

8.8. Outros requisitos a serem observados na fundamentação da decisão judicial. 109

8.8.1. Preliminarmente 109

8.8.2. O art. 489, §§ 1.º e 2.º do CPC e as hipóteses de falta de fundamentação 110

8.8.3. Como aferir se uma decisão está minimamente fundamentada? 111

9. COISA JULGADA E QUESTÕES ENVOLVENDO O PODER PÚBLICO 115

9.1. Preliminarmente 115

9.2. O que é "coisa julgada"? 115

9.3. Uma decisão transitada em julgado pode produzir efeitos em relação a fatos futuros? 116

9.4. E se a alteração se verificar na jurisprudência? 120

9.5. Instrumentos adequados à rediscussão de questões diante de alteração jurisprudencial 121

9.6. A coisa julgada administrativa 124

10. PROPOSTAS PARA UMA JURISDIÇÃO MAIS EFETIVA EM FACE DO PODER PÚBLICO 127

10.1. Fixação de critérios para a escolha de assessores por parte de membros do Poder Judiciário............... 127

10.2. Redução da influência do Poder Executivo na escolha dos membros das Cortes Superiores 128

10.3. Uso da inteligência artificial por autoridades fazendárias e por julgadores..... 129

10.4. Incremento na utilização de métodos alternativos e mudança na cultura de "judicialização" 131

11. MÉTODOS ALTERNATIVOS DE SOLUÇÃO DE LITÍGIOS E O PODER PÚBLICO..... 135

11.1. Mediação e conciliação.. 136

11.2. Transação... 136

11.3. Arbitragem 138

11.4. Processo administrativo e "autotutela" 141

11.5. Sanções políticas e protesto de CDA.. 142

11.5.1. O protesto como forma de cobrança 148

REFERÊNCIAS... 149

ÍNDICE REMISSIVO.. 155

1
NOÇÕES FUNDAMENTAIS

1.1. A ORIGEM NATURAL DOS GRUPOS DE SERES VIVOS E DO PAPEL DE SEUS LÍDERES

Em ambientes nos quais recursos são escassos, e estão presentes seres ou entes que precisam desses recursos para atingir objetivos, coloca-se a questão de saber quais as estratégias mais eficazes a serem adotadas por referidos seres para a consecução de seus objetivos. Algumas vezes, o êxito de um desses seres depende do insucesso dos demais na consecução daquilo que almejam. Estabelece-se, então, ambiente de pura competição, em que o sucesso de um depende do fracasso do outro, em igual proporção. É o que, em Teoria dos Jogos[1], se conhece por "jogo de soma zero", assim entendido porque cada triunfo obtido por um participante representa derrota em igual dimensão aos demais.

Há, porém, cenários em que o êxito de um dos participantes não implica, necessariamente, prejuízo a todos os outros. Pode ocorrer de o sucesso de um deles ser indiferente aos demais, ou mesmo de ter reflexos positivos, configurando o que em Teoria dos Jogos se conhece por "jogo de soma não zero". Nessas situações, estratégias de cooperação se mostram, no longo prazo, mais bem-sucedidas. Ainda que, em um primeiro momento, o sucesso de um ser no atingimento de seus objetivos seja indiferente aos outros, estes podem *ajudar* o primeiro, em troca de possível retribuição no futuro, quando a situação se inverter. Ao longo de um maior número de interações, o sucesso do grupo, como um todo, será maior se houver cooperação e reciprocidade.

Essa seria a razão pela qual, na luta pela sobrevivência, muitas espécies cooperam, entre si e umas com as outras, sendo o altruísmo também observável entre diversas formas de seres vivos. Mas como há o risco de surgir, no seio de um grupo de indivíduos cooperativos, algum indivíduo que procura se beneficiar da colaboração de todos, sem ajudar ninguém (conhecido como "carona", ou *free rider*), é indispensável, para que o grupo não seja explorado até a destruição, que existam mecanismos de proteção e retaliação contra aqueles tidos como não cooperativos[2]. Examinando a questão pela

---

1. "Jogo", nesse contexto, não significa necessariamente uma "competição esportiva", mas "toda situação que envolva mais de um indivíduo, no âmbito da qual cada um deles pode realizar mais de uma ação, de modo que o resultado para cada um desses indivíduos, aqui designado 'proveito', é influenciado pelas suas próprias ações, e pelas escolhas referentes às ações de pelo menos outro indivíduo." No original, *"game is any situation involving more than one individual, each of which can make more than one action, such that the outcome to each individual, called the payoff, is influenced by their own action, and the choice of action of at least one other individual."* MCEACHERN, Andrew. **Game Theory**: a classical introduction – mathematical games and the tournament. Queens University: Morgan & Claypool Publishers, 2017, p. 1.
2. AXELROD, Robert. **A evolução da cooperação**. Tradução de Jusella Santos. São Paulo: Leopardo, 2010, p. 19.

ótica dos grupos, estes passam então a ter melhores condições de sobrevivência quando agasalham em seu âmbito membros cooperativos e dotados de mecanismos destinados a se proteger de possíveis aproveitadores ("caronas"). Grupos de indivíduos inteiramente não cooperativos, ou totalmente cooperativos mas desprovidos de proteções contra eventuais caronas não cooperativos, tendem a fenecer. Não duram muito tempo e por isso mesmo seus integrantes não deixam descendentes com características capazes de formar outros grupos semelhantes. Daí inexistirem na natureza.

Nessa ordem de ideias, do mesmo modo como ambientes escuros ensejaram o surgimento e o aprimoramento de olhos mais acurados em corujas, ou de sonares em morcegos, pela maior vantagem à sobrevivência e à reprodução oportunizada pelas informações adequadas sobre o ambiente circundante, o maior benefício propiciado pela cooperação levou ao surgimento de aparatos neurológicos que potencializam essa capacidade quando ela é importante. Permitem aos indivíduos *reconhecer* uns aos outros e *lembrar* dos que com eles cooperaram em momentos passados, possibilitando a retribuição ou a retaliação necessárias a que as estratégias colaborativas funcionem ao longo do tempo e mantenham o grupo coeso, protegendo-o ainda dos caronas. É o que se observa em diversas espécies de mamíferos, como lobos, golfinhos, primatas e, de forma exponencialmente sofisticada, em humanos. Desse modo se desenvolvem política e trocas de favores[3], assim como a ideia de reputação e os sentimentos morais[4], que consubstanciam forma de tornar socialmente reprováveis condutas nocivas ao grupo, notadamente aquelas vistas como desleais e não cooperativas.

Com base nessas premissas, o estudo da seleção natural e do comportamento de outros animais tem lançado hipóteses bastante razoáveis a respeito da origem dos sentimentos morais[5], e das normas jurídicas que de algum modo se destinam a emprestar a eles maiores objetividade e efetividade. Nesse campo talvez estejam, também, pistas a respeito do surgimento do Estado, e da jurisdição, porquanto em tais grupos, inclusive de animais não humanos, estratégias cooperativas, amalgamadas contraditoriamente com sentimentos competitivos e com o desenvolvimento do aparato neurológico que permite aos seres levarem-nas a efeito de maneira mais efetiva, ensejaram o aparecimento de líderes, os quais conquistam essa posição por meio do reconhecimento dos demais. Esse reconhecimento é obtido das mais variadas formas, mas uma delas é a capacidade de resolver conflitos havidos no seio

---

3. A expressão não é usada aqui com conotação pejorativa, ligada a práticas escusas por meio das quais, notadamente no setor público, se incorre em prevaricação, corrupção ou tráfico de influência. No texto se faz alusão, tão somente, e em sentido bem amplo, à reciprocidade inerente à "política" observável até mesmo entre animais não humanos, como é o caso do chimpanzé mais forte que protege outro mais fraco durante uma briga deste com terceiros, e este mais fraco, em troca, em momento posterior, lhe traz alimentos ou demonstra lealdade e presta igual apoio quando a situação se inverte e a briga envolve aquele que inicialmente o protegeu. É preciso que os animais reconheçam uns aos outros e lembrem dessas interações passadas para que as estratégias cooperativas ocorram. E quanto maior a capacidade de reconhecer e lembrar, maiores as potencialidades político-cooperativas. Não é à toa que políticos profissionais geralmente têm excelente memória.
4. AXELROD, Robert. **A evolução da cooperação**. Tradução de Jusella Santos. São Paulo: Leopardo, 2010, p. 108.
5. Cf., *v.g.*, SMITH, Adam. **The theory of moral sentiments**. London: A Millar, 1790; WAAL, Frans de; CHURCHLAN, P.; PIEVANI, T.; PARMIGIANI, S. (Eds.). **Evolved morality**. The biology and philosophy of human conscience. Boston: Brill, 2014; JOYCE, Richard. **The evolution of morality**. Cambridge, Massachusetts: MIT Press, 2006.

do grupo, pacificando-os. Em grupos de chimpanzés, por exemplo, o *macho alfa* é assim reconhecido não apenas por sua força, mas por sua habilidade em compor conflitos surgidos entre outros indivíduos de seu grupo[6], algo também presente, desde os primórdios, em sociedades humanas.

1.2. A CAPACIDADE DE CRIAR REALIDADES INSTITUCIONAIS E A DISTINÇÃO DOS GRUPOS HUMANOS

Entre humanos, uma maior capacidade neurológica permitiu um exponencial crescimento de tais instrumentos cooperativos naturais, especialmente por conta do surgimento das chamadas "realidades institucionais", assim entendidas aquelas que existem como fruto de um pacto intersubjetivo em torno de regras constitutivas de sua existência[7]. Quando dois ou mais seres pensantes deliberam que, entre eles, "X" terá o significado de "Y", em um contexto "Z", tem-se uma realidade institucional[8]. É o caso das regras de um jogo, e de figuras como "campeonato brasileiro de futebol", dentro da qual se cogitam de séries ou divisões e posições na tabela; ou de algo como um jogo de xadrez e, em seu âmbito, das características das diversas peças, ou de figuras como um xeque mate etc.

Em uma estrutura escalonada, a partir de realidades institucionais previamente criadas se podem construir outras, ainda mais complexas[9]. Mesmo que alguns animais não humanos tenham acesso ao que, rudimentarmente, poderiam ser consideradas já realidades institucionais[10], essa capacidade de construir realidades institucionais sobre outras realidades institucionais permite aos seres humanos construções que lhes são únicas, como a escrita (formada por letras, com as quais se formam palavras, agrupadas para se construírem frases...), e, com ela e sobre ela, personagens, enredos, um romance, a literatura, a teoria e a crítica literária; ou o direito enquanto sistema de normas, e uma ciência ou uma filosofia que dele se ocupam, uma epistemologia jurídica que tem por objeto de estudo o próprio conhecimento científico ou filosófico do direito, e assim sucessivamente.

---

6. WAAL, Frans de. **Good Natured**: The Origins of Right and Wrong in Humans and Other Animals. Cambridge: Harvard University Press, 1996, p. 132.
7. Entender como os seres humanos atribuem sentido às coisas significa compreender o que os faz unicamente humanos, pois nenhum outro animal faz com a linguagem o que o ser humano faz. Cf. BERGEN, Benjamin. **Louder than words**. The new science of how the mind makes meaning. New York: Perseus, 2012, p. 3.
8. SEARLE, John R. **The construction of social reality**. Nova Iorque: Simon & Schuster, 1995, p. 46.
9. Para melhor compreensão do que se está a dizer, basta pensar em realidades institucionais mais primárias, como certos sons e as letras, e, em seguida, palavras, frases, e tudo o que se constrói a partir delas (poesias, tragédias, romances, códigos, manifestos, teorias, sistemas filosóficos, correntes de pensamento, sistemas de governo...).
10. Há cães que associam palavras a coisas e são capazes de, por exemplo, atender ao pedido de ir a uma sala vizinha trazer determinado brinquedo, distinguindo-o entre vários outros, sendo esse pedido feito por meio de palavras (o nome do brinquedo) ou de imagens (um desenho do brinquedo). Sugere-se, com isso, que talvez tenham a capacidade de um pensamento abstrato conceitual, ainda que mínimo e rudimentar, que lhes permite identificar "conceitos" como "bola" ou "boneca", em tese, associando-os aos objetos da sala vizinha que nele se amoldam. E isso para não mencionar o já clássico exemplo dos primatas que aprendem a linguagem dos sinais, ou mesmo que são exímios jogadores de videogame.

Esse imenso mundo formado pelas realidades institucionais no âmbito das sociedades humanas ao longo da História[11], como produto de um longo processo de *tentativa e erro*, levou à substituição de figuras mais próximas do "macho alfa" dos grupos de chimpanzés e de lobos, como era o caso de antigos reis e imperadores encarregados de equacionar conflitos entre súditos, por instituições mais complexas e sofisticadas, das quais o Estado Fiscal contemporâneo é exemplo. Não se deve esquecer, porém, a mencionada origem biológica, calcada na necessidade de se solucionarem os conflitos que, de outro modo, inviabilizariam a manutenção do grupo enquanto tal e que, por conseguinte, seria prejudicial aos que o integram e nele encontram melhores ou maiores chances de enfrentar os desafios postos à sobrevivência. Daí a afirmação, frequente em obras de Ciência Política e Teoria do Estado, de que uma das funções do Estado, talvez uma das motivações para o seu surgimento, seja esta: a de compor conflitos entre os membros da sociedade, fazendo efetivas as regras de conduta[12].

O problema que se coloca, então, e que subsiste mesmo diante do Estado Fiscal contemporâneo, reside em saber como lidar com situações nas quais, sendo as regras de conduta aplicáveis também ao Estado, o conflito o envolve enquanto parte. Arranjos institucionais bastante complexos têm sido experimentados, há séculos, na tentativa de enfrentar tais situações, mas ainda há muitas imperfeições a serem corrigidas. Este livro ocupa-se, basicamente, dessas imperfeições, procurando identificá-las para, assim, ainda que minimamente, contribuir para a sua diminuição.

1.3. ESTADO, ESTADO DE DIREITO E TRÍPLICE FUNÇÃO

Surgido para dar eficácia às regras de conduta e, com isso, garantir a coesão do grupo social, o poder político coloca a questão de saber como fazer essas regras eficazes contra aqueles que o exercem. No longo processo de tentativa e erro – que a racionalidade humana permite replicar do processo de seleção natural dos seres vivos à seleção de ideias e instituições usadas na solução de problemas no âmbito da cultura – surgiram, para tentar fazer com que as regras de conduta sejam usadas eficazmente para disciplinar *também* os que corporificam o Estado, institutos como a separação de poderes, a rigidez constitucional e princípios como os da legalidade e da irretroatividade.

Realmente, não há como fazer com que o governante se submeta às regras de conduta se ele mesmo as elabora, aplica, e julga eventuais conflitos decorrentes dessa aplicação[13]. E menos ainda se puder alterá-las de forma retroativa em seu próprio bene-

---

11. A que Karl Popper designaria, em sua teoria dos mundos, de "mundo 3", sendo o "Mundo 1" aquele formado da matéria, ou dos fatos brutos, e o "Mundo 2" formado pela consciência ou pelos pensamentos do indivíduo, os quais não se confundiriam com os neurônios no âmbito do qual se processam (estes, parte do "Mundo 1"), nem com as criações culturais decorrentes desse pensamento e que podem subsistir mesmo depois do falecimento do sujeito correspondente ("Mundo 3"). Veja-se: Para a teoria dos mundos de Popper, veja-se, por exemplo, POPPER, Karl. **A vida é aprendizagem** – Epistemologia evolutiva e sociedade aberta. Tradução de Paula Taipas. São Paulo: Edições 70, 2001, p. 17.

12. É o caso, *v.g.*, de ZIPPELIUS, Reinhold. **Introdução ao Estudo do Direito**. Tradução de Gercélia Batista de Oliveira Mendes. Belo Horizonte: Del Rey, 2006, p. 19.

13. Por isso mesmo, James Madison escreveu, nos *Federalist Papers*: "No political truth is certainly of greater intrinsic value, or is stamped with the authority of more enlightened patrons of liberty, than that on which the objection is

fício. Em um cenário assim, ele, o governante, provavelmente não faria regras com as quais discordasse, não as aplicaria quando isso não o interessasse, jamais reconheceria o próprio erro quando da apreciação de conflitos nos quais estivesse envolvido; e, em último caso, alteraria a regra de forma retroativa para dar juridicidade àqueles seus lapsos que não tivesse como de outra forma tangenciar ou negar[14]. Daí a necessidade de normas jurídicas a estabelecer a separação de poderes, a legalidade e a irretroatividade, situadas em um plano que o próprio elaborador de normas não pode, ordinariamente, alterar; vale dizer, estabelecidas em uma Constituição rígida.

O surgimento de tais institutos deu-se em um longo processo de tentativa e erro. Não houve um momento iluminado no qual do nada surgiram ideias – até então inteiramente desconhecidas – destinadas a limitar o poder político, as quais, a partir de então, teriam passado a ser adotadas eficazmente em todos os lugares. Aliás, não há divisões assim na realidade, seja ela natural, histórica ou cultural[15] (com exceção, talvez, apenas de algumas entidades ideais[16]). Exame da história das instituições jurídicas, notadamente daquelas afetas ao chamado Direito Público, mostra que, antes das revoluções que culminaram com a implantação de tais institutos na maior parte do mundo ocidental, havia regras destinadas a disciplinar a atuação do Poder Público. Em matéria tributária, por exemplo, existiam disposições normativas a estabelecer como, e até que ponto, poderiam ser cobrados os tributos. Em certos momentos se protegia a capacidade contributiva, o mínimo existencial etc. Até porque o governante, independentemente do que disponham as regras jurídicas a que esteja eventualmente estabelecido, precisa de um mínimo de legitimidade para manter sua posição[17], legitimidade que será perdida se o governante adotar comportamento amplamente reprovado pela população submetida ao seu poder.

Esse exame da História mostra, contudo, que em tais períodos, anteriores ao surgimento de figuras modernas de limitação ao poder político – como a separação de poderes, a legalidade e a irretroatividade, garantidas em Constituições rígidas –, o respeito a referidos limites e critérios por parte das autoridades do poder público era mais dependente do governante do momento, e de circunstâncias outras, de natureza não jurídica. Exemplificando, na Grécia Antiga, bem como no Império Romano[18], houve

---

founded. The accumulation of all powers, legislative, executive, and judiciary, in the same hands, whether of one, a few, or many, and whether hereditary, self-appointed, or elective, may justly be pronounced the very definition of tyranny." HAMILTON, Alexander; JAY, John; MADISON, James. **The federalist**. Indianapolis: Liberty Fund, 2001, n. 47, p. 249.

14. Daí a observação de Hans Gribnau, para quem a retroatividade tem cheiro de coisas que não são boas. Em suas palavras, "we breathe in the typical odour of retroactivity: to cheat, to play a trick on the rule of law, to recede from a decision, which may lead to frustrated prospects and plans, financial losses, diminished trust in government etc." GRIBNAU, Hans. Legal certainty: a matter of principle. In: GRIBNAU, Hans; PAUWELS, Melvin (Ed.). **Retroactivity of tax legislation**. European Association of Tax Law Professors and authors. 2013, p. 69.

15. SCHAUER, Frederick. **The force of law**. Cambridge, Massachusetts: Harvard University Press, 2015, p. 37; SHAPIRO, Stewart. **Vagueness in context**. Oxford: Claredon Press, 2006, p. 196 e ss.

16. Com exceção, talvez, das realidades *ideais*, como as formas geométricas e os números. Veja-se, a propósito: DE-EMTER, Kees Van. **Not exactly**. In Praise of vagueness. Oxford: Oxford University Press, 2010, p. 9 e 117.

17. ZIPPELIUS, Reinhold. **Introdução ao Estudo do Direito**. Tradução de Gercélia Batista de Oliveira Mendes. Belo Horizonte: Del Rey, 2006, p. 131.

18. BUJÁN, Antonio Fernández de. "Principios tributarios: una visión desde el Derecho Romano. *Ius fiscale*: instrumentos de política financiera y principios informadores del sistema tributario romano", MARTÍNEZ, Juan Arrieta;

períodos em que se respeitava o mínimo existencial, com isenções tributárias concedidas a pessoas pobres, se combatia a prática de arbitrariedades por autoridades fazendárias etc.[19]; entretanto, bastava mudar o soberano para que todo o arcabouço normativo que instrumentalizava tais práticas fosse abandonado[20]. Faltavam instituições que estivessem acima dos governantes, limitando-os[21].

E se o aparecimento de tais instituições (Constituições rígidas, separação de poderes, legalidade etc.) se deu lentamente, sua implementação seguiu o mesmo caminho. Como, aliás, ocorre com as realidades culturais de uma forma geral, as quais seguem, de algum modo, os mesmos padrões das realidades naturais, embora em velocidades distintas[22]. Por essa razão, como parece óbvio, não se assistiu à adoção da ideia de *no taxation without representation* em todas as partes do globo logo depois da implantação das Cortes de León, durante o reinado de Alfonso IX, em 1188, ou da assinatura da Magna Carta pelo Rei João Sem Terra, em 1215, ou da Independência Americana mais de quinhentos anos depois, em 1776. O processo de seleção de ideias e instituições seguiu – e segue – seu rumo até hoje, cabendo aos seres humanos, como se trata de processo também artificial, contribuir para a sua condução. Mesmo na contemporaneidade não é inteiramente adequada, tampouco totalmente eficaz, a forma como tais instituições limitadoras do poder político funcionam, razão pela qual é importante compreendê-las, entender seu surgimento e sua história, e ter noção de suas falhas e imperfeições, para que se possa contribuir com seu aprimoramento.

Essa afirmação pode parecer equivocada, ou exagerada, se se partir da ideia de que, em sociedades contemporâneas, em que se adotam formas democráticas de governo nas quais se reconhece que o poder emana do povo e que seus representantes têm limites a observar. Em uma democracia, afinal, o povo estaria, ao eleger representantes que elaboram as leis e as aplicam, governando a si mesmo. Sabe-se, porém, que esse é um ideal a ser buscado, nunca inteiramente alcançado em sociedade alguma. Além disso, notadamente em assuntos tributários, as garantias ofertadas pelo regime democrático, por si, não conduzem de maneira necessária à proteção do contribuinte, sendo comum que candidatos a cargos públicos conquistem mais votos com promessas de mais e mais serviços públicos, obras públicas, enfim, gasto público, o que reclama maior arrecadação[23].

Aliás, a adoção de um regime democrático, no qual existam mecanismos de freios e contrapesos ao exercício do poder pelos representantes do povo, por si só não garan-

---

YURRITA, Miguel Ángel Collado; PÉREZ, Juan Zornoza. **Tratado sobre la Ley General Tributaria**. Navarra: Aranzadi/Thomsom Reuters, 2010, t. I.

19. No Código de Justiniano, por exemplo, se estabelecia que "as cargas públicas devem ser suportadas na proporção das fortunas" (C.J, 10.42.1), vedando-se que os presidentes de províncias consentissem em que se aliviassem uns, e como consequência se gravassem outros de maneira excessiva, devendo-se guardar a igualdade (C.J., 10.42.4)

20. ADAMS, Charles. **For good and evil**: the impact of taxes on the course of civilization. 2. ed. New York: Madison Books, 2001, p. 60.

21. BONAVIDES, Paulo. **Ciência Política**. 10 ed. São Paulo: Malheiros, 1995, p. 180.

22. Seres vivos e realidades culturais, como a economia, os idiomas e os institutos jurídicos, passam por processos evolucionários muito semelhantes, embora sujeitos a velocidades diferentes. Cf. RIDLEY, Matt. **The evolution of everything**: how new ideas emerge. New York: Harper Collins, 2015.

23. KIRCHHOF, Paul. **Tributação no Estado Constitucional**. Tradução de Paulo Adamy. São Paulo: Quartier Latin, 2016, p. 17.

te que esses representantes buscarão, no exercício de suas funções, a consecução dos interesses da coletividade. É essa pressuposição, errada, que está na base do argumento segundo o qual a Fazenda Pública representa os interesses de toda a sociedade, devendo, por isso, ser submetida a um tratamento privilegiado, inclusive no que tange à sua posição em processos judiciais.

Diz-se que é errada porque os agentes públicos não perseguem, sempre e necessariamente, no exercício de suas atividades, os interesses da coletividade. Do mesmo modo como existem "falhas de mercado", que em tese justificariam a intervenção estatal na economia, há "falhas no Estado", notadamente decorrentes do fato de que os agentes públicos não raro perseguem *seus interesses particulares* mesmo quando supostamente deveriam estar se esforçando para a consecução do interesse público. Simplesmente não há razão para supor que o ser humano abandonaria seus próprios interesses apenas por lhe ter sido conferido um cargo público, por concurso, indicação ou eleição[24]. É preciso que instituições jurídicas sigam estabelecendo objetivos, limites e punições aos agentes públicos, em um eficaz sistema de freios e contrapesos, capaz de criar regramentos, sanções e estímulos necessários a que a consecução do interesse público seja convergente com os interesses particulares dos agentes públicos, e a que, no caso de divergência, estes encontrem obstáculos à promoção de seus interesses pessoais em detrimento da coletividade. Essa é a razão pela qual a adoção de um regime democrático, embora necessária e muitíssimo importante, não é suficiente, por si, para fazer com que desapareçam os abusos historicamente verificados na relação entre a autoridade e o cidadão, especialmente em matéria tributária, e muito menos para inverter a assimetria existente nessa relação, de sorte a colocar o Estado em posição de hipossuficiência, merecedor de facilidades e privilégios a serem franqueados pela ordem jurídica, inclusive no campo processual[25].

Poder-se-ia objetar, ainda, que o Poder Público, especialmente em regimes democráticos, corre riscos decorrentes do desleixo das pessoas para com o que é de todos. A falta de senso de coletividade e de apreço pelo patrimônio público, verificada no vandalismo, na depredação de bens públicos, nas pichações etc., reclamaria que à Fazenda se desse proteção adicional, estando superada, por isso, essa visão segundo a qual sua origem histórica opressora legitimaria a existência de limites ao poder e de garantias ao cidadão. O fato de os bens públicos pertencerem a todos, e deverem ser protegidos, justificaria a existência de um regime jurídico *favorecido* à Fazenda Pública, que lhe assegurasse maiores proteções e privilégios, e não o contrário, inclusive em matéria processual. Essa objeção, porém, embora de uso também frequente na defesa de privilégios processuais concedidos à Fazenda Pública, não procede. A proteção que os bens públicos merecem, e o combate ao descaso e à falta de apreço em comento, embora sejam pontos da maior importância, não têm nenhuma relação com uma maior complacência com arbitrariedades, ou com a ausência de limites a serem observados por autoridades

---

24. Veja-se, a respeito: BUCHANAN, James. **The limits of liberty**: between anarchy and leviathan. Indianapolis: Liberty fund, 2000, p. 196.
25. Confira-se, a propósito, MARINS, James. **Defesa e vulnerabilidade do contribuinte**. São Paulo: Dialética, 2009, *passim*.

na obtenção da receita pública. Pelo contrário, é a (falsa) ideia de que os recursos são ilimitados – porque de fácil obtenção – que ampara a visão de que podem ser utilizados irresponsavelmente, ou de que os bens do governo "não são de ninguém", podendo ser partilhados de qualquer maneira tal como um butim de guerra na Antiguidade. Toda a questão reside, portanto, em punir cidadãos e autoridades, não apenas quando atuem em desrespeito ao Direito por conferirem ao Poder Público menos do que lhe caberia, mas também quando, notadamente autoridades, atuarem de modo a buscar para o Poder Público mais do que a ordem jurídica lhe concede.

Outra objeção que se pode fazer à ideia de que o cidadão é a parte fraca em suas relações com o Poder Público, as quais não são ainda inteiramente *jurídicas*, mas, em alguma medida, relações *de poder*[26], é a de que existem cidadãos, inclusive cidadãos contribuintes, que detém *de fato* posição de primazia em relação ao Poder Público. Grandes empresários que, por exemplo, controlam políticos do alto escalão por terem direta ou indiretamente contribuído com suas campanhas eleitorais, pautando, desse modo, as principais decisões públicas, definindo a redação de projetos de lei etc. Trata-se de ponto relevante e que merece atenção.

Note-se que, ao longo de toda a História, sempre existiram pessoas que, por estarem próximas àqueles que exercem o poder político, por razões econômicas, políticas, sexuais ou de qualquer outra natureza *não jurídica* (vale dizer, não decorrente do efeito da incidência de normas jurídicas), poderiam contar com favores ou tratamentos especiais. Mesmo o mais arbitrário e absoluto dos monarcas, ou dos imperadores, eventualmente favorecia a determinadas pessoas, e nada se podia fazer a respeito. As limitações trazidas pela ideia de Estado de Direito prestam-se não apenas a conter eventuais abusos contra os cidadãos, mas a prevenir tais tratamentos favorecidos, que não deixam de representar um abuso para quem deles não usufrui, seja por criarem situações de concorrência desleal no âmbito do exercício da atividade econômica, seja por implicarem um aumento do ônus sobre aqueles que efetivamente o suportam. A existência de tais "favorecidos", portanto, em vez de contrariar a ideia de que o cidadão contribuinte é a parte fraca da relação que merece proteção, a confirma, pois parte dessa fraqueza consiste na submissão a tais situações de desigualdade, que, de mais a mais, beneficiam parcela bastante ínfima dos que se relacionam com o poder público. Aliás, a associação entre os que exercem o poder político e alguns poucos membros da sociedade, munidos de outras espécies de poder, destinada a explorar todos os demais, é precisamente a razão pela qual devem existir instituições fortes destinadas, entre outras coisas, a evitar tais associação e exploração, sendo a presença ou a ausência dessas instituições – e não fatores culturais, geográficos ou religiosos – a razão pela qual nações prosperam ou fracassam, respectivamente[27].

O fato é que, mesmo com as instituições jurídicas construídas ao longo da História para tentar conter os que corporificam o Poder Público, essa contenção é modesta, pois ele, o Poder Público, detém a *tríplice função* de elaborar as normas que disciplinarão suas

---

26. Sobre a relação tributária como uma relação de poder, e a tentativa de fazê-la uma relação jurídica, veja-se MACHADO, Hugo de Brito. **Curso de Direito Constitucional Tributário**. 2. ed. São Paulo: Malheiros, 2015, *passim*.
27. ACEMOGLU, Daron; ROBINSON, James. **Why nations fail**: the origins of power, prosperity and poverty. London: Profile books, 2012.

relações com os particulares, regulamentá-las e aplicá-las, e finalmente julgar os conflitos decorrentes dessa aplicação[28]. Existe, é certo, a figura da separação de poderes, que de algum modo minimiza os efeitos da titularidade dessas três funções em um mesmo ente – visto que o exercício delas é atribuído tipicamente a órgãos independentes uns dos outros – mas isso ainda é pouco, especialmente em matéria tributária, pois os três poderes têm interesse na arrecadação do tributo, que os mantém.

O parlamento muitas vezes representa, bem ou mal, a sociedade, no que tange à discussão de outras matérias, ligadas a costumes, às relações de trabalho etc., tendo em seu âmbito deputados e senadores conservadores, progressistas, liberais, de esquerda ou de direita, e assim por diante, refletindo, de algum modo, setores da sociedade detentores das mesmas características, ideologias, valores morais etc. Em matéria tributária, contudo, o parlamento não é dotado de semelhante representatividade, seja porque os projetos de lei são aprovados tal como elaborados pelas autoridades tributárias do Poder Executivo, com pouca ou nenhuma discussão no âmbito legislativo, seja porque o Executivo não raro controla a maioria no parlamento, que tudo aprova sem questionar[29], seja porque os projetos de lei em matéria tributária seriam "muito técnicos"[30] para a compreensão dos parlamentares, seja porque deputados e senadores estão também interessados na arrecadação[31], que gerará recursos a serem posteriormente refletidos em emendas ao orçamento, em obras públicas na cidade ou na região que os elegeu etc.

A importância do Estado e de suas atribuições é inegável, mas ela se deve revelar, a rigor, no direito material. É o que justifica, por exemplo, a instituição de tributos, bem como as limitações ao exercício do direito de propriedade. Mas, diante de possíveis violações a essas disposições, o processo que as há de tornar efetivas não deve tratar o Poder Público como parte fraca, a ser protegida, principalmente quando isso colocar em risco a efetividade do direito material que através do processo se visa a garantir ou efetivar.

O fato de o Estado deter a tríplice função (e de isso minar a própria juridicidade das relações tributárias) apenas demonstra o quão importantes são figuras como a separação dos poderes, a legalidade, a rigidez constitucional e, principalmente, o devido processo legal, com todos os princípios e garantias dele decorrentes. A busca pela verdade, o dever de fundamentar os julgados de forma coerente, a equitativa repartição das despesas do

---

28. MARINS, James. **Defesa e vulnerabilidade do contribuinte**. São Paulo: Dialética, 2009, p. 24.
29. Algo que, aliás, não ocorre apenas no Brasil. Veja-se, a propósito: HEINRICH, Johannes; PRINZ, Irina. Austria National Report. In: DOURADO, Ana Paula (ed.). **Separation of powers in tax law**. European Association of Tax Law Professors and Authors, 2010, p. 58.
30. O que poderia ser facilmente resolvido com a existência de uma assessoria legislativa especializada em matéria tributária, capaz de explicar aos parlamentares as consequências das alterações discutidas no Congresso, para que assim se pudessem tomar decisões esclarecidas e independentes.
31. Como nota Charles Adams, *"congressional representatives are more concerned with pleasing the tax man who butters their bread than with the plight of taxpayers who produce the butter."* ADAMS, Charles. **For good and evil**: the impact of taxes on the course of civilization. 2. ed. New York: Madison Books, 2001, p. 449. Em uma tradução livre, "os representantes no Congresso estão mais preocupados em agradar a autoridade tributária que passa manteiga no pão deles do que com a situação difícil dos contribuintes que produzem a manteiga". Na mesma ordem de ideias, Klaus Tikpe registra que, conquanto os parlamentares devessem proteger os contribuintes da tributação, eles são, paradoxalmente, as maiores fontes de gasto público e, nessa condição, de aumento de impostos. Cf. TIPKE, Klaus. **Moral tributaria del estado e de los contribuyentes**. Tradução de Pedro M. Herrera Molina, Madrid: Marcial Pons, 2002, p. 57.

processo, a existência de instrumentos destinados a conferir efetividade aos provimentos deferidos, a excepcionalidade da modulação de efeitos de tais provimentos, quanto contrários ao Poder Público, tudo isso é indispensável para que os problemas decorrentes da concentração da tríplice função sejam minimizados.

O reconhecimento de que as instituições processuais destinadas a dirimir conflitos em que o Poder Público se envolve, por pertencerem ao próprio, são imperfeitas, não deve conduzir ao seu abandono, ou à crítica pura e simples, descompromissada com soluções. Assim como as demais instituições humanas, a exemplo da democracia, pode-se trabalhar por algo que seja "o menos imperfeito possível", e, sobretudo, "melhor do que nada", ou ainda "melhor do que as alternativas até agora tentadas". Dá-se algo semelhante com as ideias, e com o conhecimento em geral, inclusive no que tange às chamadas ciências naturais: o fato de o que sabemos a respeito do Universo, da saúde humana ou do fundo dos mares ser imperfeito, e de talvez vir a ser considerado equivocado, no todo ou em parte, em um futuro próximo, não nos deve levar ao ceticismo radical de em nada acreditar, ou ao extremo paradoxalmente próximo do anarquismo epistemológico de dar igual credibilidade a qualquer afirmação sobre tais assuntos. Há ideias, teorias e institutos preferíveis a outros, e que devem ser adotados até que apareçam outros melhores, em um infinito processo de aprimoramento por meio de tentativa e erro. O propósito deste livro, no que tange às instituições processuais de efetivação do direito público, é o de conhecê-las como são, inclusive em suas deficiências, para sugerir aprimoramentos ou contribuir com quem possa e queria fazer isso.

1.4. DIÁLOGO ENTRE TEORIA E PRÁTICA

O leitor mais impaciente, e pragmático, pode estar a pensar quando, neste livro, se iniciará o trato de questões relacionadas ao processo judicial envolvendo o Poder Público enquanto parte, ao direito de defesa, à produção de provas, à fundamentação das decisões etc. Se a impaciência for grande, o índice talvez o ajude a saber para onde pular e encontrar o exame de referidos assuntos. Mas, se tiver chegado até aqui, talvez tenha percebido que a compreensão das bases ou dos fundamentos das realidades a respeito das quais se estuda é fundamental, não apenas para que melhor se conheçam essas realidades, mas principalmente para que se tenha delas uma visão crítica, distinguindo os pontos nos quais poderiam ser aprimoradas, e identificando como esse aprimoramento poderia ocorrer. Como lembra Pontes de Miranda, apoiado em Ihering, "a ciência precisa, para ser verdadeiramente prática, não se limitar ao prático."[32] Por isso mesmo, não há nada mais prático do que uma boa teoria. Quem apenas memoriza prazos, números de artigos e redação de súmulas tem sensivelmente diminuída a capacidade de formar a respeito de tais instituições um pensamento crítico, privando-se, assim, da oportunidade de perceber quando estão sendo distorcidas, e sobretudo de lhes propor aperfeiçoamentos.

---

32. MIRANDA, F.C. Pontes de. **Tratado de Direito Privado**. 3. ed. Rio de Janeiro: Borsoi, 1970, tomo I, prefácio, p. XXIII.

2
PROVA E VERDADE NOS PROCESSOS ENVOLVENDO O PODER PÚBLICO

2.1. A IMPORTÂNCIA DA VERDADE PARA A CORRETA APLICAÇÃO DO DIREITO

O Direito se exprime através de normas, proposições prescritivas que preveem hipóteses e prescrevem consequências que são devidas (faculdades, proibições ou obrigações) *se* e *quando* essas hipóteses se concretizarem.

Ocorrida, no mundo fenomênico, situação de fato que se amolda à hipótese normativa, verifica-se, caso a norma esteja em vigor, a *incidência*. Vigência é a aptidão para incidir, e, se a norma está em vigor, e ocorrem os fatos descritos em sua hipótese como necessários e suficientes a que suas consequências se façam devidas, a norma sobre eles incide, juridicizando-os, vale dizer, fazendo com que deles se irradiem como consequência as obrigações, as proibições ou as faculdades normativamente associadas a eles.

Não é preciso aprofundar ou alongar mais o exame da Teoria do Direito para perceber, nessa ordem de ideias, o quanto a verificação acerca da ocorrência de fatos é pertinente à correta aplicação do Direito[1].

Veja-se que a relevância da verdade, no que tange à ocorrência do pressuposto de incidência (fato gerador, suporte fático etc.), das normas jurídicas, independe da postura filosófica que se adota perante o Direito, se positivista ou jusnaturalista, bem como, nesse último caso, da concepção de justiça ou de Direito Natural que venha a ser considerada. O relevante é que, caso não se tenha alguma atenção à verificação da efetiva ocorrência dos pressupostos de incidência das normas, a própria existência de referidas normas perde completamente o sentido, e, com elas, o Direito que por seu intermédio se exprime. Estado de Direito, Legalidade, Separação de Poderes e dever de fundamentar decisões judiciais se transformam em meras figuras vazias se aquele incumbido de solucionar conflitos o fizer sem atenção ao que se diz ter ocorrido de fato, a fim de que se faça possível contrastar a solução dada com a ordem jurídica preestabelecida e a solução que dela poderia ser deduzida[2].

---

1. TARUFFO, Michele. **La prueba de los hechos**. 2. ed. Tradução de Jordi Ferrer Beltrán. Madrid: Trotta, 2009, p. 67.
2. GUERRA, Marcelo Lima. **Prova Judicial**: uma introdução. Fortaleza: Boulesis, 2015, p. 48.

2.2. PRECARIEDADE DA COGNIÇÃO HUMANA E REPERCUSSÕES NO CAMPO PROBATÓRIO

A pertinência da correta compreensão dos fatos, para a adequada aplicação das normas que sobre eles incidiram enfrenta o problema, de resto evidente, da precariedade do acesso humano à realidade na qual os aludidos fatos ocorrem. Trata-se de importante aspecto a ser considerado no enfrentamento de questões ligadas à prova no âmbito da aplicação do Direito.

A palavra prova, como se dá com qualquer outra, é plurissignificativa. Exame da nuvem de significados que lhe podem ser atribuídos revela que têm em comum a remissão à confirmação, ao teste, à verificação de uma dada realidade (ou, a rigor, do que se acredita ou conhece dela). Trata-se, portanto, de fundamentar crenças construídas em torno dessa realidade. Faz-se uma prova para avaliar o conhecimento do aluno, para saber o gosto que tem um alimento, ou se uma roupa caberá na pessoa para a qual foi costurada; para demonstrar o acerto de um cálculo, ou a veracidade de uma afirmação feita em torno de determinados fatos. Ela sofre, ainda, da dubiedade *processo/resultado*, tal como as palavras raciocínio, interpretação, pensamento e trabalho, pois pode designar tanto uma sequência de atos como partes dela e, ainda, a sua conclusão.

No âmbito dos processos de aplicação de normas jurídicas, nos quais é relevante determinar se os fatos sobre os quais essas normas incidem ocorreram ou não, e em que circunstâncias, a palavra designa não raro: (i) o meio ou elemento através do qual se busca fundamentar uma afirmação quanto à ocorrência de fatos; (ii) o ato ou a série de atos destinados a trazer esse meio ao ambiente no qual está havendo a discussão em torno da veracidade de afirmações sobre fatos; (iii) a crença do julgador a respeito da veracidade de controvertidas afirmações sobre fatos. Como no âmbito dos processos, judiciais ou administrativos, essa crença precisa ser fundamentada, pode-se dizer que a prova, em última análise, consiste nos elementos usados pelas partes no embasamento das versões conflitantes dos fatos que apresentam, e, sobretudo, na fundamentação, usada pelo julgador, para justificar aquela por ele acolhida[3]. Por isso mesmo, Marcelo Lima Guerra adverte que

> a prova-resultado *deve ser* um *argumento* ou uma *inferência,* em que a crença do juiz sobre a ocorrência ou não de determinado fato aparece como *conclusão,* e as justificativas ou razões oferecidas para essa crença são as *premissas* do argumento, de onde o juiz *infere* sua conclusão, isto é, com base nas quais *justifica sua crença,* expressa como conclusão do mesmo argumento.[4]

Dizer que uma afirmação sobre um fato foi provada, portanto, não deve significar propriamente que essa afirmação "é verdadeira", pois não se tem certeza disso; tampouco implica dizer apenas que "o juiz está convencido de que essa afirmação é verdadeira", pois ele pode estar convencido por motivos os mais diversos, dos quais ele pode sequer ter consciência. Expressar que algo está provado, em matéria processual, a rigor, signi-

---

3. Veja-se, a propósito da relação entre verdade e justificação, MARCONI, Diego. **Per la verità**. **Relativismo e filosofia**. Torino: Einaudi, 2007, p. 12.
4. GUERRA, Marcelo Lima. **Prova Judicial**: uma introdução. Fortaleza: Boulesis, 2015, p. 53.

fica que existem razões suficientes para se considerar que essa afirmação é verdadeira, especialmente por terem sido afastadas narrativas alternativas e contrárias, vale dizer, incompatíveis com aquela que se considera "provada".

Percebe-se, portanto, a íntima relação existente entre a prova e o acesso que os sujeitos cognoscentes têm da realidade a ser conhecida. Daí a pertinência do estudo da Epistemologia para algum aprofundamento na temática[5], notadamente no que tange à precariedade do acesso que se têm à realidade e os reflexos disso na justificação das crenças construídas em torno de parcelas dessa mesma realidade.

Definindo-se a verdade como a propriedade de um enunciado, presente quando este enunciado *corresponde* à realidade enunciada, tem-se que, para determinar a verdade, é preciso aferir a aludida correspondência. O problema, porém, é que o ser humano não tem acesso direto à realidade, tal como ela é[6]. Nosso acesso à realidade é intermediado por sentidos, imperfeitos[7], pela linguagem, com a qual reconstruímos a realidade em nossas mentes[8], e por todo um conjunto de elementos, naturais e culturais, que influem na forma como se dá essa reconstrução, vale dizer, na forma como as informações imperfeitamente trazidas pelos sentidos serão interpretadas pela mente[9].

Por isso mesmo, nunca se poderá ter certeza definitiva quanto à veracidade de uma afirmação. A imagem que se tem de qualquer parcela da realidade será sempre incompleta e imperfeita e, nessa condição, passível de retificação. Essa é a base, como se sabe, sobre a qual Karl Popper construiu, no âmbito da Filosofia da Ciência, as ideias de falibilismo e de provisoriedade das teorias científicas.[10]

O falibilismo é um meio termo equilibrado entre o ceticismo e um relativismo extremado, este último típico de posturas pós-modernas anárquicas epistemologi-

---

5. Cf, v.g., HAACK, Susan. **Evidence and Inquiry**. Cambridge: Blackwell, 1993, *passim*; _____. **Evidence matters**. Science, Proof and Truth in the Law. New York: Cambridge University Press, 2014, *passim*; TARUFFO, Michele. **La prueba de los hechos**. 3. ed. Traducción de Jordi Ferrer Beltrán. Madrid: Trotta, 2009, p. 21 e ss.
6. DAMÁSIO, António R. **O erro de descartes**. Emoção, Razão e Cérebro Humano. 2. ed. São Paulo: Companhia das Letras, 2010, p. 124 e p. 266.
7. O processo de seleção natural moldou nos animais órgãos dos sentidos capazes de dar a eles uma imagem do mundo *fiel o suficiente* para viabilizar a sua sobrevivência, mas não uma imagem *perfeita*, a qual não seria evolutivamente necessária, envolvendo custos que superariam os benefícios que dela seriam obtidos. Cf. NICOLELIS, Miguel. **Muito além do nosso eu**. São Paulo: Companhia das Letras, 2011, p. 452 e ss.
8. Linguagem, aqui, a designar algo que não se confunde com este ou aquele *idioma*, mas com a própria ideia de *pensamento*. Confira-se, a propósito, PINKER, Steven. **Como a mente funciona**. Tradução de Laura Teixeira Motta. São Paulo: Companhia das Letras, 1998, p. 81. Tampouco se deve pretender, com o reconhecimento de que a criatura humana reconstrói o mundo através da linguagem, que se defenda que a realidade é construída por uma linguagem autorreferencial sem alusão a qualquer dado empírico extralinguístico. Há teorias que o defendem, é verdade, mas elas não passam de uma versão sofisticada e atualizada de idealismo, sendo certo que se a verdade dos fatos à luz de uma realidade empírica é absolutamente estranha para essa forma de análise, tem-se aí uma deficiência dessa análise, e não a inexistência do problema da verdade, que ela apenas tangencia. Confira-se, a propósito, TARUFFO, Michele. **La prueba de los hechos**. 3. ed. Traducción de Jordi Ferrer Beltrán. Madrid: Trotta, 2009, p. 56.
9. E isso para não referir o problema relacionado à *perspectiva*, que levou Pontes de Miranda a observar que "quando percebemos algum objeto, não o percebemos como o ser, que é, e tal como é. A fruta, que vemos, só a vemos por fora; o salão, que vemos, só o vemos por dentro." MIRANDA, Pontes de. **O Problema Fundamental do Conhecimento**. Campinas: Bookseller, 1999, p. 86.
10. POPPER, Karl. **A vida é aprendizagem** – Epistemologia evolutiva e sociedade aberta. Tradução de Paula Taipas, São Paulo: Edições 70, 2001, p. 17.

camente.[11] De um lado, adotada a postura cética, diz-se que, como não se tem acesso direto à realidade e não se tem certeza definitiva de coisa alguma, tudo pode ser falso, não sendo possível confiar no acerto de nenhuma afirmação.[12] Do outro, no anarquismo epistemológico, o oposto: tudo pode ser verdadeiro, dependendo do ponto de vista dos sujeitos envolvidos. Em face da possibilidade de estar errada uma afirmação, adotam-se posturas exageradas em relação ao risco de estar errado, extremos que, não obstante, se aproximam pelo fato de, diante das imperfeições da racionalidade, conduzirem a uma negação desta.[13]

De maneira intermediária na lida com esse risco de erro, o falibilismo parte do pressuposto de que não se tem certeza absoluta do acerto de uma afirmação, mas se pode considerá-la correta ou verdadeira, pelo menos provisoriamente, se ela estiver suficientemente justificada (o que envolve estar melhor justificada do que afirmações "rivais", que com ela concorrem ao dar explicações alternativas à mesma realidade) e não se tiver demonstrado, ainda, a sua falsidade. Reconhecem-se as limitações da racionalidade, mas nem por isso se a despreza (até pela falta de um substituto à altura). Dessa forma, teorias científicas que explicam a realidade não são consideradas absolutamente ou definitivamente verdadeiras, mas apenas melhores do que todas as demais que até o momento se apresentaram como candidatas à explicação dos mesmos fenômenos. Essa, aliás, parece ser a forma por meio da qual trabalha naturalmente o cérebro humano, na generalidade de nossas ações diárias, nesse seu constante processo de (re)construção interna de uma imagem da realidade que o circunda.

Essas questões epistemológicas evidenciam premissas indispensáveis ao adequado trato do tema "cognição", e, com ele, do tema da "prova", a saber:

a) a criatura humana nunca terá acesso direto, perfeito e imediato ao mundo fenomênico, por limitações as mais diversas, inclusive biológicas. Sua consciência estará sempre separada do mundo por seus imperfeitos sentidos, cujos dados serão

---

11. É o caso de posturas como a de Paul Feyeraband e Boaventura de Sousa Santos, por exemplo, que a pretexto de combater o dogmatismo no âmbito da ciência e preconizar uma maior abertura no que diz respeito a novas teorias, no que estão corretos, exageram para afirmar que não há *nenhuma* razão para se afirmar que a ciência seria melhor, por exemplo, que a astrologia ou a religião. O curioso é que incorrem com isso em um *ceticismo seletivo*, dando mais crédito a determinadas ideias (com as quais simpatizam), apesar existirem até muito menos fundamentos racionais para serem considerados corretas. Cf., *v.g.*, FEYERABEND, Paul. **Adeus à razão**. Tradução de Vera Joscelyne. São Paulo: Unesp, 2010, passim; _____. **Contra o método**. 2. ed. Tradução de Cezar Augusto Mortari. São Paulo: Unesp, 2011, p. 169 e ss.; _____. **A ciência em uma sociedade livre**. Tradução de Vera Joscelyne. São Paulo: Unesp, 2011, p. 92 e ss.; SANTOS, Boaventura de Sousa. **Um discurso sobre as ciências**. 6. ed. São Paulo: Cortez, 2009, p. 83. Mas, na verdade, o problema está no excesso, pois não é porque a racionalidade é falível que devemos optar pela *irracionalidade*. Cf. FAZZALARI, Elio. **Instituições de direito processual**. Tradução de Elaine Nassif. Campinas: Bookseller, 2006, p. 61.

12. A postura cética, em última análise, defende a possibilidade de estarmos todos sonhando, ou, quem sabe, sermos cérebros imersos em um tanque, em um experimento científico, o que a rigor, ceticamente falando, não teríamos como negar com absoluta certeza. Biologicamente, porém, cérebro e corpo estão interligados, sendo, a rigor, o primeiro apenas um órgão do último, pelo que seria impossível o aludido experimento científico. Cf. DAMÁSIO, António R. **O erro de descartes. Emoção, razão e cérebro humano**. 2. ed. São Paulo: Companhia das Letras, 2010, p. 259.

13. Cf. TARUFFO, Michele. **La prueba de los hechos**. 3. ed. Traducción de Jordi Ferrer Beltrán. Madrid: Trotta, 2009, p. 30.

ainda empregados para a construção de uma linguagem[14], a qual, influenciada por compreensões prévias, racionais ou mesmo instintivas[15], permitirá uma precária (re) criação mental da realidade;

b) não obstante as deficiências apontadas em "a", a condução da vida exige que se tomem decisões, as quais demandam que as imagens de mundo das quais dispomos sejam consideradas provisoriamente "corretas", até que se demonstre o contrário.[16]

Pondo a questão em outras palavras, sempre será possível, reexaminando a realidade, aperfeiçoar uma impressão inicial, retificando-a ou ratificando-a. Mas há momentos em que é preciso agir, ou decidir com base nas impressões disponíveis, que serão provisoriamente consideradas corretas, conquanto passíveis de posterior revisão. É interessante observar, ainda, que essa revisão será levada a efeito com o uso dos mesmos sentidos, e do mesmo aparato neurológico imperfeito, sendo, por isso, igualmente provisória, em um constante processo de *aprimoramento*. Exemplificando, quando se observa uma caneta introduzida em um copo com água, ela nos aparece como quebrada, dobrada ou fraturada. Essa imagem, porém, é considerada *falsa*, quando, por meio também dos sentidos, tocamos a caneta com os dedos ou a observamos fora do copo, e afastamos aquela impressão inicial, substituindo-a por outra mais plausível à luz das novas informações obtidas.[17] Contribui decisivamente para essa retificação, por certo, também o contato com os demais sujeitos cognoscentes, que podem ter da mesma realidade impressões diversas, o que fará com que uns questionem as afirmações feitas pelos outros.[18]

---

14. HABERMAS, Jurgen. **Truth and justification**. Translated by Barbara Fultner. Massachusetts: MIT Press, 2003, p. 36.
15. Como nota Popper, não existe "uma observação não interpretada." Afinal, nossos olhos e ouvidos já são fruto de uma "teoria", forjada pela seleção natural. (POPPER, Karl. **O mito do contexto: em defesa da ciência e da racionalidade**. Tradução de Paula Taipas. Lisboa: Edições 70, 2009, p. 108). A teoria que moldou nossos olhos e ouvidos, e a forma como traduzimos mentalmente as informações trazidas por eles, configura o que Pontes de Miranda refere como "resultado do conhecimento", levado a cabo por organismos vivos que "fazem certo sem saber" (MIRANDA, Pontes de. **O Problema Fundamental do Conhecimento**. Porto Alegre: O Globo, 1937, p. 19). A essa mesma conclusão de inacessibilidade direta da realidade chega Carl Gustav Jung, quando reconhece que tudo "o que percebo externa e internamente é representação ou imagem, uma entidade psíquica, causada, segundo penso, por um correspondente objeto 'real'. Mas devo admitir que minha imagem subjetiva só é idêntica grosso modo com o objeto. Todo pintor de quadros concordará com essa afirmação, e o físico acrescentará que aquilo que nós chamamos 'cores' são na verdade comprimentos de ondas. A diferença entre imagem e objeto real mostra que a psique, ao perceber o objeto, altera-o acrescentando ou excluindo certos detalhes. Por isso a imagem não é causada inteiramente pelo objeto; também é influenciada por certas condições psíquicas preexistentes, que nós podemos corrigir apenas em parte..." JUNG, C. G. **Cartas** – 1956-1961. Petrópolis: Vozes, 2003, v. III, p. 231.
16. Como lembra Nicholas Rescher, sabemos que nossos sentidos nos enganam às vezes, mas confiamos neles até que nos convençamos do contrário. Cf. RESCHER, Nicholas. **Epistemology – An Introduction to the Theory of Knowledge**. Albany: State University of New York Press, 2003, p. 83.
17. STROUD, Barry. On Scepticism. In: EDMONDS, David; WARBURTON, Nigel. **Philosophy bites**. Oxford: Oxford University Press, 2010, p. 112-124.
18. HESSEN, Johannes. **Teoria do conhecimento**. Tradução de João Vergílio Gallerani Cuter. São Paulo: Martins Fontes, 2003, p. 79; RESCHER, Nicholas. **Epistemology – An Introduction to the Theory of Knowledge**. Albany: State University of New York Press, 2003, p. 108. Isso não quer dizer, contudo, que o consenso entre os falantes produza a verdade. Ao contrário, é a verdade que leva ao consenso, sendo certo que nenhuma maioria e nenhum consenso são hábeis a transformar uma falsidade em verdade. Cf. TARUFFO, Michele. **La semplice verità. Il giudice e la costruzione dei fatti**. Roma: Laterza, 2009, p. 79-81.

O cérebro, assim, está constantemente a fabricar internamente uma reprodução da realidade que lhe é exterior, submetendo essa reprodução a contínuo aprimoramento. Temos uma impressão inicial de que determinada parcela da realidade existe, e existe de certa maneira. Constantes reexames, porém, podem confirmar ou retificar essa impressão inicial. Ou, dizendo de outra maneira, *presume-se* que uma imagem que se tem da realidade é correta, ou verdadeira, até que outras impressões, análises, constatações etc., nos convençam do contrário.

Verdade, presunção e prova, portanto, são temas diretamente relacionados. Por isso, em qualquer setor da cognição humana, a verdade é provisória. Ou, melhor dizendo, o que se considera verdadeiro o é apenas provisoriamente.[19] Presume-se, em razão de tudo o que já se estudou, testou e experimentou, ser verdadeiro o que se sabe sobre determinado assunto. Mas pode não sê-lo, e se alguém demonstrar o contrário, a crença até então tida como correta terá de ser refeita.[20] Veja-se que a presunção não é um meio de prova. A presunção é uma *consequência* de se considerar que algo foi provado. É um raciocínio lógico, uma inferência feita a partir de elementos de convicção imperfeitos, realizado naturalmente pelo cérebro humano[21]. Não se trata, como se vê, de algo privativo de um processo judicial ou administrativo, ou mesmo restrito à aplicação de normas jurídicas. Cuida-se, de rigor, de algo inerente à cognição.

No campo da aplicação das normas jurídicas, há dificuldades adicionais, decorrentes do fato de que o aplicador da regra geralmente parte de relatos feitos por terceiros, interessados em que prevaleçam narrativas distintas e incompatíveis umas com as outras. Por isso, essa atividade cognitiva é sujeita a algumas regras, que eventualmente formulam exigências inexistentes no campo epistemológico mais geral. De uma forma ou de outra, é importante conhecer o processo pelo qual a mente humana conhece a realidade factual, e especialmente suas limitações, para que se evitem certos equívocos quando se trata de disciplinar ou avaliar o exercício dessa mesma atividade por parte de quem corporifica um órgão julgador ou está, de algum modo, encarregado da aplicação de normas jurídicas.

---

19. Em um plano epistemológico mais geral, há diferença importante entre se afirmar, por exemplo, que a verdade é relativa, de um lado, e que as afirmações feitas são relativamente verdadeiras, de outro. Uma coisa é a relatividade do julgamento, outra, muito diferente, é a relatividade daquilo que é julgado. Confira-se, a propósito, MARCONI, Diego. **Per la verità. Relativismo e Filosofia**. Torino: Einaudi, 2007, p. 50 e ss. E, ainda, HAACK, Susan. **Manifesto de uma moderada apaixonada**. Ensaios contra a moda irracionalista. Tradução de Rachel Herdy. Rio de Janeiro: Loyola, 2011, p. 228. Como aponta HAACK, a crítica relativista, em última análise, é *autodestrutiva* e, ainda, falaciosa, pois não se pode, "pela investigação honesta, descobrir que não há investigação honesta." (p. 231).

20. A ciência vive o chamado "paradoxo do prefácio", assim entendido aquele do autor que, no prefácio do livro, pede desculpas pelos erros. Trata-se de um paradoxo porque, se existem erros e o autor sabe disso, deveria corrigi-los. O problema é que o autor sabe que há erros, dada a imperfeição de qualquer obra humana, mas ainda não sabe onde estão.

21. Por isso, Florence Haret afirma que "com o enunciado presuntivo, produz-se efeito de identificação entre o fato linguístico descritivo e a realidade social ou empírica. Admite-se um pelo outro como se fossem uma só coisa." (HARET, Florence. **Teoria e Prática das Presunções no Direito Tributário**. São Paulo: Noeses, 2010, p. 158). Essa identificação é feita naturalmente pelo cérebro, que tende a *preencher vazios* em seu processo cognitivo (*gap filling*). Cf. RESCHER, Nicholas. **Epistemology – An Introduction to the Theory of Knowledge**. Albany: State University of New York Press, 2003, p. 93.

Naturalmente, com exceção talvez do *cogito* cartesiano, nossos juízos a respeito da realidade podem ter graus distintos de plausibilidade, ou serem presumidos como verdadeiros em intensidade diferente. Mas serão, sempre, considerados apenas presumidamente verdadeiros. Isso faz com que nenhum meio de prova possa, pela ordem jurídica, ser considerado *definitivo*. Por mais robusta que seja a prova, ou o meio de prova, será sempre possível, *em tese*, que o enunciado que ele visa a provar não seja verdadeiro, sendo necessário facultar às partes a possibilidade de demonstrá-lo. Mas, da mesma maneira, essa precariedade cognitiva, e a impossibilidade, dela decorrente, de se chegar a uma certeza absoluta em torno da veracidade de uma afirmação, fazem com que não seja racional exigir de quem faz uma afirmação que a demonstre de forma incontornável, pois isso levaria o processo à paralisação[22]. Há de chegar um momento em que se faz possível ter uma certeza *razoável* da veracidade de determinada versão dos fatos, e da falsidade das versões a ela antagônicas, não sendo possível arrastar a fase instrutória do processo até a obtenção de uma certeza absoluta e inalcançável[23]. É preciso encontrar o momento *ótimo* no qual a veracidade de uma afirmação se considera suficientemente demonstrada, momento no qual o ônus probatório é transferido a quem deseja demonstrar a sua falsidade.

A imperfeição cognitiva, portanto, faz com que uma terceira figura assuma papel relevante na busca pela verdade: as presunções. Tudo o que a criatura humana conhece, dentro ou fora de um processo, é presumidamente verdadeiro, até que se demonstre o contrário. E mesmo essa demonstração contrária consistirá em uma presunção, por certo mais forte (tanto que desconstitui a anterior), mas, ainda assim, uma presunção. Também esse ponto tem repercussão no disciplinamento jurídico da prova, pois em atenção ao direito de defesa, à segurança jurídica ou a outros valores que inspiram a ordem jurídica de muitos Estados contemporâneos, certas presunções são legalmente estabelecidas, como é o caso da presunção de inocência.

Mas note-se que nem todo disciplinamento jurídico, inerente à atividade cognitiva do aplicador de normas jurídicas, consiste na criação de limites inexistentes no plano da cognição em geral, como é o art. 5º, LVI, da CF/88. Há casos em que a disciplina normativa é uma *decorrência* de limites naturais, inerentes à cognição em geral, os quais, uma vez reconhecidos, repercutem no âmbito jurídico. Ou, em outros, a disciplina é consequência de particularidades da cognição havida em ambientes litigiosos, nos quais as partes nem sempre estão propensas a cooperar para a descoberta da verdade.

Exemplo de disciplinamento que decorre de limites naturais pode ser encontrado nas regras que cuidam da distribuição do ônus da prova. Só o que ocorre deixa marcas no mundo fenomênico, sendo registrado, fotografado, visto, sentido etc. Dessa forma, só existem meios de provar a veracidade de afirmações sobre fatos que se diz terem

---

22. TARUFFO, Michele. **La prueba de los hechos**. 3. ed. Traducción de Jordi Ferrer Beltrán. Madrid: Trotta, 2009, p. 24-25.

23. Por isso, Dinamarco observa que "Considera-se cumprido o *ônus probandi* quando a instrução processual houver chegado à demonstração razoável da existência do fato, sem os extremos da certeza absoluta que muito dificilmente se atingirá. A certeza, em termos absolutos, não é requisito para julgar." DINAMARCO, Cândido Rangel. **Instituições de Direito Processual Civil**. 3. ed. São Paulo: Malheiros, 2003, v. III, p. 81.

acontecido, sendo impossível provar a veracidade de afirmações negativas, vale dizer, afirmações segundo as quais certos fatos *não aconteceram*. Daí por que o ônus da prova recai, em regra, sobre quem alega a ocorrência de fatos, cabendo ao autor de uma ação judicial, no que tange aos fatos constitutivos de seu direito (*v.g,* a celebração de um contrato com o suposto devedor), e ao réu, no tocante aos fatos impeditivos, extintivos ou modificativos do direito do autor (*v.g.,* o prévio pagamento da quantia contratada)[24]. O mesmo no processo penal, cabendo o ônus da prova da prática do fato delituoso à acusação (até como consequência do princípio da presunção de inocência), mas incumbindo ao réu o ônus de provar, por exemplo, a veracidade de afirmações ligadas a circunstâncias excludentes da ilicitude (*v.g.,* legítima defesa, estado de necessidade etc.)

Pela mesma razão, em se tratando da aplicação de normas jurídicas por parte de autoridades da Administração Pública, na prática de atos administrativos, estas deverão, como exigência do dever de motivação desses atos, fundamentá-los, apresentando de forma explícita, clara e coerente, as razões de fato que as levaram a praticá-los, vale dizer, devem indicar os fatos – e os meios que permitam ao leitor da motivação o convencimento de que efetivamente ocorreram – que se subsumem às normas cuja aplicação se dá por meio do ato que estão a praticar.

A propósito do disciplinamento da atividade cognitiva ligado às particularidades de certas situações, veja-se que, quando se está diante de um processo destinado à solução de um litígio, no qual as partes não necessariamente estarão propensas a colaborar com a descoberta da verdade, oferecendo versões divergentes sobre os fatos, princípios como o do devido processo legal, da ampla defesa e do contraditório (CF/88, art. 5º, LIV e LV) impõem ainda a participação dos interessados, ou a oportunidade de participação, em contraditório, sobretudo no que tange à obtenção dos meios de prova, ao seu ingresso no processo, à sua interpretação e (em eventual recurso) aos efeitos que produziram na convicção (necessariamente objetivada na fundamentação) do julgador.

Se o processo no âmbito do qual o litígio será equacionado é de natureza administrativa, pelo menos no âmbito do direito brasileiro, há também particularidades a serem destacadas, não presentes da mesma intensidade se o processo é de natureza jurisdicional. Com efeito, no processo administrativo há, por parte do Poder Público, o exercício do autocontrole, decorrente do princípio da legalidade. A Administração não tem apenas o dever de praticar atos em observância à lei, mas, como decorrência desse dever, está igualmente obrigada a corrigir atos que tenha eventualmente praticado em desconformidade com a lei. Essa correção pode (aliás, deve) ser feita até mesmo de ofício, razão pela qual, quando realizada mediante provocação do interessado, não há de seguir formalidades de maneira rigorosa, salvo quando destinadas à proteção desse interessado e de seu direito a uma resposta. Como a forma processual existe para, dentre

---

24. Por isso, é absurda a regra contida no art. 166 do CTN, mesmo que se admita a premissa, também equivocada, de que um tributo indireto "repercutido" não pode ser restituído ao contribuinte que legalmente o recolheu. Com efeito, com ela se atribui ao contribuinte o ônus da prova (negativa!) da repercussão, a qual consiste em claro fato impeditivo ou modificativo de seu direito. É patente, na regra, a intenção de tangenciar, à luz da jurisprudência do STJ impunemente, o disposto no art. 5º, XXXV, da CF/88.

outras finalidades, proteger as partes de um possível arbítrio do julgador,[25] e como o julgador, no processo administrativo, é, de algum modo, a própria parte, a forma existe, no processo administrativo tributário, para proteger o cidadão contribuinte, não podendo um ato ser praticado em seu desfavor sem obediência, *v.g.*, ao contraditório, à ampla defesa etc. Mas, em desfavor da Administração, não há nada que o impeça, até porque é ela própria quem está agindo, sendo de seu interesse, pelo menos em tese, a correção de qualquer ilegalidade, ainda que para favorecer o cidadão que com ela se relaciona. A correção, nesse caso, pode dar-se mesmo de ofício. Isso tem reflexos diretos na produção de provas, que não segue as mesmas formalidades inerentes ao processo judicial. Não se admite, portanto, que uma perícia não seja realizada, conquanto reconhecidamente necessária, pertinente e praticável, apenas porque o contribuinte não a teria solicitado da forma correta (*v.g.*, esquecendo de indicar o assistente técnico ou de formular desde logo os quesitos a serem respondidos).

Daí dizer-se que, no processo administrativo, predominam os princípios do formalismo moderado (formas processuais devem ser observadas em favor do cidadão, não contra ele e em favor da manutenção de um ato ilegal) e da busca pela verdade, este último entendido como a norma – consequência direta da legalidade – segundo a qual a Administração deve buscar conhecer a verdade sobre os fatos relevantes à (correta) aplicação da lei, independentemente do que for trazido aos autos pela parte.[26] Trata-se de consequência direta da legalidade porque não é possível aplicar corretamente a lei se se desconhece a situação de fato correspondente, a fim de que se possa aferir se está, ou não, preenchida a hipótese de incidência normativa. No âmbito judicial, o princípio do dispositivo, a ficção de que o Estado-juiz é pessoa diversa do Estado-Fisco, e um maior prestígio da ideia de preclusão, levam a que a busca do magistrado pela verdade, conquanto cada vez mais dinâmica[27], não se dê nos mesmos moldes que deveriam ser os do processo administrativo.

2.3. ÔNUS DA PROVA EM QUESTÕES TRIBUTÁRIAS

Talvez faça já parte de um "senso comum jurídico" a crença segundo a qual o ônus da prova em questões tributárias cabe ao cidadão contribuinte que eventualmente se insurge contra as pretensões do Fisco, as quais partiriam de afirmações dotadas de "fé pública" e teriam em sua base uma "presunção de validade e de veracidade".

Como geralmente ocorre com as crenças advindas do senso comum, há nessa, que se acabou de resenhar, simplificações, omissões e mistura de elementos verdadeiros e falsos.

---

25. DINAMARCO, Cândido Rangel. **Instituições de Direito Processual Civil**. 3. ed. São Paulo: Malheiros, 2003, v. 1, p. 37.
26. MELLO, Celso Antônio Bandeira de. **Curso de Direito Administrativo**. 9. ed. São Paulo: Malheiros, 1997, p. 322-323; EMERENCIANO, Adelmo da Silva. **Procedimentos Fiscalizatórios e a Defesa do Contribuinte**. Campinas: Copola, 1995, p. 203; XAVIER, Alberto. **Do Lançamento. Teoria Geral do Ato, do Procedimento e do Processo Tributário**. 2. ed. Rio de Janeiro: Forense, 1997, p. 141.
27. O CPC prevê, *por exemplo*, que o Juiz pode formular quesitos em uma perícia (CPC, art. 426, II), ou ainda determinar de ofício a inquirição ou a acareação de testemunhas (CPC, art. 418, I e II).

A rigor, para que um ato administrativo seja presumivelmente válido, é preciso que se presuma, também, que as suas premissas fáticas sejam corretas. Mas daí não se pode concluir que todo ato administrativo, independentemente do que tenha feito ou afirmado a autoridade que o praticou, seja dotado de tais características. Há requisitos a serem cumpridos, os quais têm relação direta com o ônus da prova, que, como será visto, divide-se de forma bem diferente desta acreditada pelo senso comum.

Somente fatos que acontecem alteram o mundo fenomênico, deixando marcas, ou sendo vistos, ouvidos, fotografados, gravados, registrados ou contabilizados. Portanto, a rigor, somente é possível oferecer meios de prova de que fatos ocorreram. Não é possível provar que alguma coisa *não aconteceu*.[28] Um contribuinte, por exemplo, não tem como demonstrar que não possui "depósitos não declarados", ou que não possui empregados sem registro; o Fisco é que deve, em tais casos, apontar quais depósitos seriam estes, ou quais empregados teriam sido contratados sem registro, permitindo ao contribuinte, então, questionar a afirmação do Fisco e os elementos que a embasam.

O que *às vezes* é possível, com relação a uma afirmação negativa, é provar a veracidade da afirmação da ocorrência de outro fato, que por sua vez é incompatível com aquele cuja ocorrência se pretende negar. Um comerciante varejista acusado de ter efetuado operações tributáveis em determinado dia, por exemplo, pode provar não propriamente que "não realizou operações", mas que naquele dia seu estabelecimento estava fechado, pois dias antes fora destruído – com todo o seu estoque – por um incêndio, juntando inclusive confirmação do Corpo de Bombeiros local, ou reportagens jornalísticas confirmando o fato.

Assim, como geralmente é muito mais fácil demonstrar a ocorrência de fatos do que a sua inocorrência (que depende da possibilidade de se provarem fatos incompatíveis com aquele que se quer negar), o ônus de provar a veracidade de uma afirmação sobre fatos é em regra de quem a formula, e não de quem a nega.

Mas justamente porque a certeza absoluta a respeito da veracidade de uma crença, qualquer que seja ela, é inatingível, não se pode exigir de quem faz uma afirmação uma prova *definitiva* de sua veracidade. Deve-se exigir que essa prova seja *suficiente*. E, desde que o autor de uma afirmação quanto ao acontecimento de um fato forneça provas suficientes de sua ocorrência, poder-se-á *presumir* a ocorrência desse fato, presunção que terá o condão de atribuir a quem quiser negá-la o ônus da prova correspondente[29]. A partir de então, será de quem pretender a falsidade da afirmação o ônus de demonstrá-lo, mas sempre, como explicado, por meio da demonstração de outros fatos incompatíveis com

---

28. Diz-se que a prova diz respeito sempre a uma afirmação, e não ao fato em si mesmo. O fato não é verdadeiro ou falso. O que se diz dele, sim. Entretanto, a palavra "fato" pode ser usada para designar não a ocorrência no mundo fenomênico, mas a afirmação que, em torno dela, se faz, por exemplo, no âmbito de um processo. Daí ser possível dizer, por economia de palavras e sem incorrer em impropriedade, que houve a "prova de um fato". Confira-se, a propósito, TARUFFO, Michele. **La prueba de los hechos**. 3. ed. Traducción de Jordi Ferrer Beltrán. Madrid: Trotta, 2009, p 114.

29. Sobre a dinâmica relativa à distribuição das presunções e dos ônus probatórios dela decorrentes no curso do processo, e sobre as espécies de argumentos usados nesse contexto, confira-se: PRAKKEN, Henry; SARTOR, Giovanni. **More on presumptions and burdens of proof**. EUI Working Papers LAW 2008/80, disponível *online* em: http://ssrn.com/abstract=1317348. Acesso em: 12 abr. 2013.

aquele que se pretende negar, ou de fatos que levem ao descrédito dos meios de prova usados pela parte adversa para embasar a afirmação de fato que se pretende negar, o que em qualquer caso reduz o grau da certeza subjacente a essa afirmação.

Nessa ordem de ideias, vê-se que o ônus da prova, na constituição do crédito tributário, é da autoridade tributária competente, pois a ela cabe a motivação do ato administrativo de lançamento. Nessa motivação, será preciso afirmar não apenas que esta ou aquela disposição normativa é "aplicável" (ou, mais propriamente, que "incidiu"), mas, obviamente, será necessário alegar também a ocorrência dos fatos sobre os quais as tais disposições são "aplicáveis". Será preciso mostrar elementos que fundamentem a afirmação, da autoridade, de que tais fatos se sucederam. Daí por que o art. 9º do Decreto 70.235/72 *explicita, didaticamente,* que a autoridade deve juntar ao lançamento todos os elementos de prova das afirmações que faz[30]. Só depois disso é que o ato terá a proclamada "presunção de veracidade".

Lembre-se, ainda, que essa presunção, que diz respeito à validade das normas e à veracidade das afirmações quanto à ocorrência de fatos constantes da motivação do ato, é relativa, e presta-se tão somente a justificar a executoriedade deles. Trata-se de artifício de que se vale o ordenamento para que o ato administrativo possa ter efeitos imediatos. Na verdade, todo ato jurídico deve considerar-se válido até que se demonstre o contrário, o que se reflete na veracidade da crença de que ocorreram os fatos nos quais ele se apoia, aplicando-se portanto a declarações, documentos, fotografias, vídeos, contratos etc., e não apenas a atos administrativos.

Quando o ato administrativo impõe a um cidadão um gravame, seja a imposição de uma penalidade, seja a cobrança de um tributo, é preciso, até para que se viabilize o posterior controle administrativo e judicial de sua legalidade, que ele seja devidamente motivado. Nessa motivação incluem-se os elementos de convicção (provas) da ocorrência dos fatos nela narrados, os quais, se ausentes, conduzem à invalidade do ato.

Assim, como o ônus da prova dos fatos alegados na motivação do ato administrativo é da autoridade, e a aludida presunção de veracidade não a exime desse encargo, o que se impõe ao contribuinte é apenas o ônus de argumentar e demonstrar a invalidade do ato, por vício em sua fundamentação. Terá o cidadão de provar que o ato não é motivado suficientemente, mas não que o fato nele apenas afirmado, mas não demonstrado, "não aconteceu".

2.4. ARBITRAMENTO COMO "ÚLTIMA RATIO"

Em razão do que foi explicado em item anterior, percebe-se a existência de relação bastante evidente, no que tange à atuação da autoridade administrativa, entre *legalidade* e *busca pela verdade.* Para que um ato administrativo seja considerado como praticado

---

30. Em termos semelhantes, mas em relação ao Direito Tributário na Polônia, Michal Wilk et. al. observam que o princípio da "busca pela verdade objetiva" obriga as autoridades a *"undertake all the actions that may be necessary in order to clarify the actual state of affairs and settle a case in tax proceedings; this standard is strictly connected with the notion of the burden of proof, which is placed on the tax authority."* WILK, Michal; WLODZIMIERZ, Nykiel (eds). **Polish tax system: business opportunities and challenges**. Warzawa: Wolters Kluwer, 2017, p. 85.

em conformidade com a lei, não basta que a autoridade indique uma disposição de lei (válida) em seu apoio. É necessário, obviamente, que demonstre a ocorrência dos fatos que, nos termos da apontada lei, justificam a prática do ato em questão. Por isso mesmo a autoridade tem a obrigação de fazer tudo o que estiver ao seu alcance para demonstrar a verdade das alegações quanto aos fatos sobre os quais, no exercício de suas atividades, diz estar aplicando a lei.

É a partir dessas premissas que disposições como o art. 148 do Código Tributário Nacional devem ser interpretadas[31]. O arbitramento não é punição ao contribuinte pelo descumprimento de obrigação acessória. Para isso existem penalidades específicas. Trata-se, em verdade, de técnica destinada a determinar a base de cálculo do tributo, quando o conhecimento detalhado da dimensão econômica da situação de fato é impossível precisamente por conduta indevida imputável ao sujeito passivo da obrigação. Para que o tributo não deixe de ser cobrado como consequência de tal conduta indevida, levando o sujeito passivo a locupletar-se de sua própria torpeza, permite-se que a cobrança seja feita a partir dos elementos disponíveis para a descoberta da verdade, mesmo que sabidamente aproximativos e incompletos. De qualquer modo, deixa-se em aberto a possibilidade de o sujeito passivo demonstrar não ser aquela a base adequada, havendo tão somente a inversão do ônus probatório correspondente.

Tem-se, porém, como afirmado, mera ferramenta destinada a aproximar a autoridade da verdade possível, quando esse distanciamento decorre de falta imputável ao sujeito passivo[32]. Não se trata de penalidade pelo não uso desta ou daquela forma jurídica específica. Se o contribuinte deveria ter usado formulário X, ou sistema informatizado Y, mas em vez disso utilizou formulário A, ou sistema informatizado B, *sendo a falha incapaz, de uma forma ou de outra, de obstaculizar o acesso da autoridade aos fatos relevantes ao cálculo tributo,* esse tributo deverá ser calculado a partir desses fatos, não sendo lícito recorrer-se ao arbitramento.

Desse modo, e em síntese, como consequência do princípio da legalidade, e do dever de busca pela verdade, que dele decorre, a autoridade administrativa somente pode proceder ao arbitramento *em último caso,* quando for realmente impossível descobrir a verdade, em razão de omissão do contribuinte no seu dever de informá-la a respeito dos fatos tributáveis. Não é lícito aos agentes fiscais efetuarem arbitramentos em razão de meros vícios formais, sanáveis, vícios que não comprometam a veracidade ou a verossimilhança das versões dos fatos calcadas nos documentos que os ostentem. É o caso, por exemplo, de nota fiscal na qual um dígito do CNPJ do contribuinte está grafado de modo equivocado, o que não pode, por si só, servir de pretexto para que se considere a nota "inidônea", exigindo novamente o imposto sobre a operação nela documentada,

---

31. "Art. 148. Quando o cálculo do tributo tenha por base, ou tome em consideração, o valor ou o preço de bens, direitos, serviços ou atos jurídicos, a autoridade lançadora, mediante processo regular, arbitrará aquele valor ou preço, sempre que sejam omissos ou não mereçam fé as declarações ou os esclarecimentos prestados, ou os documentos expedidos pelo sujeito passivo ou pelo terceiro legalmente obrigado, ressalvada, em caso de contestação, avaliação contraditória, administrativa ou judicial."

32. XAVIER, Alberto. **Do Lançamento. Teoria Geral do Ato, do Procedimento e do Processo Tributário.** 2. ed. Rio de Janeiro: Forense, 1997, p. 138-139.

ou glosando o crédito que dela decorreria. Outro exemplo é a contabilidade que possui vícios formais (*v.g.,* lançamentos registrados em contas equivocadas), os quais podem ser corrigidos e, mais importante, independentemente de serem corrigidos *não interferem na apuração do resultado tributável* nem impedem sua verificação, situação na qual o arbitramento é também injustificável.

2.5. PROVAS E INDÍCIOS

Dir-se-á, diante do que se explicou no que tange ao arbitramento, ou mesmo no referente à distribuição do ônus probatório, que estará havendo tributação com base em indícios. No arbitramento, a autoridade partiria de provas indiretas, o que também terminaria por ocorrer no lançamento, se se admitir que o sujeito passivo poderia demonstrar não apenas fatos diversos daqueles já "provados" pelo fiscal autuante (e, nessa condição, impeditivos, modificativos ou extintivos do direito reclamado pelo fisco), mas também a própria inocorrência dos tais fatos, seja pela demonstração de outros com eles incompatíveis, seja pela insubsistência dos meios de prova usados pelo Fisco.

Tradicionalmente se aponta que a prova direta diz respeito ao fato que se deseja demonstrar ter ocorrido, enquanto a prova indireta, ou indício[33], relaciona-se a um fato diverso, do qual nasce, por inferência lógica, a presunção de que aquele posto em discussão ocorreu. Trata-se, porém, de distinção mais quantitativa do que qualitativa. As provas são sempre indiretas, em algum grau. Mas talvez se possa, ainda assim, sustentar a distinção, pois, se o acesso que temos a todo e qualquer fato é indireto, há casos em que esse caráter indireto ou mediato é mais expressivo ou evidente, revelando-se mesmo para os partidários de noções como a de *realismo ingênuo* e *verdade como correspondência,* as quais partem da premissa de que temos acesso direto aos fatos e podemos ter certezas absolutas quanto à ocorrência deles.

O importante, ao admitir que a distinção entre tais meios de prova é apenas de grau, consiste em ter sempre em mente que as afirmações feitas sobre fatos, por mais bem fundamentadas que estejam, são apenas presumivelmente verdadeiras, não sendo adequado associar a ideia de presunção apenas às chamadas provas classicamente tidas por indiretas.

2.6. QUESTÕES DE FATO E A RECUSA EM SE PRODUZIREM PROVAS NO PROCESSO

A relevância da correta determinação dos fatos para a adequada aplicação da lei, já explicada em itens anteriores, torna evidente a impossibilidade de a autoridade de julgamento, seja ela administrativa ou judicial, tratar a produção de provas – assim

---

33. "Chamamos 'indícios' àqueles fatos que têm na verdade a vantagem de serem acessíveis à nossa percepção e apreensão atuais, mas que em si mesmos seriam juridicamente insignificativos se nos não permitissem uma conclusão para aqueles fatos de cuja subsunção às hipóteses legais se trata e a que nós chamamos 'fatos diretamente relevantes'" ENGISCH, Karl. **Introdução ao pensamento jurídico.** 8. ed. Traduzido por J. Baptista Machado. Lisboa: Fundação Calouste Gulbenkian, 2001, p. 88.

entendidos os atos destinados a trazer ao ambiente da discussão os meios de esclarecer a veracidade das afirmações feitas sobre os fatos – como um favor ou uma benesse às partes. Trata-se de uma obrigação da autoridade, que só estaria ausente se se defendesse a absurda *total desvinculação* da autoridade à ordem jurídica que é incumbida, pelo menos em tese, de aplicar.

Isso não significa, por certo, que toda prova que a parte pretenda ver produzida tenha de sê-lo. Mas é preciso, para que o meio de prova seja recusado, que se demonstre ou sua inabilidade em influir no resultado do julgamento (seja qual for a conclusão que dele se extrair), ou a inviabilidade (fática, ou jurídica) de produzi-lo. É o que a literatura especializada tem denominado de provas: (*i*) ilícitas; (*ii*) impertinentes; (*iii*) desnecessárias; e (*iv*) impraticáveis.

As provas ilícitas, assim entendidas aquelas colhidas em violação à ordem jurídica, não podem ser levadas em consideração pelo julgador por expressa dicção constitucional (CF/88, art. 5º, LVI). Produzi-las, além de ilícito, não levaria a qualquer resultado útil, não tendo juridicamente o potencial de influenciar na decisão, razão pela qual podem e devem ser indeferidas. O mesmo pode ser dito da prova impraticável, com a diferença de que, nessa hipótese, a impossibilidade é *factual*, e não jurídica (*v.g.*, examinar livros destruídos pelo fogo, ou ouvir o depoimento de testemunha falecida).

As provas impertinentes, do mesmo modo, são incapazes de influenciar no resultado do julgado, mas por razão diversa. Elas dizem respeito a afirmações sobre fatos que até podem ser consideradas de veracidade duvidosa, mas cuja veracidade, de uma forma ou de outra, não interferiria no resultado do julgamento. É o caso de um processo no qual se discute se uma pessoa jurídica teve ou não um prejuízo fiscal, e se pede uma perícia para demonstrar que a residência do diretor da pessoa jurídica possui quatro janelas, e não cinco, ou para atestar que sua avó sofre de Alzheimer[34].

Mais problemática, na prática, é a compreensão da prova desnecessária. Não porque sua definição seja difícil, no plano teórico, mas porque autoridades insistem em utilizar essa aparente autorização para prolatar decisões com vícios de fundamentação evidentes, envernizadas de aparente licitude. Não é desnecessária a prova requerida em processo a ser julgado por autoridade simplesmente porque esta "já está convencida" de determinada versão dos fatos (diversa da defendida por quem deseja produzir a prova), pois isso levaria a uma violação ao direito de defesa que seria tanto maior e mais frequente quanto mais parcial e enviesado fosse o julgador. Desnecessária, na verdade, é a prova incapaz de alterar o resultado do julgamento porque diz respeito a afirmação sobre fato que já teve sua veracidade considerada demonstrada por outros meios, ou que simplesmente não é posta em dúvida. É o caso, por exemplo, do sujeito que pretende provar que teve um prejuízo fiscal, sendo esse prejuízo relevante para determinar a procedência de suas afirmações quanto ao direito em disputa, mas a autoridade não põe em dúvida a ocorrência desse mesmo prejuízo (*v.g.*, o lançamento foi feito por considerar-se que ele, mesmo presente, não seria dedutível por vedação legal).

---

34. Sobre a impertinência da prova, veja-se: MIRANDA, Pontes de. **Comentários ao Código de Processo Civil**. 3. ed. atualização legislativa de Sérgio Bermudes. Rio de Janeiro: Forense, 2001, t. IV, p. 478.

Se o meio de prova é capaz, em tese, de infirmar a conclusão a que o julgador chegou, ele não só pode como deve, obrigatoriamente, ser produzido, e devidamente enfrentado na decisão (CPC, art. 489, § 1º, IV). Não é juridicamente admissível que julgadores sejam intransigentes ao ponto justificarem o indeferimento de uma prova, por suposta "desnecessidade", dizendo-se convencidos *independentemente do que documentos, perícias ou testemunhas eventualmente indiquem em sentido contrário a esse convencimento*. E essa obrigatoriedade não decorre do art. 489, § 1º, IV, do CPC, que é meramente explicitante. Ela decorre do dever da autoridade de fundamentar sua decisão, não apenas no que tange à significação e à abrangência dos textos normativos, mas também em relação aos fatos que considera terem ocorrido. E uma versão dos fatos somente pode ser considerada como "provada", assim entendida aquela em torno da qual existem razões suficientes para que seja considerada verdadeira, quando afastada a possibilidade de serem verdadeiras eventuais narrativas alternativas.

Sendo a prova um *meio* para se atingir o fim, que é a prestação da tutela jurisdicional, no caso do processo judicial, ou o respeito à legalidade, no caso do processo administrativo, em qualquer caso atividades para as quais é essencial a *correta aplicação da lei*, tais situações, de provas ilícitas, impertinentes, desnecessárias ou impraticáveis, são nítidos casos em que a produção da prova não é meio adequado (prova impertinente), necessário (prova desnecessária), ou proporcional em sentido estrito (prova ilícita) para se chegar ao aludido fim, sendo válido o seu indeferimento. Naturalmente, não se encaixa em nenhuma dessas hipóteses a prova (v.g., a perícia) que, sendo lícita, necessária, pertinente e praticável, não é produzida apenas porque o contribuinte deixou de indicar os quesitos correspondentes ou, pior, o nome do assistente técnico respectivo. A invalidade do indeferimento de perícias em tais casos é evidente, o que deve ser considerado na interpretação de disposições como as constantes do art. 16 e §§ do Decreto 70.235/72.

2.7. PODERES INSTRUTÓRIOS DO JUIZ E PRESUNÇÃO DE VERACIDADE DOS ATOS ADMINISTRATIVOS

A relevância da verdade para a correta aplicação da lei, seja pela autoridade administrativa, seja pelo juiz, lança a questão de saber se o juiz, no exercício da função jurisdicional, deveria de ofício lançar meio dos elementos disponíveis para a correta determinação dos fatos relevantes ao deslinde do feito. Por outras palavras, além da autoridade administrativa, teria também o juiz o dever de ofício de buscar a verdade, independentemente do que tenham as partes trazido ao processo?

À luz dos princípios do devido processo legal, do Estado de Direito e da legalidade, e da própria natureza da função jurisdicional, a resposta é sim. Ela, aliás, se acha expressa, não apenas em tais enunciados principiológicos, mas em diversos dispositivos do Código de Processo Civil, que conferem ao juiz esse poder. É o caso, por exemplo, do artigo 370 do Código de Processo Civil (CPC), segundo o qual caberá "ao juiz, de ofício ou a requerimento da parte, determinar as provas necessárias ao julgamento do mérito."

Não se diga, em oposição, que isso poderia retirar do julgador, no caso daquele que exerce a função jurisdicional, a necessária imparcialidade. Segundo essa equivocada tese, em razão da inércia que caracteriza a jurisdição, seria inconstitucional a produção de provas de ofício pelo juiz.

Na verdade, a imparcialidade, e a inércia que dela decorre, impedem que o juiz conceda a parte algo diverso do que ela lhe pediu. Desde que conceda o que ela pediu, pelos fundamentos jurídicos usados nesse pedido, nada impede que utilize dispositivo de lei diverso do invocado pelas partes, ou meio de prova também diferente, desde que para evidenciar a veracidade de afirmações ou relatos feitos pelas partes. Por isso, quando o juiz toma a iniciativa de produzir provas de ofício, ou de formular perguntas a testemunhas, ou de formular quesitos, não está, de forma alguma, agindo de modo a perder a sua imparcialidade. O princípio do dispositivo deve ser entendido no sentido de que o juiz está adstrito ao que foi pedido e alegado pelas partes, não ao que foi provado[35]. As disposições do CPC que autorizam a iniciativa do juiz na produção de provas são perfeitamente válidas, compatíveis e mesmo coerentes com as garantias constitucionais do processo, desde que, naturalmente, o magistrado submeta ao contraditório as provas colhidas por sua iniciativa, dando oportunidade às partes de se manifestarem a respeito[36].

Lembre-se que o ônus da prova não se divide, nas questões jurídicas em geral, de forma binária, sendo todo e apenas do autor em relação aos fatos constitutivos do seu direito, e do réu no que tange aos impeditivos, extintivos ou modificativos, os quais seriam passíveis de demonstração por uma lógica do "tudo ou nada". A rigor, as afirmações feitas por ambas as partes são menos ou mais verossímeis, em graus, e ambas podem não apenas trazer aos autos elementos que reforcem a verossimilhanças dos relatos que fazem, mas também que minem ou comprometam a plausibilidade dos feitos pela parte adversa. Assim, um esclarecimento obtido de ofício pelo juiz não irá, necessariamente, favorecer sempre a uma delas. Só depois do esclarecimento será possível determinar qual parte teria sido por ele "beneficiada".

A título exemplificativo, em uma ação indenizatória, em que se discutem as circunstâncias em que o réu teria agredido fisicamente o autor, o juiz pode solicitar a apresentação das gravações feitas por câmeras de circuito interno, se tiver conhecimento de que no local essas câmeras existem, ainda que isso não tenha sido pedido pelas partes. Assistindo às imagens, tanto poderá concluir que o autor não foi agredido como afirma, ou que o causador das agressões foi outra pessoa, ou ainda que o promovente, embora agredido, teria dado causa à briga, tendo o réu apenas se defendido, e poderá ainda entender que o réu realmente foi responsável por agressões injustificáveis e passíveis de indenização. Em uma ação na qual alguém pleiteia aposentadoria como trabalhador rural, o ato do juiz, de ofício, pedir para examinar as mãos (se calejadas ou não) do autor, formulando perguntas referentes ao seu trabalho no campo, tanto pode conduzir à conclusão de que se trata de fato de um trabalhador rural, como à convicção de que se trata de alguém que nunca laborou no campo e formula pretensão improcedente, confirmando ou afastando conclusão provisoriamente obtida a partir de outros meios de prova, como fotografias ou

---

35. BARBI, Celso Agrícola. **Comentários ao Código de Processo Civil**. Rio de Janeiro: Forense, 1975, v. 1, t. 2, p. 531.
36. DIDIER JÚNIOR, Fredie; BRAGA, Paulo Sarno; OLIVEIRA, Rafael. **Curso de Direito Processual Civil**. 6. ed. Salvador: Juspodivm, 2011, v. 2, p. 25.

o relato de testemunhas. Não há, portanto, razão para se dizer que os poderes instrutórios do juiz "ajudam o autor" ou prejudicam a igualdade das partes no processo.

Além disso, se se argumentar que os poderes instrutórios do juiz "ajudam o autor", esse mesmo raciocínio, aplicado coerentemente, autorizaria a conclusão de que a ausência desses poderes "ajudaria o réu". Assim, o argumento de que eles tornam o processo parcial talvez não possa ser usado, pois a falta deles também torna. E com um grave defeito: os poderes instrutórios do juiz ajudam o autor, em princípio, se, e somente se, ele tiver razão quanto aos fatos que alega. Mas, ao revés, a falta dos poderes instrutórios ajuda o réu se, e somente se, este *não* tiver razão. Ou seja, a falta de poderes instrutórios ajuda o processo a servir de instrumento para dar razão a quem não a tem, algo que parece distante da ideia de processo justo.

O grande problema da produção de provas de ofício, pelo magistrado, reside na relativa "discricionariedade" que ele possui para fazê-lo ou não, o que o leva, em questões tributárias, ou em outras questões envolvendo o Poder Público e a "presunção de veracidade" dos atos deste, a só exercer o tal poder quando o acervo probatório constante dos autos conduz à conclusão de que o ato administrativo é inválido e o cidadão tem razão. Nas hipóteses em que acervo probatório, por ser insuficiente, não consegue demover a tal presunção, o juiz permanece bastante quieto, e em sua sentença fundamenta longamente a manutenção do ato na aludida presunção. Esse, de fato, é o principal problema dos tais poderes instrutórios, mas ele não parece efeito colateral prejudicial o suficiente para recomendar o abandono do próprio remédio, até porque mesmo no caso em que os poderes instrutórios são exercidos de ofício, se o contribuinte tiver mesmo razão isso ficará ainda mais claro.

O uso seletivo dos poderes instrutórios pelo juiz faz, na verdade, com que os magistrados dotados de pensamento enviesado em favor da Fazenda Pública o revelem, às vezes sem querer: quando se demonstra que um lançamento seguiu método inadequado de cálculo, o juiz convoca de ofício o fiscal autuante para responder suas dúvidas em audiência, fazendo de tudo para extrair dele elementos que autorizem a manutenção do auto; esse mesmo juiz, contudo, permanece bastante quieto na fase instrutória, deixando para dizer apenas na sentença, ao julgar os pedidos improcedentes, o que a parte deveria ter esclarecido para afastar a presunção que, justamente pela falta do tal esclarecimento, é por ele agarrada como fundamento para manter o ato administrativo impugnado.

Em situações assim, ao negar razão a uma parte por falta de provas, o magistrado precisaria indicar quais seriam elas, e o que poderia ter sido esclarecido e não o foi. Se se tratar de algo que estava ao alcance dele juiz fazer ou esclarecer (v.g., fazendo a pergunta que faltou à testemunha), o qual preferiu escorar-se (só nesse caso) na inércia e na alegada "mera faculdade" de exercer os poderes instrutórios, o julgamento será inválido, devendo ser reaberta a fase probatória para que o aludido fato seja esclarecido.

2.8. FUNDAMENTAÇÃO DA SENTENÇA QUE APRECIA QUESTÕES DE FATO

Como se percebe, o principal problema relacionado à prova, e à atuação do juiz em relação a ela, diz respeito a ponto frequentemente tangenciado pela literatura especializada no assunto. Trata-se da fundamentação da decisão correspondente. De pouco ou nada adianta toda a discussão relacionada aos meios de prova, ao ônus da prova, à iniciativa do juiz em produzir provas, se não se dá a devida atenção à fundamentação da decisão que decide a questão. Esse é o aspecto que, verdadeiramente, pode conter o arbítrio do julgador, impondo-lhe limites que garantam alguma imparcialidade.

A convicção do julgador é, sem dúvida, fruto de uma decisão dele quanto à veracidade de uma versão sobre os fatos, em detrimento de outras. Por isso mesmo, Marcelo Lima Guerra explica que a palavra "prova", quando empregada como "resultado", não deve ser propriamente definida como "a crença subjetiva", mas como "o argumento" capaz de fundamentar racionalmente essa crença, sob pena de cair-se no psicologismo no qual parece estar presa a grande maioria dos estudiosos do assunto no Brasil.[37] E, na medida em que a veracidade de uma versão dos fatos pode ser decisiva quanto à decisão a respeito da pretensão deduzida em juízo pelas partes, é claro que se tem, nela, também parte dessa decisão, devendo, de uma forma ou de outra, ser fundamentada, como exige o art. 93, IX, da CF/88.

Essa fundamentação não deve ser vista como uma descrição dos processos mentais havidos na cabeça do julgador (os quais somente ele conhece, e ainda assim apenas às vezes), nem como uma tentativa de *persuadir* terceiros da veracidade da versão dos fatos ali acolhida[38]. Deve ser, isso sim, a apresentação de razões que sustentam ou confirmam a conclusão do julgador, e que são aptas, em tese, a conduzir terceiros à mesma conclusão, ou a permitir a estes apontar falhas e impugnar assim a respectiva conclusão. Como nota Marcelo Lima Guerra, a fundamentação deve conter a "justificativa da aceitação como verdadeira de uma das alegações controvertidas sobre fato relevante"[39]. Impõe-se ao julgador a indicação dos motivos pelos quais considera que um documento, um relato de testemunha, um laudo pericial etc., são considerados como justificativa para a afirmação de que a versão dos fatos acolhida na sentença é tida por verdadeira. Deve o julgador, porém, com igual ou até maior intensidade, indicar os motivos pelos quais reputa que um documento, um relato de testemunha etc. *não devem ser* considerados como justificativa para a afirmação, feita pela parte vencida, de que a versão dos fatos tida por ele como falsa ocorreu.

Não é lícito ao magistrado, naturalmente, invocar seu "livre convencimento" e apenas descrever rapidamente alguns elementos constantes do processo para em seguida indicar a versão dos fatos por ele acolhida: é preciso que indique por que desacolhe as outras, e por que os meios de prova que embasariam essas outras – e desautorizariam a por ele acolhida – não são considerados como tendo esse efeito ou resultado.

Por outras palavras, o magistrado não deve indicar na sentença apenas os elementos que conduzem à conclusão a que chegou, omitindo os que constam dos autos e eventualmente são incompatíveis com ela. Isso até pode ser feito pelo advogado, mas não pelo

---

37. GUERRA, Marcelo Lima. Premissas para a construção de um léxico constitucional e epistemologicamente adequado em matéria probatória. In: **Anais do XIX Encontro Nacional do CONPEDI** realizado em Fortaleza – CE nos dias 09, 10, 11 e 12 de Junho de 2010, p. 7742 e ss. Disponível em: http://www.conpedi.org.br/manaus/arquivos/anais/fortaleza/4060.pdf. Acesso em: 23 abr. 2013, p. 7745.
38. TARUFFO, Michele. **La semplice verità. Il giudice e la costruzione dei fatti**. Roma: Laterza, 2009, p. 244.
39. GUERRA, Marcelo Lima. *Op. Cit.*, p. 7746.

juiz, ao motivar sua decisão, ocasião na qual deve dar até mais atenção aos elementos que aparentemente seriam contrários às suas conclusões, explicando por que não o são.[40]

Exemplificando, se nos autos alguns meios de prova geram a presunção de que o contribuinte omitiu rendimentos, enquanto outros geram a presunção de que ele não omitiu, o magistrado deve examiná-los todos, dando especial atenção àqueles que conduzem a conclusão contrária àquela por ele acolhida na sentença. Se considera que houve omissão de rendimentos, mas o perito afirmou que não houve, o magistrado deve apontar as razões pelas quais considera que o laudo está equivocado. Evidentemente, não será uma "fundamentação", nesse caso, a mera referência art. 436 do CPC[41] e aos meios de prova (v.g., cópia do auto de infração, o qual teria "presunção de validade") que conduzem a conclusão diferente, dizendo que "prefere" esses outros. É preciso dizer por que o laudo é tido por equivocado, ou, por outros termos, por que se deu preferência aos outros meios de prova que apontam em sentido contrário. É o que hoje consta, de forma evidentemente didática – mas infelizmente necessária – do art. 489, § 1º, IV, do CPC, disposição que se aplica naturalmente tanto às questões de direito como às de fato. Quanto ao laudo pericial, o art. 479 é explícito ao determinar que o juiz indique na sentença "os motivos que o levaram a considerar ou a deixar de considerar as conclusões do laudo, levando em conta o método utilizado pelo perito."

Aliás, dotado de poderes instrutórios, como explicado no item anterior, o juiz não pode simplesmente invocar a insuficiência de um meio de prova como motivo para rejeitar as alegativas da parte que têm esse meio como fundamento, principalmente quando isso é feito para a preservação de um ato administrativo dotado de "presunção de validade". É preciso indicar as razões pelas quais outras provas – cuja produção o juiz poderia de ofício determinar – não são factíveis. Se a perícia é inconclusiva, ele pode determinar a realização de outra, a teor do art. 480 do novo CPC. Se ela foi inconclusiva por razões que, na visão do juiz, levariam *qualquer outra* a ser inconclusiva (v.g., não há dados suficientes a serem examinados), isso deve ser indicado como o motivo pelo qual não se tentou suprir a insuficiência por outros meios.

Por outras palavras, não são os poderes instrutórios que retiram a imparcialidade do juiz, mas, eventualmente, a possibilidade de o juiz decidir *arbitrariamente* quando os utiliza ou não. Um juiz excessivamente fiscalista, por exemplo, diante de ação anulatória de crédito tributário fartamente documentada, percebendo que os elementos constantes dos autos indicam ter razão o autor, usa à saciedade os referidos poderes instrutórios, chegando mesmo a marcar audiência para ouvir o fiscal e pedir explicações a ele sobre a metodologia usada no lançamento. Tudo para tentar "salvar" o lançamento. Nada errado nisso. O problema, porém, surge quando esse mesmo juiz, diante de demanda de outro contribuinte precariamente comprovada – mas que comportaria esclarecimentos por documentos, perícias ou testemunhas que poderiam ser objeto da iniciativa do juiz – permanece inteiramente inerte, afirma insuficientes as provas trazidas pelo contribuinte

---

40. TARUFFO, Michele. **La semplice verità. Il giudice e la costruzione dei fatti**. Roma: Laterza, 2009, p. 243.
41. "Art. 436. O juiz não está adstrito ao laudo pericial, podendo formar a sua convicção com outros elementos ou fatos provados nos autos."

e fundamenta a improcedência do pedido na "presunção de validade do ato administrativo". É preciso, nesse último caso, indicar por que as provas existentes nos autos são insuficientes e por que se considerou que elas não seriam passíveis de complementação providenciada de ofício pelo juiz. Do contrário, será algo inteiramente arbitrário, para ele, decidir quando exercerá os poderes instrutórios ou não.

De tudo isso pode parecer que a fundamentação exigida pelo novo CPC seria demasiadamente longa e prolixa. Sobretudo com essa indicação dos motivos pelos quais não se fez uso dos poderes instrutórios à luz de provas insuficientes. Não será assim, contudo. Explicar razões não deve ser confundido com prolixidade. Há decisões, aliás, que possuem inúmeras laudas (de transcrições doutrinárias e jurisprudenciais impertinentes), mas que, não obstante, não são fundamentadas. É o caso, por exemplo, de decisões que passam páginas explicando, em tese, o que é uma medida liminar, o que se entende por fumaça do bom direito e por perigo da demora, mas, ao final, diz simplesmente que "à luz da presença dos requisitos, defiro a liminar".

Marcelo Lima Guerra[42] conclui, a propósito, que a norma contida no art. 93, IX, da CF/88 deve ser vista como um princípio nos termos propostos por Robert Alexy, a saber, como um *mandamento de otimização*, a ser realizado na medida em que isso for factual e juridicamente possível. Assim, o dever de fundamentar a decisão não poderia levar o magistrado a proferir sentença com infinitas páginas, até porque isso implicaria malferimento a outras normas constitucionais, como as que impõem ao Estado a prestação da tutela jurisdicional, que há de ser célere, permitir a imposição de recursos etc. A fundamentação, portanto, deve ser a mais completa e detalhada *possível*, sendo limitações a essa possibilidade não a paciência do juiz ou sua disposição no momento, mas a própria necessidade de o processo seguir adiante. Considera-se suficiente a fundamentação, e atendido o dever de indicá-la, quando a partir dela for possível racionalmente aceitar a decisão, e inverter o ônus argumentativo para quem quiser se opor a ela, que deverá indicar os motivos pelos quais ela é equivocada.

---

42. GUERRA, Marcelo Lima . Notas sobre o dever constitucional de fundamentar as decisões judiciais (CF, art. 93, IX). In: Luiz Fux; Nelson Nery Junior; Teresa Arruda Alvim Wambier. (Org.). **Processo e Constituição**: estudos em homenagem ao Professor José Carlos Barbosa Moreira. São Paulo: Revista dos Tribunais, 2006, p. 517-541.

3

OS CUSTOS DE SE DEMANDAR CONTRA O PODER PÚBLICO

3.1. DESPESAS PROCESSUAIS E EFETIVIDADE DA JURISDIÇÃO

Demandas judiciais envolvem custos. Honorários de advogados, custas judiciais, honorários de peritos, e o próprio tempo decorrido, no qual valores permanecem indisponíveis no âmbito de depósitos judiciais, ou bens não podem ser alienados por estarem gravados pela penhora, são exemplos de tais ônus.

Neste capítulo pretende-se examinar a simetria, ou a falta dela, nesses custos, no que tange às demandas envolvendo o Poder Público. Simetria ou equivalência entre os custos suportados pelo Poder Público e aqueles que oneram os particulares, em uma demanda que os tenha como partes; e, também, entre os custos inerentes a tais demandas e os que dizem respeito a processos que se desenvolvem apenas entre particulares, nos quais o Estado não figura como litigante.

Como parece claro, tais custos, sendo mais pesados nas demandas que envolvem o Poder Público, notadamente quando este maior peso recai precipuamente sobre os particulares que com ele litigam, pode funcionar como instrumento obliquo de amesquinhamento da tutela jurisdicional em face do Estado, seja por desestimular sua procura, seja por reduzir sua efetividade. Daí a relevância do trato do assunto em um livro dedicado à solução de conflitos em que se acha envolvido aquele primitivamente encarregado de dirimi-los.

A existência de custos ou despesas inerentes ao exercício da jurisdição, a serem suportados pelas partes, é inafastável, pois se trata de atividade que para ser provocada, acompanhada e desempenhada envolve o emprego de esforços humanos e recursos materiais. Aliás, o fato de as partes de uma demanda judicial terem de suportar ônus em decorrência de a terem provocado é mesmo necessário, para evitar a banalização do uso do Poder Judiciário[1] e a judicialização de toda sorte de questões, servindo de estímulo a que se busquem formas alternativas de solução de litígios. Apesar disso, algumas ponderações se fazem pertinentes.

É importante, de início, que tais ônus não sejam elevados a ponto de impedir, por completo, pelo menos para algumas pessoas, o acesso à jurisdição. Essa é a razão, por

---

1. Como registra Moacyr Amaral Santos, "a responsabilidade dos litigantes pelo pagamento das despesas processuais desempenha papel preponderante de política judiciária contra o abuso do exercício do direito de demandar." SANTOS, Moacyr Amaral. **Primeiras Linhas de Direito Processual Civil**. 14. ed., São Paulo: Saraiva, vol. I, p. 299.

exemplo, pela qual a Constituição assegura imunidade de taxas judiciárias relativamente a certas demandas[2], ou a pessoas que comprovem insuficiência de recursos[3]. Igual justificativa tem a existência de figuras como a Defensoria Pública.

Além disso, é relevante perquirir como esses ônus são distribuídos entre as partes. O critério de divisão deve ser equânime, levando em consideração, precipuamente, quem, por resistência indevida ou por pretensão insubsistente, tornou necessário o uso da máquina judiciária. Trata-se, aliás, de consequência do princípio da efetividade da tutela jurisdicional, do qual se extrai a ideia de *máxima coincidência possível*.

Tendo retirado das partes, em regra, a permissão para que realizem a chamada justiça de mão própria, ou a autotutela, reservando para si o monopólio do uso legítimo da força para fazer eficaz a ordem jurídica, o Estado obrigou-se, por igual, a fazê-lo com efetividade[4]. Entende-se por tutela efetiva, nesse cenário, aquela que conduz as partes, quando de sua prestação definitiva, a situação *a mais próxima possível* daquela em que as partes estariam se o direito objetivo incidente tivesse sido observado espontânea e tempestivamente.

Exemplificando, se uma pessoa celebra contrato com outra, em face do qual se obriga a pagar um preço de R$ 100.000,00 por determinado bem, que lhe é entregue, mas esse preço não é pago, forçando o credor a mover ação judicial para recebê-lo, o resultado desta ação não deverá consistir apenas na satisfação do crédito em referência, no valor de R$ 100.000,00. Se o credor teve de pagar custas de R$ 1.000,00, por exemplo, o devedor há de pagar a ele não apenas os R$ 100.000,00, mas também reembolsá-lo dos R$ 1.000,00 de custas. O mesmo vale para as demais despesas do processo, incluindo os honorários advocatícios, até porque, como adverte Carnelutti, "se o dano causado pelo processo àquela parte que tem razão não fosse ressarcido pela parte que não tem razão, a lide não ficaria justamente composta"[5].

É por isso que, pelo *princípio da sucumbência*, a parte que tem contra si proferido julgamento de mérito deve reembolsar a parte adversa, vitoriosa, das despesas que esta tiver experimentado, ou, a rigor, adiantado, no curso do feito. Entende-se que a parte que paga custas, honorários de perito etc., ao longo de um processo está, na verdade, apenas *adiantando* essa despesa, que será suportada, ao final, por quem perder a demanda, que se for pessoa diversa daquela que fez o adiantamento deverá ressarci-la dos valores correspondentes.

Quando não há propriamente sucumbência, por não ter havido pronunciamento de mérito, aplica-se o chamado *princípio da causalidade*, que a rigor tem o mesmo fundamento. Embora não tenha havido julgamento de mérito, alguém *deu causa* ao uso

---

2. CF/88, art. 5°., incisos LXXIII e LXXVII.
3. CF/88, art. 5°, inciso LXXIV.
4. ZIPPELIUS, Reinhold. **Introdução ao Estudo do Direito**. Tradução de Gercélia Batista de Oliveira Mendes. Belo Horizonte: Del Rey, 2006, p. 22.
5. CARNELUTTI, Francesco. **Instituições do Processo Civil**. tradução de Adrián Sotero de Witt Batista, São Paulo: Classicbook, 2000, v.1, p. 411. Em sentido análogo: CHIOVENDA, Giuseppe. **Instituições de Direito Processual Civil**. tradução de Paolo Capitanio, Campinas: Bookseller, 1998, vol. III, p. 242.

indevido da máquina judiciária, devendo por isso ressarcir a parte adversa das despesas correspondentes.

Por outro lado, além de os ônus deverem recair sobre as partes tomando como critério o "ter motivado o uso da máquina judiciária" ou o "ter provocado desnecessariamente a máquina judiciária", de modo a que haja a máxima coincidência possível entre a atuação do Judiciário e a observância imediata e espontânea do direito material, é preciso que isso ocorra de forma simétrica, ou isonômica, para qualquer parte vencedora. Caso só uma determinada categoria de parte litigante (*v.g.*, entes públicos) receba esse ressarcimento, ou o receba em patamares ou por critérios diferentes dos aplicáveis a outras, ter-se-á uma seletividade na própria efetividade da tutela jurisdicional. Aliás, ter-se-á um estímulo a que determinadas partes usem menos a máquina judiciária, notadamente quando se tratar de demandar outra parte específica. Isso, como se vê, tem reflexos diretos nas demandas envolvendo o Poder Público.

3.2. HONORÁRIOS ADVOCATÍCIOS DE SUCUMBÊNCIA

Dentro da ideia de máxima coincidência possível e de ressarcimento de despesas com o processo pela parte perdedora (ou que indevidamente deu causa ao processo) à parte vencedora (ou que desnecessariamente foi chamada a demandar), o ordenamento jurídico brasileiro consagra a figura dos honorários advocatícios de sucumbência, devidos pela parte perdedora ao advogado da parte vencedora de uma demanda; ou, no caso de extinção sem julgamento de mérito, pela parte que indevidamente deu causa ao processo ao advogado da que desnecessariamente a ele foi chamada.

Pode-se questionar, de início, o fato de tais honorários, que não se confundem com os honorários contratuais (objeto de acerto diretamente entre a parte e seu advogado), serem pagos ao advogado, e não à parte, como ressarcimento dos honorários contratuais.

Na verdade, os honorários de sucumbência deveriam ser pagos à parte, e não ao seu advogado. Esta, naturalmente, poderia, contratualmente, estabelecer que os honorários de sucumbência seriam também do advogado, como complemento dos honorários contratuais, se quisesse. Como poderia a parte, por ser direito disponível seu, ceder tais honorários a qualquer outra pessoa, ou mesmo renunciar a eles. Mas, ausente uma disposição contratual assim, os honorários deveriam ser pagos à parte, por pertencerem a ela.

Desde a Lei 8.906/94, porém, a ordem jurídica brasileira estabelece de maneira expressa que os honorários pertencem ao advogado, sendo pagos diretamente a ele. O Código de Processo Civil de 2015 deixou isso ainda mais claro, estabelecendo que tais honorários, no caso de demandas vencidas pelo Poder Público, pertencem aos seus procuradores, e não ao ente público respectivo, o que não deixa de ser estranho pois, diversamente dos advogados privados, os advogados públicos não têm despesas com seu "escritório", que é todo custeado pelo próprio ente a que servem, desde os estagiários que os auxiliam aos computadores por eles utilizados, sendo excessivo que também toda a verba sucumbencial lhes seja direcionada.

Com efeito, no caso de advogados privados, a lógica subjacente à regra segundo a qual a sucumbência lhes pertence diretamente é a de que isso, de uma forma ou de outra, economicamente, terá reflexos sobre os honorários contratuais, que poderão ser fixados em patamares mais baixos diante da perspectiva do recebimento da verba sucumbencial. No caso dos advogados públicos, remunerados por vencimentos irredutíveis, essa lógica não funciona da mesma maneira. Mas pode-se entender que essa é uma maneira de dar-lhes um aumento não atrelado às regras aplicáveis ao restante do funcionalismo público e sem reflexos previdenciários.

Seja como for, o relevante é saber se, nesse contexto, os honorários são fixados de forma isonômica e equânime, havendo alguma distinção que quebre essa igualdade nas causas em que o Poder Público é parte.

Quando da vigência do Código de Processo Civil de 1973, o assunto era disciplinado pelo art. 20, cujos §§ 3.º. e 4.º dispunham:

> Art. 20. A sentença condenará o vencido a pagar ao vencedor as despesas que antecipou e os honorários advocatícios. Esta verba honorária será devida, também, nos casos em que o advogado funcionar em causa própria.
>
> § 1º O juiz, ao decidir qualquer incidente ou recurso, condenará nas despesas o vencido. *(Redação dada pela Lei 5.925, de 1.10.1973)*
>
> § 2º As despesas abrangem não só as custas dos atos do processo, como também a indenização de viagem, diária de testemunha e remuneração do assistente técnico. *(Redação dada pela Lei 5.925, de 1.10.1973)*
>
> § 3º Os honorários serão fixados entre o mínimo de dez por cento (10%) e o máximo de vinte por cento (20%) sobre o valor da condenação, atendidos: *(Redação dada pela Lei 5.925, de 1.10.1973)*
>
> a) o grau de zelo do profissional; *(Redação dada pela Lei 5.925, de 1.10.1973)*
>
> b) o lugar de prestação do serviço; *(Redação dada pela Lei nº 5.925, de 1.10.1973)*
>
> c) a natureza e importância da causa, o trabalho realizado pelo advogado e o tempo exigido para o seu serviço. *(Redação dada pela Lei nº 5.925, de 1.10.1973)*
>
> § 4º Nas causas de pequeno valor, nas de valor inestimável, naquelas em que não houver condenação ou for vencida a Fazenda Pública, e nas execuções, embargadas ou não, os honorários serão fixados consoante apreciação equitativa do juiz, atendidas as normas das alíneas a, b e c do parágrafo anterior. *(Redação dada pela Lei nº 8.952, de 13.12.1994)*
>
> (...)

A literatura especializada, à época, não poupou críticas ao dispositivo. Celso Agrícola Barbi, por exemplo, consignou:

> O parágrafo contém regra muito criticável, em relação à Fazenda Pública, a qual, quando vencida, não terá a condenação em honorários sujeita à limitação do § 3º. A exceção é duplamente criticável. Em primeiro lugar, porque não há razão para que a Fazenda Pública tenha tratamento especial quando vencida. Por que motivo uma pessoa que tiver o seu automóvel danificado em uma colisão por culpa de outrem será reembolsada em honorários de 10 a 20% sobre o valor do dano, se o veículo causador do dano for um particular, e terá tratamento diverso se o veículo causador pertencer a um órgão do Poder Público? Porventura o que ele pagará ao seu advogado, a título de honorários, será diferente, porque o veículo causador pertence ao Estado? Parece que a intenção da legislação é dar tratamento

3 • OS CUSTOS DE SE DEMANDAR CONTRA O PODER PÚBLICO

preferencial à Fazenda, mas nem isso ficou assegurado na lei, porque ela, ao subtrair a Fazenda à regra do § 3º, não proibiu a condenação em valor superior a 20%. É razoável que se dê à Fazenda maior facilidade nos prazos, como garantia do interesse geral que pode ser sacrificado pela deficiência de alguns serviços jurídicos de órgãos públicos. Mas o favor não deve estender-se ao campo dos honorários de advogado, porque estes são indispensáveis a um completo ressarcimento do direito da pessoa lesada pela Administração Pública.

Mas, como o parágrafo tem redação pouco adequada à sua presumível finalidade de beneficiar a Fazenda, a jurisprudência tem meios de restabelecer a igualdade entre os litigantes, fixando os honorários nas causas em que a Fazenda Pública for vencida ou vencedora entre 10 e 20%, como permite o § 3º. E nas causas de pequeno valor e nas de valor inestimável a circunstância de a Fazenda ser parte não deve influir para um tratamento desigual em favor ou contra ela. Só assim se aplicará integralmente o princípio básico da condenação nas despesas judiciais e nos honorários advocatícios, segundo o qual, como exposto acima por Chiovenda, a atuação da lei não deve representar uma diminuição patrimonial para a parte a cujo favor se efetiva.[6]

O dispositivo tinha dois grandes problemas. O primeiro era o de estabelecer um tratamento diferenciado apenas para as causas em que a Fazenda Pública fosse vencida. Se ela fosse a vencedora, os parâmetros continuariam sendo os do § 3.º, observando-se os percentuais de 10% a 20%. No caso das execuções movidas pela Fazenda Nacional, aliás, embute-se já na Certidão de Dívida Ativa um valor a título de "encargos legais", correspondente a 20% do débito executado, o qual a jurisprudência considera ter natureza de honorários advocatícios[7].

O segundo grave problema era a abertura para o casuísmo e para o subjetivismo. Sem nenhuma fundamentação além da mera alusão numérica ao artigo e seu parágrafo, juízes e tribunais fixavam honorários nos valores que queriam, muitas vezes bastante aquém do piso de 10% aplicável a qualquer outra parte que estivesse litigando em qualquer outra ação. Tais problemas, contudo, não impediram o Poder Judiciário de considerar válido o dispositivo, bem como admitir que magistrados, com base nele, fixassem honorários no valor que bem entendessem[8]. Para ficar com a palavra final sobre questões ligadas a essa quantificação, reservando-se, ainda, a faculdade de somente dar essa palavra final quando quisesse fazê-lo, o Superior Tribunal de Justiça passou a aplicar a Recursos Especiais nos quais se discutiam valores de honorários de sucumbência o mesmo entendimento que já havia firmado para questões relativas à quantificação de indenizações por danos morais: em regra, não são passíveis de exame pelo Tribunal, por supostamente exigirem o reexame de fatos e provas, esbarrando assim no enunciado da Súmula 7 daquela Corte[9]. Mas, nos casos em que a quantificação for tida por *irrisória* ou *exorbitante*, a revisão poderia ocorrer[10].

---

6. BARBI, Celso Agrícola. **Comentários ao Código de Processo Civil**. Rio de Janeiro: Forense, vol. I, tomo I, pp. 197 e 198.

7. Confiram-se o Decreto-lei 1.025, de 1969, e a Súmula 168 do Tribunal Federal de Recursos.

8. Em sede de "recursos repetitivos", o STJ decidiu: "(...) Vencida a Fazenda Pública, a fixação dos honorários não está adstrita aos limites percentuais de 10% e 20%, podendo ser adotado como base de cálculo o valor dado à causa ou à condenação, nos termos do art. 20, § 4º, do CPC, ou mesmo um valor fixo, segundo o critério de equidade." (STJ, REsp 1.155.125/MG, *DJe* de 06.04.2010).

9. STJ, 1ª T, AGA 266551/PR – DJ 08/05/2000, p. 74.

10. STJ, 2ª T, AgInt no REsp 1.635.514/RO, *DJe* de 23.04.2018.

Com tal jurisprudência, o Superior Tribunal de Justiça deixava aberta uma porta para revisar, quando quisesse, valores de honorários, mas a redução do subjetivismo era muito pequena, pois a própria Corte não tinha parâmetros claros para indicar o que seria um valor irrisório, ou exorbitante. E menos ainda para definir o novo valor a ser fixado, depois da reforma[11].

Isso revela, a propósito, o total descabimento da comparação, subjacente ao *viés* de julgadores contra o pagamento de honorários, entre estes e a remuneração devida aos magistrados. O advogado tem de suportar os custos de seu escritório e dividir o resultado de um processo com os colegas que nele eventualmente tenham atuado também, o que não ocorre com o julgador que não precisa usar seu subsídio para pagar assessores, estagiários ou computadores. Assim, se fosse pertinente qualquer tipo de comparação, ela teria de ser feita com o orçamento da Corte, ou do Gabinete respectivo, e não com o subsídio. Além disso, o valor recebido por uma questão que tramitou por anos, ou mesmo décadas, deve ser considerado à luz de todo o tempo pelo qual o processo demorou e no qual os advogados nele trabalharam. Finalmente, a advocacia está aberta a todo magistrado que achar inferior sua remuneração em relação a dos advogados, não havendo nenhuma obrigatoriedade legal de que tais pessoas exerçam a magistratura e não outra atividade que lhes dê a impressão de ser mais rentável.

A comparação, em suma, é inteiramente despropositada. Ela só é referida aqui para mostrar qual talvez seja o *viés* que orientava a fixação de tais honorários, diante da enorme abertura deixada pelas disposições do CPC de 1973 ao magistrado.

Não se ignora que o Poder Público, por participar de incontáveis relações jurídicas com uma quantidade imensa de pessoas, é muito demandado. A natureza e a continuidade de tais relações, notadamente no âmbito tributário, faz com que os valores em disputa não raro sejam mais elevados. Por isso, é natural que se pensem em critérios de fixação de honorários que evitem condenações muito elevadas, as quais não seriam tão usuais em demandas privadas pela própria natureza destas e dos valores nelas usualmente discutidos. O problema, no caso dos critérios do CPC de 1973, especialmente na forma como foram compreendidos pela jurisprudência, é a falta de isonomia (pois só se aplicam ao cidadão vitorioso, não ao cidadão sucumbente) e a enorme subjetividade, que leva ao casuísmo e a mais uma quebra de igualdade (desta feita entre os particulares que litigam contra o Poder Público, ou seus advogados), pois enquanto uns recebem mais, outros recebem menos, a título de sucumbência, sem que se entendam os motivos.

---

11. Em julgado proferido já sob a vigência do CPC de 2015, mas referente a sentença exarada ainda sob a égide do CPC de 1973, e que portanto aplicara o art. 20, § 4º, do diploma hoje revogado, o STJ consignou que "(...) admite a revisão do juízo de equidade referente à fixação de honorários advocatícios (art. 20, § 4º, do CPC/1973) quando o valor arbitrado é irrisório ou exorbitante." Com base nisso, sem apontar claramente os critérios que o levaram a tanto, teve por "exorbitante" uma condenação em 5%, reduzindo-a para 1%: "Hipótese em que, consideradas a natureza da ação e a baixa complexidade da matéria – atinente à condenação da UNIÃO no pagamento das diferenças decorrentes da subestimação do valor mínimo nacional do FUNDEF, averiguadas de acordo com o art. 6º da Lei n. 9.424/1996, referentes aos anos de 2002 a 2006 –, que já foi objeto de julgamento pelo regime dos recursos repetitivos, revela-se desproporcional a verba honorária de sucumbência arbitrada em R$ 125.000,00 (cento e vinte e cinco mil reais), consistente em 5% do valor da condenação, razão pela qual é de rigor a redução para 1% do quantum alusivo à condenação. 4. Agravo interno não provido. (STJ, 1ª T, AgInt no REsp 1.519.915/DF, *DJe* de 04.05.2018).

Quanto à forma desigual como se tratavam demandas em que a Fazenda era parte vencida, tanto em relação às demandas havidas entre particulares, como, o que é pior, relativamente àquelas em que a Fazenda era parte vencedora, merece registro o fato de que problema semelhante foi colocado perante a Corte de Justiça Europeia. No Caso "D" (C-376), suscitou-se a questão de saber se a concessão de poder discricionário ao Judiciário nacional, para que este reduza consideravelmente o dever de o Poder Público ressarcir os custos de quem com ele litiga – na hipótese, pagando ônus sucumbenciais consideravelmente mais baixos – seria ou não contrária ao princípio da efetividade do direito material comunitário. Embora a questão não tenha sido julgada, por uma questão prejudicial (o contribuinte perdeu e, nessa condição, não teve sucumbência a receber), o parecer elaborado pelo Advogado Geral da Corte, Ruiz-Jarabo Colomer, consignou que a Corte deveria declarar que o direito comunitário, em particular o princípio que requer que ele seja efetivo, veda qualquer disposição normativa local de um Estado Membro que, em relação às ações contra o Poder Público para se obter a restituição de tributos pagos indevidamente, estabeleça um sistema de custas que, na prática, torna a restituição mais onerosa, e, assim, não integral, como é o caso das disposições que achatam os honorários advocatícios de sucumbência. Entendeu-se que litigar contra o Poder Público não é barato, ônus que se agrava quando as despesas sucumbenciais não têm de ser pelo Estado suportadas, ao contrário do que se dá com a generalidade das outras partes.

O fato é que, atendendo à necessidade de critérios diferenciados para as demandas envolvendo o Poder Público[12], o CPC de 2015 passou a estabelecer:

Art. 85. A sentença condenará o vencido a pagar honorários ao advogado do vencedor.

§ 1º São devidos honorários advocatícios na reconvenção, no cumprimento de sentença, provisório ou definitivo, na execução, resistida ou não, e nos recursos interpostos, cumulativamente.

§ 2º Os honorários serão fixados entre o mínimo de dez e o máximo de vinte por cento sobre o valor da condenação, do proveito econômico obtido ou, não sendo possível mensurá-lo, sobre o valor atualizado da causa, atendidos:

I – o grau de zelo do profissional;

II – o lugar de prestação do serviço;

III – a natureza e a importância da causa;

IV – o trabalho realizado pelo advogado e o tempo exigido para o seu serviço.

§ 3º Nas causas em que a Fazenda Pública for parte, a fixação dos honorários observará os critérios estabelecidos nos incisos I a IV do § 2º e os seguintes percentuais:

I – mínimo de dez e máximo de vinte por cento sobre o valor da condenação ou do proveito econômico obtido até 200 (duzentos) salários-mínimos;

---

12. Em texto escrito ainda em 2002, chegamos a sugerir solução semelhante, de aplicação de percentuais um pouco menores para ações em que os valores fossem consideravelmente maiores, tal como hoje restou positivado, de maneira objetiva e mais detalhada, na legislação processual civil: MACHADO SEGUNDO, Hugo de Brito.; MACHADO, Raquel Cavalcanti Ramos . O art. 20, § 4º, do CPC, e a sucumbência da Fazenda Pública. **Revista Dialética de Direito Tributário**, São Paulo, v. 86, p. 60-76, 2002.

II – mínimo de oito e máximo de dez por cento sobre o valor da condenação ou do proveito econômico obtido acima de 200 (duzentos) salários-mínimos até 2.000 (dois mil) salários-mínimos;

III – mínimo de cinco e máximo de oito por cento sobre o valor da condenação ou do proveito econômico obtido acima de 2.000 (dois mil) salários-mínimos até 20.000 (vinte mil) salários-mínimos;

IV – mínimo de três e máximo de cinco por cento sobre o valor da condenação ou do proveito econômico obtido acima de 20.000 (vinte mil) salários-mínimos até 100.000 (cem mil) salários-mínimos;

V – mínimo de um e máximo de três por cento sobre o valor da condenação ou do proveito econômico obtido acima de 100.000 (cem mil) salários-mínimos.

§ 4º Em qualquer das hipóteses do § 3º:

I – os percentuais previstos nos incisos I a V devem ser aplicados desde logo, quando for líquida a sentença;

II – não sendo líquida a sentença, a definição do percentual, nos termos previstos nos incisos I a V, somente ocorrerá quando liquidado o julgado;

III – não havendo condenação principal ou não sendo possível mensurar o proveito econômico obtido, a condenação em honorários dar-se-á sobre o valor atualizado da causa;

IV – será considerado o salário-mínimo vigente quando prolatada sentença líquida ou o que estiver em vigor na data da decisão de liquidação.

§ 5º Quando, conforme o caso, a condenação contra a Fazenda Pública ou o benefício econômico obtido pelo vencedor ou o valor da causa for superior ao valor previsto no inciso I do § 3º, a fixação do percentual de honorários deve observar a faixa inicial e, naquilo que a exceder, a faixa subsequente, e assim sucessivamente.

§ 6º Os limites e critérios previstos nos §§ 2º e 3º aplicam-se independentemente de qual seja o conteúdo da decisão, inclusive aos casos de improcedência ou de sentença sem resolução de mérito.

§ 7º Não serão devidos honorários no cumprimento de sentença contra a Fazenda Pública que enseje expedição de precatório, desde que não tenha sido impugnada.

(...)

Os dois problemas, assim, foram resolvidos. Os critérios seguem objetivos, calcados em percentuais mínimos e máximos, que apenas se vão reduzindo, regressivamente, conforme aumenta a base de cálculo. E, mais importante: aplicam-se às demandas em que a Fazenda Pública for parte, vencida ou vencedora.

Em razão disso, aliás, parece-nos que os "encargos legais" previstos no Decreto-lei 1.025/1969, que implicam acréscimo de 20% nas execuções movidas pela Fazenda Nacional, sem prejuízo da discussão relacionada à sua constitucionalidade, foram revogados pelo art. 85, § 3º, do CPC/2015. Com efeito, diante do questionamento a respeito de sua validade, já que não podem ser considerados taxas por não haver serviço público ou poder de polícia que os justifique, havendo distância ainda maior entre ele e as características das demais espécies tributárias, a jurisprudência pacificou o entendimento de que teriam natureza de honorários. Daí não haver acréscimo de qualquer quantia adicional, a título de honorários de sucumbência em favor da Fazenda Nacional, nas execuções por ela movidas, já que se exige o máximo de 20% já embutido na CDA (Súmula 168/TFR). Assim, além da inconstitucionalidade pela quebra da igualdade, seja entre União e outros entes federativos, seja entre a União e os cidadãos que com ela litigam (que não recebem "sempre" 20% de honorários de sucumbência quando ganham ações judiciais), pode-se mesmo dizer que os tais encargos foram revogados pelo art. 85, § 3º, do CPC/2015, que estabelece sistemática própria para todas as causas em que a Fazenda for *parte* (vencida ou vencedora), a qual é incompatível com a tal regra de 1969 que os estabelece sempre em 20% nas execuções da Fazenda Nacional.

4
TUTELAS PROVISÓRIAS EM FACE DO PODER PÚBLICO

4.1. CLASSIFICAÇÃO DOS PROVIMENTOS JUDICIAIS E TUTELAS PROVISÓRIAS

Outro ponto digno de estudo específico, em uma obra voltada às demandas judiciais cíveis que têm o Poder Público como parte, diz respeito às chamadas tutelas provisórias, e às particularidades eventualmente apontadas ao seu regime jurídico, no mais das vezes relativas a restrições à sua concessão contra a Fazenda.

As classificações, como se sabe, não são certas nem erradas. Elas simplesmente existem, sendo logicamente possíveis, ou não. Consistem na divisão da realidade em parcelas, a partir de critério pré-estabelecido. Desde que o critério permita, logicamente, essa divisão, a classificação diz-se possível, ou existente. Adotá-la ou não, nesse contexto, dependerá não de sua correção, mas de sua utilidade.

Vale observar, ainda, que a realidade não possui divisões nítidas entre as parcelas que a integram. É a mente humana, na tentativa de melhor compreendê-la, que traça tais divisões, calcadas em critérios classificatórios destinados a dividir essa realidade em parcelas subsumíveis a certos ideais abstratos (conceitos ou ideias). Assim, toda classificação, ressalvadas aquelas feitas em parcelas da realidade dita ideal (números, formas geométricas etc.), enfrentará dificuldades nas chamadas zonas de penumbra eventualmente surgidas entre as parcelas correspondentes, diante de objetos que parecem ostentar características de duas ou mais classes diferentes. Tal como o ornitorrinco, relativamente a aves e mamíferos. A vaguidade – presente na linguagem porque presente na realidade – é insuprimível[1].

No que tange aos provimentos jurisdicionais, nessa ordem de ideias, há uma grande diversidade de maneiras de agrupá-los ou classificá-los. Caso se leve em conta tão somente o conteúdo da atividade através dele desempenhada, pode-se dizer que existem aqueles cognitivos, e os executivos[2]. Através dos primeiros, o Judiciário afirma a existência de uma relação jurídica, até então controvertida. E, nos segundos, parte-se da premissa de que tal relação existe, discutindo-se mèios de torná-la efetiva. As chamadas tutelas jurisdicionais mandamentais, condenatórias e constitutivas, nesse contexto são subespécies ou desdobramentos daquela antes definida como cognitiva. Já a tutela cautelar

---

1. DEEMTER, Kees Van. **Not exactly**. In Praise of vagueness. Oxford: Oxford University Press, 2010, p. 9.
2. Carnelutti, a propósito, observa que "... o processo cautelar apresenta características próprias do ponto de vista da função do processo, mas não quanto à estrutura, pelo que, conforme verá o leitor, quando fizermos o estudo do processo neste segundo aspecto, aquela figura desaparecerá e será reabsolvida na do processo de conhecimento ou na do de execução." CARNELUTTI, Francesco. **Sistema de Direito Processual Civil**. Tradução de Hiltomar Martins Oliveira. São Paulo: Classic Book, 2000, v.1, p. 323-324.

consistiria não em outra forma de tutela, dentro dessa classificação, mas já do emprego de outro critério, ligado à finalidade do provimento, que, pelo critério do conteúdo, pode reunir características cognitivas e executivas, mas que é definido como cautelar pela finalidade (outro critério, como dito) de tornar efetivo ou viabilizar a eficácia de outro provimento jurisdicional[3]. Assim, classificadas pelo conteúdo, as tutelas podem ser cognitivas ou executivas. Pela finalidade, se destinada a declarar a existência de um direito, efetivá-lo, ou viabilizar a utilidade de uma dessas duas, a classificação abrange as tutelas declaratórias, executivas e cautelares.

Caso se leve em conta não o conteúdo da atividade (executiva ou cognitiva), nem sua finalidade (declaratória, executiva e cautelar), mas sua definitividade, relacionada ao momento do processo em que prestada a tutela correspondente, diz-se que a tutela pode ser definitiva ou provisória. Veja-se que esse é um critério diferente, que conduz a outra classificação, paralela às anteriormente apontadas, com as quais não se confunde. Exemplificando, podem-se classificar determinados objetos por seu formato (quadrado, redondo, triangular), ou por sua cor (verde, azul, vermelho), mas tais maneiras de dividi-los não autorizariam logicamente alguém a dizer: "esse objeto não é triangular, porque na verdade é azul". As tutelas provisórias geralmente têm por propósito evitar a ineficácia da tutela a ser prestada de maneira definitiva, e por isso mesmo, caso se recorra à outra classificação, percebe-se que elas geralmente têm finalidade cautelar, mas isso não é logicamente necessário[4].

4.2. FUNDAMENTO CONSTITUCIONAL PARA A CONCESSÃO DE TUTELAS PROVISÓRIAS

Conforme explicado na parte inicial deste livro, o próprio surgimento de grupos de humanos (e mesmo de alguns outros animais) está relacionado à aptidão daqueles que os lideram de *resolver conflitos*. É necessário, para preservar a coesão do grupo, e, com ela, as condições de sobrevivência dos que o integram, que os conflitos havidos entre seus membros não levem a uma interminável série de retaliações e combates, sendo dirimidos por alguém dotado de alguma autoridade sobre aqueles envolvidos na disputa. Daí o surgimento de grupos assim mais sofisticados institucionalmente, entre seres humanos, estar relacionado à proibição, como regra, da justiça de mão própria, e ao estabelecimento do monopólio do uso legítimo da força por parte do Poder Público.

Estabelece-se, aí, uma relação necessária. Ao tempo em que retira de seus cidadãos a faculdade de resolverem coercitivamente[5], por sua conta, os conflitos nos quais se vejam envolvidos, monopolizando essa atividade, o Estado se obriga, por via de consequência, a fazê-lo com efetividade[6]. Caso não exerça eficazmente a tutela dos direitos, (res)

---

3. ZAVASCKI, Teori Albino. **Antecipação da tutela**. São Paulo: Saraiva, 2009.
4. É possível que uma tutela seja prestada provisoriamente não porque o direito a ser objeto de uma tutela definitiva esteja na iminência de perecer, mas porque a parte adversa não a contestou, por exemplo, ou porque existem decisões judiciais reiteradas a autorizar a sua concessão, no âmbito da chamada "tutela provisória de evidência".
5. Preservam-se, é claro, as formas consensuais de solução.
6. ZIPPELIUS, Reinhold. **Introdução ao Estudo do Direito**. Tradução de Gercélia Batista de Oliveira Mendes. Belo Horizonte: Del Rey, 2006, p. 22.

surgirão, inevitavelmente, ainda que à margem da lei, exemplos de autotutela, os quais serão tanto mais frequentes quanto menos eficaz for o Poder Público no exercício das funções que lhe são próprias e que em última análise justificam antropologicamente o seu surgimento.

Prestar a jurisdição de maneira efetiva significa conduzir as partes, como resultado da prestação da tutela jurisdicional, a situação a *mais coincidente possível* com aquela na qual estariam se o direito material incidente tivesse sido observado espontaneamente. Trata-se, porém, de um ideal a ser buscado, mas impossível de ser inteiramente atingido. O tempo decorrido até que a tutela seja prestada integralmente, por si só, fará com que não haja a total coincidência, sendo o ressarcimento de custas e honorários e o acréscimo de juros a valores em dinheiro eventualmente devidos formas de *minimizar* essa diferença, aumentando a coincidência entre as duas situações, que, como dito, será aquela *possível*.

O decurso de referido tempo, porém, é inevitável, sendo inerente mesmo à própria ideia de processo. Entendido como uma *série encadeada de atos*, não há processo instantâneo, porquanto o próprio encadeamento dos atos exige a passagem de algum tempo entre um e outro. Do contrário, ter-se-ia um ato só, algo logicamente incompatível com a noção de processo[7].

A circunstância de a passagem do tempo ser inevitável e insuprimível, porque inerente à ideia de processo, não faz, porém, com que toda demora seja aceitável, e nada se deva fazer a respeito. Há a demora *adequada,* porque através dela o processo atende suas finalidades; *necessária,* porque não há outra forma menos gravosa de atender tais finalidades, e *proporcional em sentido estrito,* própria das situações nas quais a celeridade traria mais prejuízos do que benefícios a tais finalidades, ligadas, todas, à efetividade da prestação da tutela jurisdicional. Para ser efetiva, afinal, realizando a já referida *máxima coincidência possível,* a tutela há de ser célere, por certo, mas seu resultado deve corresponder àquele prescrito pelo direito material ao qual o julgador se acha vinculado e que deverá ser por ele aplicado.

Fazendo uso de termos usuais em ditados da sabedoria popular, no processo, a respeito da administração do tempo, se busca um equilíbrio entre *pressa* e *perfeição,* entendida esta última como a correspondência entre a solução ditada pela decisão e aquela prescrita pela ordem jurídica que a decisão deve aplicar. Esse equilíbrio, ou *trade off,* é necessário porque se tem, lançando-se mão aqui de outra expressão da linguagem popular, um cobertor curto, que se puxado para proteger uma parte do corpo, descobrirá outra.

Há situações nas quais a concessão de um provimento judicial demanda a passagem de algum tempo, necessário à ouvida das partes, à produção de provas adicionais, à manifestação de possíveis interessados etc. Mas há outras em que isso não é necessário. Ou nas quais a demora inerente a tais expedientes traria mais prejuízos que benefícios. Para estas últimas, a ordem jurídica prevê as chamadas *tutelas provisórias*, que podem

---

7. VIANA, Juvêncio Vasconcelos. **Do processo cautelar**. São Paulo: Dialética, 2014, p. 11.

ser de *urgência* ou de *evidência,* a depender do *motivo* pelo qual uma mais longa passagem do tempo seria inadequada, desnecessária ou desproporcional em sentido estrito.

É por isso que as tutelas provisórias, quando se mostrarem meios adequados, necessários e proporcionais em sentido estrito a uma prestação jurisdicional útil e efetiva, são uma imposição constitucional, decorrendo o direito de obtê-las diretamente do art. 5.º., XXXV, da CF/88.

Antecipar a concessão de um provimento judicial, fazendo-o provisoriamente, antes, portanto, do término do processo, será *adequado* sempre que o teor desse provimento provisório coincidir, no todo ou em parte, com o que se acredita que será o conteúdo do provimento que conceder a tutela de forma definitiva. Naturalmente, o juízo a respeito dessa coincidência é feito de maneira superficial, ou não tão aprofundada quanto, pelo menos em tese, será aquele feito quando da concessão da tutela definitiva. Essa adequação costuma ser designada por expressões como "fumaça do bom direito", "plausibilidade do direito" ou "verossimilhança das alegações" ou equivalentes.

Mas para que um meio seja admissível, ainda que seus fins sejam legítimos, não basta que seja adequado para os atingir. É o caso de uma tutela provisória. O fato de haver adequação, por ser seu conteúdo, em princípio, semelhante, no todo ou em parte, ao do provimento final, não é suficiente para que seja concedida. É preciso que seja necessária essa concessão, necessidade que se avalia pela inexistência de outros meios também adequados e *menos gravosos* a outros objetivos constitucionalmente prescritos, envolvidos na situação e a serem também prestigiados. Essa necessidade usualmente se apresenta clara quando existe algo a colocar em risco a efetividade da tutela a ser definitivamente prestada, a demonstrar a inexistência de outras formas de obter essa prestação de maneira útil. Expressões como "perigo da demora" ou "risco de dano irreparável ou de difícil reparação" designam esse requisito.

Mas não bastam, ainda, adequação e necessidade para um meio seja aceitável juridicamente, ainda que seus fins sejam prescritos constitucionalmente. Exige-se que os bônus, as vantagens, ou o acréscimo de eficácia que ele traga para a finalidade que visa a buscar superem as desvantagens ou os danos trazidos a outros valores, metas ou fins. Em uma linguagem mais simples, não basta que o remédio cure a doença e que não exista outro; é preciso avaliar se seus efeitos colaterais não seriam piores que a própria doença que ele objetiva curar. É o que constitucionalistas costumam designar por proporcionalidade em sentido estrito, que no caso das tutelas provisórias leva a um exame de sua possível *irreversibilidade.* Trata-se dos que processualistas se habituaram a chamar de "perigo da demora inverso".

É no exame do perigo da demora inverso que se verifica se da concessão da medida, embora adequada e necessária, não advirão danos a outros valores caros à ordem jurídica que superarão os benefícios por ela alcançados. Esse exame, em um primeiro momento, pauta-se em aspectos processuais: a irreversibilidade pode tornar inútil a ouvida da parte contrária ou a eventual apresentação de uma prova ou de um argumento capaz de indicar que a tutela definitiva deveria ser concedida em sentido contrário daquele indicado por quem a pleiteia provisoriamente. Em vez de apenas se comprimirem um pouco os princípios que prescrevem os cuidados necessários à concessão de uma tutela definitiva correta (porque conforme o direito positivo incidente no caso), procede-se ao seu total afastamento ou desprezo. Daí porque a irreversibilidade, em princípio, deve ser evitada, até para não levar ao paradoxo de uma tutela provisória que, por ser irreversível, torna-se factualmente definitiva.

Mas pode ocorrer, por certo, de verificar-se a irreversibilidade de ambos os lados. Concedendo-se a tutela, cria-se situação irreversível; mas, indeferindo-a, há irreversibilidade também. Torna-se imperioso, em tais situações, verificar o direito material envolvido, de sorte a verificar qual das "fumaças do bom direito" é aparentemente mais forte, e, em havendo equivalência, aferir, se se pode falar assim, qual das duas irreversibilidades seria mais irreversível, ou qual dano, uma vez consumado de maneira irreparável, é menos grave.

Percebe-se, desse modo, que a concessão de uma tutela provisória é um meio passível de utilização pelo Poder Judiciário para garantir a prestação jurisdicional que constitucionalmente lhe incumbe. Os limites à sua concessão dizem respeito à sua conciliação com outros valores constitucionalmente caros, inerentes ao processo e à necessidade de ser correta a tutela jurisdicional, no já aludido *trade off* entre correção e celeridade. De algum modo, vê-se, também, que tais parâmetros correspondem ao que, em linhas gerais, consta da legislação infraconstitucional e atende pelo nome de "requisitos legais" à concessão de tais tutelas provisórias.

A legislação processual, é certo, divide as tutelas provisórias em "antecedentes" e "incidentais", e, ainda, em "de urgência" e "de evidência". Tais distinções, porém, não modificam o que se afirmou a respeito de seu fundamento constitucional, consistindo apenas em um detalhamento de alguns aspectos procedimentais referentes à sua concessão.

O ser antecedente ou incidental diz respeito apenas ao momento em que sua concessão é requerida e eventualmente deferida. Conquanto provisória nos dois casos, em um sua concessão é pedida antes de ter início o processo no qual a tutela definitiva será concedida, enquanto no outro ela é solicitada já durante o trâmite deste. Apenas uma questão de momento, não se modificando a nota essencial que é a provisoriedade. Observação semelhante vale para o termo *liminar*, que designa provimento concedido pelo magistrado no início do processo: embora o critério, aqui, seja o momento do deferimento (opondo-se liminares a decisões finais – sentenças ou acórdãos), não é raro que tutelas provisórias sejam concedidas por decisões liminares, o que leva a que tais termos sejam utilizados como equivalentes.

Já a divisão das tutelas provisórias em "de urgência" e o de "evidência" decorre, tão somente, de o legislador infraconstitucional ter disciplinado de forma ligeiramente distinta tutelas provisórias nas quais há uma maior ênfase do requisito do "perigo da demora", no primeiro caso, ou da "fumaça do bom direito", no segundo. Essa relativa "calibragem" entre tais requisitos, aliás, já existia mesmo antes de se inserir a distinção formalmente na legislação processual, porquanto juízes não raro deferiam tutelas quando a fumaça do bom direito era muito evidente, ainda que o perigo da demora não o fosse tanto, e vice-versa. A abundância de um dos requisitos termina por suprir a diminuta dimensão do outro.

Análise do art. 311 do Código de Processo Civil revela hipóteses nas quais, mesmo sem haver o perigo da demora, a fumaça do bom direito é muito eloquente, tornando sensivelmente *menos necessário* o decorrer das demais fases do processo para que se perceba que a parte que a requer tem razão e, assim, a tutela definitiva lhe será favorável. Não é necessário, em situações assim, aguardar-se todo o trâmite do processo para tomar-se uma decisão, ainda que não haja risco de dano. Apenas no caso do inciso I do referido artigo, que se reporta à caracterização de abuso do direito de defesa ou manifesto propósito protelatório da parte, não se tem propriamente uma eloquência da fumaça do bom direito, mas, de igual forma, situação na qual o aguardar-se pelo transcurso das demais fases do processo não é necessário à correção da tutela, desta feita por estar havendo abuso por parte de quem se beneficiaria com essa espera. A tutela funciona, de algum modo, como forma de sanção ou de maneira de coibir o aludido abuso, o qual, de algum modo, faz presumir a carência de razão de quem o perpetra.

Também não tem relevo, no sentido de que não alteram a fundamentação constitucional acima apontada como comum às tutelas provisórias em geral, a distinção entre as que seriam "cautelares" e as que teriam caráter "antecipatório". Ambas se destinam a dar efetividade a tutela jurisdicional, diferenciando-se apenas na maneira como fazem isso. Observe-se, ainda, que nem sempre é fácil estabelecer quando um provimento é "antecipatório", e quando é "cautelar", sendo certo que, se sua finalidade é tornar efetiva a tutela definitiva, nos dois casos tem-se a cautelaridade, com alteração apenas da forma como ela é obtida, seja conservando algo pré-existente, seja antecipando uma alteração que só seria efetivada pela sentença. A rigor, como dito, todo provimento é declaratório, ou executivo, no que tange ao seu conteúdo. Se se considerar a finalidade, será cognitivo, executivo ou cautelar, tenha, nesse último caso, o efeito de antecipar algo, ou de conservar, desde que a finalidade seja proteger a efetividade de uma das formas anteriores de tutela (cognitiva ou executiva). O relevante, em qualquer caso, no que tange às tutelas provisórias, é que os requisitos acima apontados estejam presentes[8], os quais fazem com que sua concessão seja uma imposição constitucional.

4.3. INTERPRETAÇÃO DAS REGRAS QUE VEICULAM RESTRIÇÕES À CONCESSÃO DE TUTELAS PROVISÓRIAS CONTRA O PODER PÚBLICO

Estabelecido que as tutelas provisórias se destinam, em última análise, a permitir que a tutela jurisdicional seja prestada de forma efetiva e útil, conciliando celeridade com a correção que se espera dessa importante função estatal, conclui-se que o legislador infraconstitucional tem apenas *relativa* liberdade na conformação do regime jurídico a elas aplicável. Os "requisitos legais" exigidos à concessão de tais tutelas, designados

---

8. MACHADO SEGUNDO, Hugo de Brito.; MACHADO, Raquel Cavalcanti Ramos. Antecipação da Tutela Jurisdicional em Matéria Tributária. In: ROCHA, Valdir de Oliveira. (Org.). **Problemas de Processo Judicial Tributário**. São Paulo: Dialética, 2002, v. 5, p. 125-152.

por expressões como "fumaça do bom direito" e "perigo da demora", em linhas gerais, representam uma fórmula para realizar esse *trade off* entre a busca por correção, de um lado, e por celeridade, de outro.

Pela mesma razão, em situações nas quais a concessão de uma tutela provisória se mostra adequada, necessária e proporcional em sentido estrito para viabilizar a prestação da tutela jurisdicional, impedir a sua concessão por meio de proibições legais arbitrárias, não amparadas em outros valores constitucionalmente protegidos que as justifiquem, será inconstitucional.

Não se pode, por exemplo, estabelecer que simplesmente não se podem conceder tutelas provisórias contra a Fazenda Pública, pois isso implicaria admitir, nos casos em que tais tutelas sejam efetivamente adequadas, necessárias e proporcionais em sentido estrito para viabilizar a jurisdição contra o Poder Público, que *não existe o direito a uma jurisdição contra o Poder Público,* algo contrário, direta e frontalmente, ao próprio Estado de Direito.

Nessa ordem de ideias, disposições legais que cuidam de restrições desse tipo são inconstitucionais, desde que não comportem uma interpretação que as concilie com o texto constitucional. Uma forma de fazê-lo é compreendendo-as como alusivas a casos nos quais, *em regra*, há irreversibilidade do provimento requerido, a qual conduz, *a priori*, à conclusão de que o provimento não deverá ser concedido. Mas esse juízo apriorístico pode, à luz das particularidades do caso (que indiquem não haver a irreversibilidade, ou apontem uma irreversibilidade ainda maior como fruto da não concessão, ou ainda indiquem uma fumaça do bom direito muito eloquente), ser afastado, desde que fundamentadamente.

É o caso, por exemplo, das disposições que tratam da impossibilidade de se concederem tutelas provisórias referentes a diferenças de remuneração de servidores públicos[9], visto que, dado o caráter alimentar de tais pagamentos, é difícil ou mesmo impossível sua recuperação caso o provimento provisório em função do qual forem pagos vier a ser revogado ou reformado. Mesmo assim, tal disposição não impediu o Supremo Tribunal Federal a determinar, através de uma tutela provisória, o pagamento de auxílio moradia a todos os magistrados em atividade no país[10].

O mesmo vale para disposições relativas à liberação de mercadorias, e a outras matérias expressamente referidas em leis restritivas da concessão de tutelas provisórias contra a Fazenda. É o caso da compensação tributária, assunto cuja relevância e complexidade exigem que se lhe dedique item específico, a seguir.

4.4. LIMINARES E COMPENSAÇÃO TRIBUTÁRIA

Um dos campos nos quais a ordem jurídica limita a concessão de tutelas provisórias em matéria tributária diz respeito a conflitos envolvendo a compensação. Desde

---

9. Lei 9.494/97: "Art. 2º-B A sentença que tenha por objeto a liberação de recurso, inclusão em folha de pagamento, reclassificação, equiparação, concessão de aumento ou extensão de vantagens a servidores da União, dos Estados, do Distrito Federal e dos Municípios, inclusive de suas autarquias e fundações, somente poderá ser executada após seu trânsito em julgado. (*Artigo acrescido pela Medida Provisória nº 2.180-35, de 24/8/2001*)"

10. Confiram-se, junto ao STF, as ações originárias 1.773, 1.946, 1.776, 1.945, 2.511 e 1.649.

que o encontro de contas como forma de extinção do crédito tributário se tornou mais frequente, por passar a contar com autorização legislativa mais ampla (pelo menos no plano federal, com o art. 66 da Lei 8.383/91), surgiram entendimentos destinados a limitar a concessão de tutelas provisórias relativamente ao assunto, inicialmente no plano jurisprudência (Súmula 212 do STJ) e, em seguida, mediante alteração no Código Tributário Nacional (art. 170-A).

É preciso lembrar, porém, que o fundamento do direito do jurisdicionado a uma tutela provisória é constitucional, se presentes os requisitos autorizadores de sua concessão. Como cabe ao legislador infraconstitucional disciplinar a forma como tais requisitos serão aferidos pelo juiz, no plano procedimental, as vedações antes referidas devem ser entendidas nesses termos, como relativas à ausência, *prima facie*, dos requisitos, não como uma vedação absoluta à concessão de tais medidas ainda que plenamente presentes a plausibilidade do direito, o perigo da demora e a ausência de irreversibilidade.

Veja-se que o conflito em torno da compensação tributária pode ser dos mais variados tipos, situando-se em diferentes aspectos do encontro de contas.

Fisco e contribuinte podem divergir (1) quanto à efetiva existência do crédito e do débito a serem objeto de compensação, o que pode ser motivado por uma negação (1.1.) dos fatos dos quais decorreriam o crédito ou o débito, ou (1.2.) por uma divergência quanto ao significado jurídico desses fatos, ou, por outras palavras, às normas que lhes seriam aplicáveis. Mas a controvérsia pode não girar em torno da existência ou do montante do crédito e do débito, mas sim (2) sobre a possibilidade de serem objeto de uma compensação, por haver vedação normativa ao encontro de contas.

Em relação a questões indicadas em 1.1., a depender do que as partes aportarem aos autos documentalmente, já no início do processo, pode ser o caso de negar a tutela provisória por falta de fumaça do bom direito, cuja demonstração demandaria a instauração da fase probatória. Nas referidas como 1.2 e 2, porém, em sendo a controvérsia "meramente de direito", não se pode excluir, em regra, a possibilidade de já no início do processo desenhar-se claramente a presença da fumaça do bom direito. A justificativa para o indeferimento da medida, assim, só poderia encontrar suporte válido na ordem constitucional se calcada na ausência de perigo da demora, ou na presença do risco de irreversibilidade.

A Fazenda, com efeito, pode não reconhecer a um contribuinte o direito a um crédito, decorrente de pagamento indevido, por considerar que o pagamento indevido que ele afirma ter feito não aconteceu, ou por considerar que o pagamento, conquanto tenha ocorrido, não é indevido. E tais questionamentos podem demandar esclarecimentos quanto a fatos, o que pode ser uma justificativa válida para o indeferimento de uma tutela provisória destinada a assegurar ao contribuinte o direito à compensação. Mas se a inexistência do crédito é suscitada a partir de questionamentos "de direito", porque, por exemplo, o contribuinte considera que a lei instituidora do tributo por ele pago seria inconstitucional, e o Fisco discorda disso, a tutela provisória, em princípio, pode ser concedida. Qual o sentido, então, do art. 170-A do CTN?

4 • TUTELAS PROVISÓRIAS EM FACE DO PODER PÚBLICO

Em verdade, o art. 170-A do CTN tem por finalidade evitar que o magistrado, através de uma tutela provisória, que é mera causa de suspensão do crédito tributário (CTN, art. 151, IV e V), *determine* à autoridade administrativa que proceda a um encontro de contas, de maneira definitiva, o que configura hipótese de extinção do crédito tributário (CTN, art. 156, II). Desse modo, com a sentença julgando procedente o pedido, e o seu trânsito em julgado, haveria a extinção (CTN, art. 156, X), sendo possível à sentença, depois do trânsito em julgado, operar a compensação; não à tutela provisória, que poderia, contudo, determinar a suspensão da exigibilidade do crédito tributário a ser posteriormente submetido à compensação, no caso de procedência do pedido[11].

Registre-se que nada disso tem pertinência caso o contribuinte efetue a compensação na via administrativa[12], sem prévia judicialização de nenhum aspecto do encontro de contas, e a Fazenda posteriormente venha discordar do encontro de contas, passando assim a exigir o crédito tributário que, por conta da compensação, o contribuinte teria pretendido ver extinto. Nessa hipótese, não tendo o contribuinte êxito em suas defesa e recursos administrativos apresentados contra o indeferimento da compensação, o Fisco exigirá a quantia correspondente ao que seria o seu crédito, em última análise por meio de execução fiscal. Esse crédito tributário, "lançado" quando da rejeição da compensação declarada pelo contribuinte, poderá ser impugnado judicialmente, e o art. 170-A não será empecilho ao deferimento de tutela provisória suspendendo-lhe a exigibilidade (se presentes os requisitos, é claro). Do mesmo modo, o art. 16, §3.º, da Lei 6.830/1980 não é aplicável, ainda que válido fosse (o tema será examinado no capítulo 6, *infra*), pois não se trata de ação na qual se vá proceder ao encontro de contas, mas sim realizar o controle de legalidade de um lançamento que decorre de o Fisco não ter acolhido um encontro de contas submetido a ele administrativamente.

4.5. A QUESTÃO DA PROLIFERAÇÃO DE LIMINARES

Um argumento que eventualmente surge no debate em torno da possibilidade de se concederem tutelas de urgência contra Poder Público, e de haver limites a essa possibilidade, diz respeito ao risco de haver uma *proliferação de liminares,* em razão da multiplicidade de situações semelhantes que poderiam ser levadas à apreciação judicial.

Assim, por exemplo, conceder uma tutela provisória em favor de um cidadão, em situação "x", deveria ser evitado sempre que muitos outros cidadãos estejam na mesma

---

11. MARINS, James. "A Compensação Tributária e o art. 170-A do CTN: Regra de Procedimento Dirigida à Autoridade Administrativa ou Regra de Processo Civil Dirigida ao Juiz?". In: ROCHA, Valdir de Oliveira. **Problemas de Processo Judicial Tributário** – v. 5, São Paulo: Dialética, 2002, p. 153 a 162; MACHADO, Hugo de Brito. "O Direito de Compensar e o art. 170-A do CTN", In: ROCHA, Valdir de Oliveira. **Problemas de Processo Judicial Tributário** – v. 5, São Paulo: Dialética, 2002, p. 107 a 124. Nesse sentido, acolhendo expressamente a tese de que o art. 170-A do CTN não veda a mera suspensão da exigibilidade do tributo a ser compensado, vem decidindo mais recentemente o Superior Tribunal de Justiça: Ac. un. da 1ª T. do STJ – REsp 575.867-CE – Rel. Min. Teori Albino Zavascki – j. 5.2.2004 – *DJU* I de 25.2.2004, p. 121; Ac. un. da 1ª T. do STJ – AGA 517.989/DF – Rel. Min. José Delgado – j. 16.10.2003 – *DJU* I de 15.12.2003, p. 214.
12. Amparado, por exemplo, no art. 74 da Lei 9430/1996, em se tratando de compensação de tributos administrados pela Secretaria da Receita Federal.

situação e possam pleitear tutela provisória de teor semelhante. Esse "risco" recomendaria ao juiz indeferir o pedido.

Deve-se observar, porém, que essa mesma questão pode ser vista por um ângulo diferente. Se a decisão pode se repetir, provavelmente o seu requerente possui, aparentemente, razão; há risco de perecimento de seu direito, caso a medida não seja concedida; não há, em princípio, risco de irreversibilidade, e, adicionalmente, *muitas outras pessoas se encontram em situação semelhante,* o que significa dizer que o ato do Poder Público possivelmente ilegal tem efeitos prejudiciais sobre muitas pessoas. Tais razões, no mínimo, deveriam militar no sentido de se deferir a medida, em vez de recomendar sua denegação.

A questão, portanto, deve ser posta em outros termos. Se a fumaça do bom direito e o perigo da demora estão ausentes, a medida deve ser denegada por isso. Se presentes, sua concessão se impõe, pelas razões explicadas no item 4.2., *supra.* O fato de muitas pessoas se acharem na mesma situação, em nome do Estado de Direito e da igualdade, deveria fazer com que o tratamento atribuído a um fosse, nos mesmos moldes, reconhecido também aos demais, seja para reconhecer o direito reclamado, seja para negar, e não para negar para um porque senão os demais, que também teriam razão, viriam pedir o mesmo.

4.6. O PEDIDO DE SUSPENSÃO DE LIMINAR E DE SEGURANÇA

O aspecto de maior relevo no disciplinamento das tutelas provisórias concedidas em desfavor do Poder Público, pelo menos na ordem jurídica brasileira, diz respeito à figura da suspensão de liminar ou de segurança, prevista no art. 15 da Lei 12.016/2009, que tem a seguinte redação:

> Art. 15. Quando, a requerimento de pessoa jurídica de direito público interessada ou do Ministério Público e para evitar grave lesão à ordem, à saúde, à segurança e à economia públicas, o presidente do tribunal ao qual couber o conhecimento do respectivo recurso suspender, em decisão fundamentada, a execução da liminar e da sentença, dessa decisão caberá agravo, sem efeito suspensivo, no prazo de 5 (cinco) dias, que será levado a julgamento na sessão seguinte à sua interposição.
>
> § 1° Indeferido o pedido de suspensão ou provido o agravo a que se refere o *caput* deste artigo, caberá novo pedido de suspensão ao presidente do tribunal competente para conhecer de eventual recurso especial ou extraordinário.
>
> § 2° É cabível também o pedido de suspensão a que se refere o § 1° deste artigo, quando negado provimento a agravo de instrumento interposto contra a liminar a que se refere este artigo.
>
> § 3° A interposição de agravo de instrumento contra liminar concedida nas ações movidas contra o poder público e seus agentes não prejudica nem condiciona o julgamento do pedido de suspensão a que se refere este artigo.
>
> § 4° O presidente do tribunal poderá conferir ao pedido efeito suspensivo liminar se constatar, em juízo prévio, a plausibilidade do direito invocado e a urgência na concessão da medida.
>
> § 5° As liminares cujo objeto seja idêntico poderão ser suspensas em uma única decisão, podendo o presidente do tribunal estender os efeitos da suspensão a liminares supervenientes, mediante simples aditamento do pedido original.

Como se percebe, trata-se de meio de impugnação de decisões judiciais proferidas contra o Poder Público que, nessa condição, somente por ele – ou por quem lhe faça as vezes – ou pelo Ministério Público pode ser utilizado. Não se está diante, a rigor, de um recurso, pois não há prazo para o seu manejo, e através dele a decisão impugnada não é propriamente reformada, mas suspensa até que o recurso propriamente dito, interposto contra ela, venha a ser apreciado. Trata-se de um mecanismo *sui generis* de *acautelar* a efetividade da tutela recursal a ser posteriormente prestada em face da decisão correspondente[13], tendo a jurisprudência do STF se orientado no sentido de que a decisão que defere o pedido de suspensão prevalece *até o trânsito em julgado* da sentença proferida no processo no qual deferida a decisão objeto da suspensão. Assim, por exemplo, se uma liminar proferida em mandado de segurança é objeto de suspensão, apenas quando do trânsito em julgado da sentença concessiva da segurança os efeitos da decisão suspensiva cessariam, para que então possa prevalecer a decisão passada em julgado[14].

Note-se que a extrema força, e o caráter unilateral do instrumento (que não pode ser usado pelo cidadão na defesa de seus direitos individuais), fazem dele ferramenta de uso excepcional, a ser utilizada apenas nos casos de efetivo risco à ordem, à saúde, à segurança e à economia públicas.

Exame histórico do instituto mostra que ele possuía efetivamente uma razão de ser no período em que editada a Lei 191/1936, que originalmente o disciplinou, pois não havia agravo de instrumento com efeito suspensivo para se atacar com celeridade uma decisão equivocada proferida contra o Poder Público. Isso abria espaço para que magistrados deferissem liminares que, além de juridicamente desacertadas, produziam efeitos danosos que transcendiam a esfera das partes do processo; não obstante, somente depois de proferida a sentença – algo que na prática o magistrado faria quando quisesse, podendo demorar bastante para fazê-lo – a questão poderia ser submetida a um tribunal superior. Em situações assim, calhava o uso do pedido de suspensão. Na realidade atual, em que existe o agravo, com pedido de efeito suspensivo, ferramenta com a qual a Fazenda – e, igualmente, o cidadão – pode submeter decisões referentes a tutelas provisórias ao crivo do Tribunal de Apelação, o pedido de suspensão, a rigor, não mais se justifica. Para minimizar a inconstitucionalidade decorrente de sua utilização, deve ele ter seu cabimento reduzido – pela adequada intepretação das palavras "lesão à ordem, à saúde, à segurança e à economia públicas." Se a decisão, embora equivocada, não for dotada desse potencial danoso transcendente às partes do processo, somente poderá ser corrigida por meio de agravo.

Desse modo, o pedido de suspensão deve ser entendido como uma medida de natureza cautelar, a ser usada apenas pela Fazenda Pública em casos nos quais, em razão do potencial efeito da tutela jurisdicional contra ela prestada, a atingir interesses coletivos que transcendem os das partes envolvidas no processo, faz-se excepcionalmente possível

---

13. No sentido de que a suspensão de segurança tem natureza de tutela provisória, confira-se: DIDIER JR., Fredie; CUNHA, Leonardo Carneiro da. **Curso de Direito Processual Civil**. 13.ed. Salvador: JusPodivm, 2016, v. 3, p. 685.

14. Salvo, claro, se antes disso a própria decisão proferida no pedido de suspensão vier a ser alterada, v.g., pelo Presidente do Tribunal que a proferiu, ou pelo Plenário desse Tribunal, no julgamento de agravo contra ela interposto.

que apenas após o trânsito em julgado da decisão que a proferir possam ser produzidos. A validade do uso de tal instrumento, diante da sua força contra a efetividade da tutela jurisdicional a ser prestada contra o Poder Público, está diretamente relacionada à excepcionalidade de seu emprego, e principalmente de seu deferimento.

5
Execução contra o Poder Público

A jurisdição envolve, como se sabe, não apenas a atividade de determinar se alguém que reclama o reconhecimento de um direito subjetivo, negado ou resistido por outrem, efetivamente possui esse direito, no âmbito da chamada *tutela cognitiva*. Há jurisdição, também, quando, pressuposta a existência do direito subjetivo, discutem-se meios para torná-lo efetivo, diante da resistência de quem deveria adimpli-lo, prestando-se a assim chamada *tutela executiva*.

Neste capítulo, serão examinadas algumas particularidades relacionadas ao exercício da tutela executiva, quando a parte demandada é o Poder Público. Há, inclusive, contradição em imaginar-se uma execução contra a Fazenda Pública, porquanto o Estado, detentor do monopólio do uso da força, estaria[1] no caso utilizando da força contra si mesmo, o que não deixa de sugerir a presença, efetivamente, de particularidades dignas de serem examinadas.

Poder-se-ia objetar que também na tutela cognitiva, aliás, em qualquer espécie de tutela, haveria a apontada contradição, pois o Estado exerce a jurisdição contra si (daí as particularidades que em geral cercam o tema, e que de resto justificam este livro). No caso da tutela executiva, contudo, isso é mais evidente, e visível, pois o Judiciário, com a separação de poderes ou funções, realmente afirma quem possui, ou não, o direito afirmado, e pode fazê-lo com independência em relação aos demais poderes, notadamente o Executivo. No plano da tutela executiva, não. Se realmente necessário o uso da força, quem a detém é o Executivo, através das forças de segurança internas e externas (polícia e exército), que prestarão auxílio ao Judiciário na efetivação de suas decisões. Daí dizer-se que, a rigor, a expressão "execução contra a Fazenda Pública" é um contrassenso.

De uma forma ou de outra, esse contrassenso se revela apenas na hipótese de a execução chegar às últimas consequências, com a necessidade efetiva do uso da força. Antes disso, não se pode negar a necessidade de se estabelecer um procedimento no âmbito do qual decisões judiciais possam ser cumpridas pela Fazenda, que, nesse procedimento, deve ter a oportunidade de apontar eventuais equívocos ou excessos na pretensão for-

---

1. Na verdade, isso não ocorre, visto que, dada a inalienabilidade e a impenhorabilidade dos bens públicos, não há constrição patrimonial, mas apenas um procedimento para que a dívida seja paga perante o Judiciário. Cf. FURTADO, Paulo. **Execução**. 2.ed. São Paulo: Saraiva, 1991, p. 280. CUNHA, Leonardo José Carneiro. **A Fazenda Pública em Juízo**. 13.ed. Rio de Janeiro: Forense, 2016, p. 332. Daí Juvêncio Vasconcelos Viana aludir a uma "falsa execução" no qual o ente público é "convidado" a incluir em seu orçamento a previsão necessária ao pagamento de seus débitos. Cf. VIANA, Juvêncio Vasconcelos. **Efetividade do processo em face da fazenda pública**. São Paulo: Dialética, 2003, p. 162.

mulada pela parte adversa, tendo como parâmetro a decisão de cujo cumprimento se cogita. É de aspectos relacionados a esse procedimento que cuida o presente capítulo.

5.1. CUMPRIMENTO DE SENTENÇA COMO MODALIDADES DE EXECUÇÃO (EM SENTIDO AMPLO) CONTRA A FAZENDA PÚBLICA

Sabe-se que, com o advento do Código de Processo Civil de 2015, não existe mais "execução de sentença" contra a Fazenda Pública. No novo diploma processual, ampliou-se também para a Fazenda a ideia, já presente no Código de 1973 desde a reforma por ele sofrida em 2005[2], de "cumprimento de sentença" como uma etapa ou módulo do processo de conhecimento, que se tornou assim um processo sincrético[3]. Apesar da mudança procedimental, não deixa de ser prestada, no caso, a tutela jurisdicional executiva.

A nova terminologia, porém, afigura-se menos paradoxal, considerando-se a crítica formulada no item anterior, porquanto tem-se um procedimento através do qual será cumprida, pela Fazenda, a obrigação reconhecida na sentença, mesmo que não haja oposição de sua parte[4].

5.2. REALIDADE BRASILEIRA ANTERIOR AO PRECATÓRIO

Em alguns outros países, costuma causar perplexidade a pergunta, feita por um brasileiro: "como a Fazenda Pública deste país paga os débitos decorrentes de condenação judicial?". Depois de afastar a impressão de não ter entendido a pergunta em razão de alguma barreira linguística, o interlocutor invariavelmente responde: "- Com dinheiro!... Por que, no Brasil não é assim?"[5]. A pergunta causa espanto porque, em outros países, o Poder Público eventualmente discute em juízo, até as últimas instâncias, as questões nas quais considera ter razão, em ações de conhecimento contra ele movidas por cidadãos. Mas, uma vez condenado, paga prontamente[6] a quantia correspondente. Daí o contrassenso referido no início deste capítulo que a expressão "execução contra a Fazenda" sugere. A resistência ao cumprimento de decisões judiciais pelo próprio ente público cria um paradoxo no âmbito do Estado de Direito, de consequências bem mais graves do que uma análise meramente formal poderia fazer parecer.

---

2. Lei 11.232/2005.

3. Sincrético porque em seu âmbito prestam-se tutelas jurisdicionais de mais de uma espécie, a saber, cognitiva, executiva e, eventualmente (no âmbito das tutelas provisórias), cautelar.

4. No caso do cumprimento de sentença contra particulares, a mudança traz uma impropriedade, pois estes poderiam ter "cumprido" a sentença sem a necessidade do procedimento, que a rigor envolve, ou pode envolver se não houver o pagamento no prazo de 15 dias previsto no art. 523 do CPC, efetiva "execução". No caso da Fazenda, não: condenada judicialmente, ela não pode adimplir a dívida reconhecida na sentença senão através de precatório, ou, conforme o caso, requisição de pequeno valor (RPV).

5. Os autores deste livro repetiram esta pergunta a pesquisadores da Holanda, da Áustria, da Alemanha, de Portugal e da Espanha, e a resposta foi a mesma.

6. Na Polônia, por exemplo, o pagamento dá-se em até trinta dias: WILK, Michal; WLODZIMIERZ, Nykiel (eds). **Polish tax system: business opportunities and challenges**. Warzawa: Wolters Kluwer, 2017, p. 79.

5 • EXECUÇÃO CONTRA O PODER PÚBLICO

Mas daí não se deve concluir que qualquer regramento estrangeiro possa ser simplesmente transplantado para o Brasil, sem atenção às particularidades do ambiente onde será inserido. Sistemas jurídicos, assim como idiomas, animais e plantas, interagem com o ambiente em que se inserem, sendo, em alguma medida, formados e transformados por ele. Há uma complexa gama de fatores que atuam nesse relacionamento mútuo, e a desconsideração delas pode fazer com que o transplante não funcione, ou tenha efeito diverso do imaginado[7]. No Brasil, o precatório pode parecer algo ruim, mas é preciso entender por que ele surgiu. Trata-se de uma ferramenta que, conquanto imperfeita, foi idealizada como remédio para um cenário talvez pior que o atual.

Com efeito, caso se examine o surgimento da figura do precatório, central à ideia de "execução contra a Fazenda Pública" (pelo menos no que tange às obrigações de pagar), ver-se-á que ele representa um avanço, ou um aprimoramento, destinado a corrigir problema mais grave que aqueles que hoje acometem a sua sistemática. Pontes de Miranda registra[8], a esse respeito, que no período anterior (sob a vigência das Constituições de 1824 e de 1891, que eram omissas a respeito), quando o Poder Judiciário condenava a Fazenda Pública ao pagamento de determinada quantia ao cidadão, a este caberia pleitear administrativamente, junto à repartição correspondente, o pagamento respectivo. Em razão da impenhorabilidade dos bens públicos, caso a repartição não efetuasse o pagamento, nada o Judiciário poderia fazer. Isso ensejou o surgimento de práticas inconfessáveis, por meio das quais servidores agilizavam certos pagamentos, e esqueciam outros, conforme fossem "estimulados", para usar de um eufemismo, pelos credores[9].

Nesse cenário, representou inegável avanço a ideia de o Tribunal de Apelação exercer a função administrativa de pagar o débito[10], substituindo-se à Administração nessa tarefa. Para tanto, deve a Corte, tendo recebido dos juízes de primeira instância as requisições para expedição de precatórios, determinar ao ente público a inserção do valor correspondente em seu orçamento para o ano subsequente. Desse modo, quando da execução do referido orçamento, no ano seguinte, o valor suficiente ao pagamento de todos os precatórios apresentados deverá ser então encaminhado pelo ente público ao Tribunal, de forma global, o qual deverá então realizar os pagamentos aos respectivos credores, na ordem em que apresentadas as requisições. Essa, em linhas gerais, é forma como funciona a sistemática dos precatórios, disciplinada no art. 100 da Constituição

---

7. Basta pensar no animal levado irrefletidamente de um *habitat* para outro, e que não sobrevive, ou, ao contrário, pela falta de predadores, reproduz-se descontroladamente e passa a ameaçar espécies nativas.
8. MIRANDA, Pontes de. **Comentários à Constituição de 1967, com a emenda n. 1, de 1969**. 2.ed. São Paulo: RT, 1970, t. III, p. 646.
9. Como aponta Susan Rose Ackerman, esse é um dos cenários propícios ao surgimento de práticas de corrupção, em razão dos estímulos à sua prática: cria-se uma dificuldade que só o agente público pode superar, superação que é economicamente valiosa para o cidadão, e não há critérios objetivos ou controles para pautar *se*, *como* ou *quando* essa dificuldade será superada. Ou, para fazer uso da sabedoria popular: criar dificuldade para vender facilidade. Cf. ROSE-ACKERMAN, Susan. **Corruption and Government**. Causes, consequences and reform. New York: Cambridge University Press, 1999, p. 15.
10. A atividade desenvolvida pelo juiz, que preside o processo de cumprimento de sentença, é jurisdicional. Mas, concluído esse processo, e examinadas as objeções eventualmente suscitadas pelo devedor público, requisita-se ao Presidente do Tribunal a expedição do precatório, passando a atividade, a partir de então, a ter natureza administrativa. Daí o disposto na Súmula 733 do STF: "Não cabe recurso extraordinário contra decisão proferida no processamento de precatórios."

Federal de 1988 e em disposições do ADCT, capaz de corrigir os problemas apontados por Pontes de Miranda porquanto representa a institucionalização de uma fila para que se façam os pagamentos, organizada pelo próprio Judiciário a partir de critérios objetivos. O que não se pode conceber – registra Juvêncio Vasconcelos Viana – é, "em meio a um Estado que se afirma democrático e de direito, haja o descumprimento de tais ordens, e o meio idealizado como assegurador da moralidade torne-se um violador desta"[11], ponto ao qual se retornará mais adiante.

Para os débitos considerados "de pequeno valor", segue-se o mesmo critério, mas o pagamento não necessita aguardar a inserção em orçamento subsequente, sendo possível que ocorra em até sessenta dias. Esse, talvez, seja um ponto no qual a sistemática possa ser aperfeiçoada: ampliando-se a figura da RPV, de modo a que um maior número de credores possa receber seu crédito sem a necessidade de aguardar pelo exercício financeiro seguinte, ou mais que isso[12].

5.3. PROBLEMAS ATUAIS DA SISTEMÁTICA DE PRECATÓRIO

Nas situações nas quais funciona em respeito ao que dispõem as normas constantes da Constituição e do Código de Processo Civil, o pagamento de uma dívida judicialmente reconhecida, por meio de precatório, envolve demora relativamente suportável. Com o trânsito em julgado da sentença condenatória, o autor da ação prepara o cálculo do valor que lhe é devido, e inicia o cumprimento da sentença, nos termos do art. 534 do CPC e do art. 100 da Constituição. Caso a Fazenda não se oponha ao valor apresentado, o juiz requisitará ao presidente do tribunal competente a expedição do precatório, ou ordenará à autoridade que pague a obrigação de pequeno valor (através de RPV) em até dois meses.

Expedido o precatório até o final de junho de cada ano, há sua inclusão no orçamento, e pagamento no ano subsequente, com a correção do valor até a data do efetivo pagamento. Efetiva-se a jurisdição e há uma espera de período de tempo de um a dois anos, no caso de precatório, a depender de quando tenha ocorrido sua expedição.

A questão é que nem sempre as coisas se processam dessa maneira.

5.3.1. Oportunidades de protelação abertas à Fazenda

O primeiro aspecto que leva a uma demora superior à antes indicada, que já é razoável, reside na oportunidade concedida à Fazenda Pública para se opor ao valor apresentado por quem requer o cumprimento da decisão, considerando-se que somen-

---

11. VIANA, Juvêncio Vasconcelos. **Efetividade do processo em face da fazenda pública**. São Paulo: Dialética, 2003, p. 32.

12. O pagamamento do precatório ocorre em regra no exercício financeiro seguinte, se apresentado ao Tribunal competente até o último dia útil de junho de cada ano. Caso a submissão do precatório pelo juízo da execução ao tribunal se dê em data posterior, será preciso aguardar mais um exercício. Exemplificando, se apresentado o precatório até junho de 2020, faz-se possível a previsão orçamentária para pagamento em 2021. Caso a apresentação se dê em agosto de 2020, porém, a inclusão ocorrerá no orçamento de 2022.

te depois do trânsito em julgado da decisão que rejeitar os argumentos da Fazenda o precatório poderá ser expedido.

Veja-se: não basta o trânsito em julgado da sentença proferida na fase cognitiva, que condena a Fazenda ao pagamento. É preciso que transite em julgado também aquela que venha a rejeitar eventuais irresignações apresentadas já na fase de cumprimento de sentença. Mesmo sendo mais limitadas as matérias que podem ser suscitadas, há, ainda, nesse ponto, um ponto capaz de retardar consideravelmente a efetivação da prestação jurisdicional.

Por certo, a oportunidade de a Fazenda contra a qual se pede o cumprimento de sentença insurgir-se contra ele tem de existir. Não é de sua supressão que se trata, absurdo que levaria a que exequentes pudessem reclamar qualquer quantia, indevidamente inflada, e superior à reconhecida na sentença de cujo cumprimento se cogita. O problema é fazer com que o precatório somente possa ser expedido quando definitivamente rejeitadas tais objeções, o que pode fazer com que a Fazenda interponha recursos indefinidamente, mesmo manifestamente descabidos, apenas para retardar a satisfação da dívida.

Houve grande avanço, nesse ponto, na determinação de que, no caso de impugnação apenas de parte da exigência, se expeça desde logo o precatório referente à parcela incontroversa (CPC, art. 535, § 4.º). Poder-se-ia, porém, aperfeiçoar ainda mais a sistemática, sem prejudicar o direito da Fazenda de se opor contra exigências indevidas. Um caminho seria as instâncias superiores adotarem posturas menos complacentes diante de condutas protelatórias, especialmente em sede recursal, destinadas a provocar a demora no cumprimento de uma sentença contra a Fazenda, agindo com maior rigor na fixação de honorários recursais e na eventual imposição de multas. Outro, que não exclui o primeiro, seria proceder-se a reforma legislativa destinada a permitir que o precatório seja expedido mesmo antes do julgamento definitivo da impugnação (v.g., depois de sua rejeição em segunda instância, já que, no âmbito do processo penal, até o cumprimento da pena de reclusão pode ter início nessa fase), permanecendo a disposição do juízo até a definitiva apreciação de todos os recursos apresentados pela Fazenda. Assim, quando transitasse em julgado a decisão de rejeição da impugnação ao cumprimento da sentença, o depósito já poderia ser levantado, em vez de ainda se ter de esperar pela inclusão no orçamento e pelo pagamento um ou dois anos depois, sendo certo que se a Fazenda se saísse vitoriosa na impugnação, no todo ou em parte, poderia haver a imediata conversão do depósito em renda da quantia correspondente, sem qualquer dificuldade.

5.3.2. Não inclusão do valor no orçamento

Seguramente o problema mais sério, no campo da execução contra a Fazenda Pública, ou do cumprimento de sentença contra a (ou pela) Fazenda Pública, reside na situação na qual o ente público, ao receber a ordem do tribunal para incluir os valores necessários ao pagamento em seu orçamento, simplesmente não o faz. É essa resistência que faz com que o processo tenha de se tornar, efetivamente, uma "execução", no sentido de coagir o devedor ao adimplemento mesmo contra todas as suas vontades, o que em um Estado de Direito, já se disse, nas relações de direito público, não deixa de ser paradoxal.

Em outros países, a solução, desde a origem diversa da via do precatório, é permitir a prática de atos de constrição patrimonial, destinados à satisfação do crédito, pouco importando se o patrimônio é "público". No Brasil, contudo, há um dogma de que o patrimônio público deve ser impenhorável, pois tais constrições poderiam inviabilizar as atividades do Poder Público e prejudicar os interesses da coletividade. Nas palavras de Juvêncio Vasconcelos Viana, "se o *quantum debeatur* pudesse ser apreendido bruscamente, por qualquer medida executiva que fosse, poderiam, em prol do interesse particular do credor, ser sacrificados investimentos vitais para a sociedade, *v.g.*, educação, saúde, segurança etc."[13]. Daí a dificuldade apontada no item 5.2 e a solução representada pela sistemática dos precatórios.

É questionável a procedência do referido dogma, que deve ser repensado, em um plano *de jure condendo*, vale dizer, de um direito a ser constituído. Considerando-se que a execução contra o poder público somente se processa, de maneira definitiva, depois do trânsito em julgado do processo de conhecimento e, muitas vezes, até mesmo só depois de julgada definitivamente a impugnação apresentada ao cumprimento de sentença, recear que a constrição prejudique os serviços públicos é errado por já partir do pressuposto de que o débito não será pago e a constrição será necessária, algo que nem deveria chegar a ocorrer. E mais: pressupõe que mesmo depois de feita a constrição, e esgotadas todas as oportunidades de defesa e oposição do ente público, este ainda assim não pagará a dívida. Com efeito, só em tais circunstâncias a constrição poderia levar à alienação do bem e, em seguida, à sua retirada da esfera de disponibilidade do Poder Público, com eventuais reflexos no desempenho das funções públicas. Por outro lado, o juízo da execução, ou perante o qual se processe o cumprimento da sentença, haveria de levar em conta, quando da determinação da penhora, o interesse da coletividade e eventual prejuízo ao atendimento das finalidades públicas, ensejando a que a constrição ocorresse sobre bens que, conquanto valiosos, não tivessem esse impacto direto.

De uma forma ou de outra, tais reflexões poderiam levar a uma reforma constitucional. Da forma como vigora hoje, o texto constitucional não deixa alternativa à sistemática do precatório, ressalvadas apenas as requisições de pequeno valor (RPV), que bem poderiam ser ampliadas (em vez de amesquinhadas) pelos entes federativos, assunto ao qual se retornará mais adiante. No âmbito da sistemática dos precatórios, caso seu funcionamento se dê nos moldes delineados constitucionalmente, não haveria tanto atraso. Há alguns problemas nesse regramento, aos quais se voltará a seguir, mas, em linhas gerais, funcionando como deveria, ele representaria solução razoável ao problema do pagamento de condenações pelas entidades públicas no Brasil. A grande questão, no caso, reside naqueles casos em que não ocorre a inclusão da verba necessária ao pagamento do precatório no respectivo orçamento, apesar da requisição do Tribunal nesse sentido. Isso se dá, com alguma frequência, sobretudo no âmbito de Estados-mem-

---

13. VIANA, Juvêncio Vasconcelos. **Efetividade do processo em face da fazenda pública**. São Paulo: Dialética, 2003, p. 162.

bros, e de Municípios. No âmbito da União, os precatórios têm sido pagos, ainda que eventualmente com algum retardamento. Essa demora, porém, decorre da apresentação de impugnação ao cumprimento de sentença por parte da Fazenda executada, ou por outros atos ou incidentes praticados ou provocados por ela, no âmbito do processo. Encerradas as oportunidades legalmente previstas para oposição, o precatório costuma ser pago nos termos previstos no art. 100 da CF/88. O problema maior reside, no que tange à ineficiência mesmo da sistemática, ou à insuficiência do modelo normativo proposto para a efetivação da tutela cognitiva prestada ao cidadão, no âmbito de Estados-membros ou Municípios que *não pagam* os precatórios, mesmo depois de esgotados toda e qualquer possibilidade imaginável de protelação processual. Exatamente por conta da contradição referida na parte inicial deste capítulo, somada a alguma complacência por parte da jurisprudência do STF, em tais casos pouco ou nada se poderia fazer a respeito.

Diz-se complacência porque, nos termos do art. 34 da CF/88, a União poderia intervir no Estado-membro ou no Distrito Federal, para reorganizar suas finanças diante do não pagamento de dívidas (inciso V, "a") e do descumprimento de decisão judicial (inciso VI). O mesmo dispõe o art. 35 em relação à intervenção nos Municípios. Considerou-se, porém, que essa medida seria muito grave, desproporcional, a ser adotada no caso de "mero" não cumprimento de decisão condenatória, representado pelo atraso indefinido na satisfação do precatório, por falta de inclusão orçamentária. De mais a mais, se os recursos não tivessem sido incluídos no orçamento por carência, e necessidade de alocação em outras finalidades como saúde e educação, não se poderia decretar a intervenção, tampouco responsabilizar pessoalmente o gestor ou qualquer outra pessoa.

Nesse cenário, a situação, no caso de Municípios e Estados com estoque de precatórios muito elevado, e que só se acumulava cada vez mais diante da falta de meios para impor o seu pagamento, tornou-se verdadeiramente insustentável, representando afronta, mesmo, à própria ideia de Direito. Tanto que chegou a ser levada à Corte Interamericana de Direitos Humanos, por representar instrumento por meio do qual o Estado Brasileiro, em sentido amplo, não se submete às condenações judiciais nem, logicamente, às leis que essas condenações aplicam[14].

Não se pode permitir que o adimplemento dos precatórios dependa da vontade do gestor, por uma razão simples, ligada à chamada teoria da escolha pública (*public choice*). Como já mencionado anteriormente, não se pode pressupor que os agentes públicos buscam, em sua atividade, sempre o bem da coletividade, ou a realização do interesse público. Da mesma forma que os agentes privados, embora fatores morais e altruístas possam eventualmente estar presentes, eles estão preocupados com seus interesses particulares[15]. No caso de um gestor público, o interesse público será perseguido com maior intensidade se com isso se atenderem também os interesses particulares do gestor, e no caso da dívida pública, sobretudo daquela herdade de gestões passadas, seu adimplemento é inteiramente incompatível com os interesses do gestor atual. Com

---

14. Corte Interamericana de Direitos Humanos (CIDH), Relatório 144/11, Petição 1050-06. Pedro Stábile Neto e outros x República Federativa do Brasil.
15. Veja-se, a respeito: BUCHANAN, James. **The limits of liberty**: between anarchy and leviathan. Indianapolis: Liberty fund, 2000, p. 196.

efeito, ao pagar precatórios, o gestor atual estará recursos que em tese estariam "à sua disposição" para honrar pendências contraídas por gestões passadas, algo tão individualmente desinteressante quanto fazer uma dieta para queimar gorduras acumuladas pela comilança de outra pessoa. Daí por que é preciso idealizar instituições que levem a esse adimplemento, incentivando-o, induzindo-o ou forçando-o, ou por qualquer meio indo além do mero "convite". As alterações trazidas por emendas constitucionais mais recentes, em especial a EC 94/2016, talvez representem aprimoramentos capazes de incrementar a efetividade da sistemática, e serão examinadas mais adiante.

5.4. ASSIMETRIAS RELATIVAMENTE À EXECUÇÃO MOVIDA PELO PODER PÚBLICO E SUA JUSTIFICAÇÃO

Observa-se, no estudo da sistemática dos precatórios, considerável assimetria relativamente ao regime jurídico aplicável, do ponto de vista processual, à cobrança de créditos devidos pelo Estado, e à cobrança de créditos devidos ao Estado. Dependendo da circunstância de ser o Poder Público o credor, ou o devedor, as regras processuais aplicáveis são distintas. E em ambos os casos o regramento é diverso daquele aplicável aos credores e devedores em geral, sendo ora ainda mais favorável ao devedor, ora ainda mais benéfico ao credor, conforme cada uma dessas posições seja ocupada pelo Poder Público.

Quando o Poder Público ocupa a posição de credor, aplica-se a Lei de Execução Fiscal (Lei 6.830/80, ou LEF), objeto de análise no próximo capítulo deste livro. Nela, os embargos, embora dependam da garantia do juízo, não levam – na ótica prevalecente no âmbito do Superior Tribunal de Justiça – à suspensão da execução, que pode seguir "como definitiva" antes mesmo de serem os embargos julgados. No caso da execução contra o Poder Público (ou, no caso, do cumprimento de sentença contra o Poder Público), ela apenas se pode iniciar depois do trânsito em julgado da decisão condenatória, e se houver impugnação – que prescinde da apresentação de quaisquer garantias – o feito é paralisado e igualmente só pode prosseguir quando definitivamente apreciada a impugnação.

Embora se possa defender a existência de um regime diferenciado, a justificar a sistemática de precatórios, por exemplo, daí não se deve necessariamente concluir pelo efeito suspensivo automático de uma impugnação ao cumprimento de sentença apresentada pela Fazenda, em oposição à possível carência de qualquer efeito suspensivo por parte dos embargos à execução fiscal manejados pelo contribuinte. Não se pode presumir que em um caso há irreversibilidade, e no outro não, sobretudo se se mantiver o valor do precatório eventualmente já expedido e pago à disposição do juízo, enquanto não definitivamente julgadas as oposições apresentadas pela Fazenda. Por mais que o ente público mereça, em alguns casos, tratamento diferenciado, este não se deve refletir na existência de um processo mais efetivo em seu favor, quando ele é o autor, em oposição a um menos efetivo quando a situação se inverte e ele é o réu. As diferenças se podem justificar no campo do direito material, e, talvez, na forma como os pagamentos ocorrem materialmente (no caso, por precatório), mas daí não se deve concluir pela necessidade de um procedimento tão diverso, sobretudo quando a diversidade reflete-se diretamente na sua efetividade.

5.5. IGUALDADE E CRITÉRIOS DE ATUALIZAÇÃO DE DÍVIDAS

Outra assimetria entre o regramento da cobrança feita pelo Poder Público, e aquela efetuada contra ele, esta no campo do Direito Material, consiste na utilização de critérios diversos para atualização dos créditos pagos em atraso. Não são raras as hipóteses nas quais, quando o cidadão atrasa o pagamento de um débito perante o Poder Público, os critérios usados na atualização, ou o percentual a ser usado no cálculo dos juros, são mais vantajosos ao credor, invertendo-se a situação quando se trata de o Poder Público pagar em atraso algo ao cidadão.

Pode-se usar como exemplo a legislação tributária do Estado do Ceará, que, conforme os art. 1.º da "Nota Explicativa SEF" n.º 5, de 13 de setembro de 2004[16], o Estado, quando tem de devolver ao contribuinte valores por este pagos a maior, corrige-os por meio da UFIRCE, unidade fiscal de referência adotada pelo Estado do Ceará. Quando, porém, se trata de cobrar do sujeito passivo quantias em atraso, o critério de correção é a taxa referencial do Sistema Especial de Liquidação e Custódia (SELIC)[17], o que gera uma diferença bastante expressiva. De fato, além de a SELIC ter variação superior à UFIRCE, a atualização da primeira é mensal, enquanto a segunda é atualizada apenas anualmente, o que faz com que débitos pagos indevidamente e restituídos ou compensados no mesmo exercício não sofram correção alguma.

A disparidade parece bastante clara, assim como a falta de justificativa para ela. Além da violação aos princípios da legalidade[18] e da igualdade, a própria noção ética de equidade, que é até mesmo *pré-humana,* parece ser malferida. Com isso, insista-se, corrói-se o sentimento, saudável, que deveria estar subjacente à relação tributária, segundo o qual suas disposições devem ser cumpridas por ser esta a solução mais correta do ponto de vista ético, e não porque impostas pela força. Diante de tratamento assim, incrementa-se no sujeito passivo, de forma indevida, a ideia de que o direito só deve ser cumprido pelo receio da punição, o que obviamente faz com que ele seja violado sempre que o contribuinte imagina que não será descoberto.

Registre-se que o Supremo Tribunal Federal já declarou inconstitucional disposição assim, constante da Emenda Constitucional n.º 62/2009, que determinava a atualização dos precatórios pelo índice usado para a caderneta de poupança (art. 100, § 12). Entendeu a Corte que o índice a ser usado deve ser necessariamente o mesmo utilizado pelo Fisco na cobrança de seus créditos junto ao contribuinte[19]. Trata-se de

---

16. Disponível *on-line* em http://www.informanet.com.br/Prodinfo/boletim/2004/ce/nota05-41-2004.htm.
17. Decreto 24.569/97, art. 77.
18. Realmente, o art. 66, parágrafo único, da Lei 12.670/97 dispõe que "a importância a ser restituída será atualizada, observados os mesmos critérios aplicáveis à cobrança de crédito tributário", o que é flagrantemente desrespeitado pelas normas infralegais que impõem a adoção da UFIRCE na correção dos valores a serem pagos ou restituídos ao sujeito passivo da relação tributária.
19. É conferir: "[...] 6. A quantificação dos juros moratórios relativos a débitos fazendários inscritos em precatórios segundo o índice de remuneração da caderneta de poupança vulnera o princípio constitucional da isonomia (CF,

uma consequência óbvia do direito à propriedade privada e à igualdade, subjacente à própria ideia de Estado de Direito[20].

5.6. EMENDAS CONSTITUCIONAIS E VIOLAÇÃO DE CLÁUSULAS PÉTREAS

Na tentativa de solucionar o problema inerente aos entes públicos que simplesmente não pagavam seus precatórios, procederam-se a algumas reformas constitucionais no regramento aplicável à referida sistemática.

O problema do endividamento público, já se disse, tem raízes na economia comportamental, e na dificuldade em se fazer com que o gestor público do presente deixe de usar recursos em favor de "sua" gestão para: (i) saldar débitos contraídos durante administrações passadas, e, *a fortiori*, (ii) deixar saldos positivos para administrações futuras. As reformas efetuadas no texto constitucional em 2000 (EC 30/2000) e 2009 (EC 62/2009), não se ativeram tanto a isso, preocupando-se mais em facilitar o pagamento, estabelecendo condições mais generosas para os entes públicos endividados.

Essas condições mais generosas, porém, implicam um agravamento da situação dos credores, que passam a ter de esperar ainda mais tempo pelo adimplemento de seus créditos. Daí o questionamento judicial que referidas alterações provocaram.

Em seu texto originário, a Constituição Federal de 1988 já tentou remediar o problema, estabelecendo, no art. 33 do Ato das Disposições Constitucionais Transitórias (ADCT), que:

> Art. 33. Ressalvados os créditos de natureza alimentar, o valor dos precatórios judiciais pendentes de pagamento na data da promulgação da Constituição, incluído o remanescente de juros e correção monetária, poderá ser pago em moeda corrente, com atualização, em prestações anuais, iguais e sucessivas, no prazo máximo de oito anos, a partir de 1º de julho de 1989, por decisão editada pelo Poder Executivo até cento e oitenta dias da promulgação da Constituição.

Imagine-se a situação de quem, depois de ter seu direito violado, e esperar por anos, ou mesmo décadas, para que isso fosse reconhecido em um processo de conhecimento, e, depois, em uma (à época chamada) "execução de sentença", não raro com a oposição de embargos do executado pela Fazenda (com efeito suspensivo *ex lege* até o trânsito em julgado dos embargos), ter ainda de esperar por oito anos para receber, de modo

---

art. 5º, *caput*) ao incidir sobre débitos estatais de natureza tributária, pela discriminação em detrimento da parte processual privada que, salvo expressa determinação em contrário, responde pelos juros da mora tributária à taxa de 1% ao mês em favor do Estado (ex vi do art. 161, § 1º, CTN). Declaração de inconstitucionalidade parcial sem redução da expressão 'independentemente de sua natureza', contida no art. 100, § 12, da CF, incluído pela EC nº 62/09, para determinar que, quanto aos precatórios de natureza tributária, sejam aplicados os mesmos juros de mora incidentes sobre todo e qualquer crédito tributário. 7. O art. 1º-F da Lei º 9.494/97, com redação dada pela Lei nº 11.960/09, ao reproduzir as regras da EC nº 62/09 quanto à atualização monetária e à fixação de juros moratórios de créditos inscritos em precatórios incorre nos mesmos vícios de juridicidade que inquinam o art. 100, § 12, da CF, razão pela qual se revela inconstitucional por arrastamento, na mesma extensão dos itens 5 e 6 supra. [...]" (STF, Pleno, ADI 4425, j. em 14.3.2013).

20. Na Polônia, da mesma forma, os critérios de correção e juros devem obrigatoriamente ser os mesmos, nas dívidas pagas e nas cobradas pelo Poder Público. Veja-se: WILK, Michal; WLODZIMIERZ, Nykiel (eds). **Polish tax system: business opportunities and challenges**. Warzawa: Wolters Kluwer, 2017, p. 80.

fracionado, toda a recomposição do que sequer deveria ter sido atingido pelo Poder Público desde o começo. A "máxima coincidência possível" que deve estar subjacente à prestação da tutela jurisdicional está muito longe de ser realizada. Mas, de uma forma ou de outra, tratava-se de disposição da lavra do poder constituinte originário, em face da qual não se poderiam suscitar inconstitucionalidades.

Oito anos, contudo, não foram suficientes para a regularização do passivo dos entes públicos com precatórios em atraso, de modo que doze anos depois se editou a EC 30/2000, que estabeleceu um parcelamento em 10 anos, inserindo no ADCT um art. 78 com o seguinte teor:

> Art. 78. Ressalvados os créditos definidos em lei como de pequeno valor, os de natureza alimentícia, os de que trata o art. 33 deste Ato das Disposições Constitucionais Transitórias e suas complementações e os que já tiverem os seus respectivos recursos liberados ou depositados em juízo, os precatórios pendentes na data de promulgação desta Emenda e os que decorram de ações iniciais ajuizadas até 31 de dezembro de 1999 serão liquidados pelo seu valor real, em moeda corrente, acrescido de juros legais, em prestações anuais, iguais e sucessivas, no prazo máximo de dez anos, permitida a cessão dos créditos.
>
> § 1º É permitida a decomposição de parcelas, a critério do credor.
>
> § 2º As prestações anuais a que se refere o *caput* deste artigo terão, se não liquidadas até o final do exercício a que se referem, poder liberatório do pagamento de tributos da entidade devedora.
>
> § 3º O prazo referido no *caput* deste artigo fica reduzido para dois anos, nos casos de precatórios judiciais originários de desapropriação de imóvel residencial do credor, desde que comprovadamente único à época da imissão na posse.
>
> § 4º O Presidente do Tribunal competente deverá, vencido o prazo ou em caso de omissão no orçamento, ou preterição ao direito de precedência, a requerimento do credor, requisitar ou determinar o sequestro de recursos financeiros da entidade executada, suficientes à satisfação da prestação."

Já se observam disposições que vão além do mero parcelamento, que em 1988, com o art. 33 do ADCT, se mostrou insuficiente. Além do "poder liberatório para o pagamento do tributo" (que o crédito perante o Poder Público deveria ter *em qualquer situação*, e não só quando um precatório não é pago), já se estabelece a possibilidade de sequestro de recursos financeiros, mas apenas para as hipóteses de não pagamento da parcela anual (1/10 do valor), por omissão orçamentária ou preterição.

Como o parcelamento em 10 anos representa atraso considerável na efetivação do direito reconhecido em sentença com trânsito em julgado, contrariando não só a garantia da jurisdição, mas a própria coisa julgada, a validade da modificação foi levada à apreciação do Supremo Tribunal Federal. Diversamente do art. 33 do ADCT, este, o 78, não fora ali introduzido pelo poder constituinte originário, mas pelo reformador, ou derivado, que tem limitações jurídicas a seguir, dentre as quais o respeito à separação de poderes e aos direitos e garantias individuais.

Sem grande utilidade para muitos jurisdicionados, porque proferido cerca de *onze anos* depois da edição da EC 30/2000 (que, lembre-se, parcelou os precatórios em *dez anos*), o julgado no qual o STF reconheceu liminarmente a invalidade de referidas disposições porta a seguinte ementa:

"MEDIDA CAUTELAR EM AÇÃO DIRETA DE INCONSTITUCIONALIDADE. ART. 2° DA EMENDA CONSTITUCIONAL N° 30, DE 13 DE SETEMBRO DE 2000, QUE ACRESCENTOU O ART. 78 AO ATO DAS DISPOSIÇÕES CONSTITUCIONAIS TRANSITÓRIAS. PARCELAMENTO DA LIQUIDAÇÃO DE PRECATÓRIOS PELA FAZENDA PÚBLICA.

1. O precatório de que trata o artigo 100 da Constituição consiste em prerrogativa processual do Poder Público. Possibilidade de pagar os seus débitos não a vista, mas num prazo que se estende até dezoito meses. Prerrogativa compensada, no entanto, pelo rigor dispensado aos responsáveis pelo cumprimento das ordens judiciais, cujo desrespeito constitui, primeiro, pressuposto de intervenção federal (inciso VI do art. 34 e inciso V do art. 35, da CF) e, segundo, crime de responsabilidade (inciso VII do art. 85 da CF).

2. O sistema de precatórios é garantia constitucional do cumprimento de decisão judicial contra a Fazenda Pública, que se define em regras de natureza processual conducentes à efetividade da sentença condenatória trânsita em julgado por quantia certa contra entidades de direito público. Além de homenagear o direito de propriedade (inciso XXII do art. 5° da CF), prestigia o acesso à jurisdição e a coisa julgada (incisos XXXV e XXXVI do art. 5° da CF).

3. A eficácia das regras jurídicas produzidas pelo poder constituinte (redundantemente chamado de 'originário') não está sujeita a nenhuma limitação normativa, seja de ordem material, seja formal, porque provém do exercício de um poder de fato ou suprapositivo. Já as normas produzidas pelo poder reformador, essas têm sua validez e eficácia condicionadas à legitimação que recebam da ordem constitucional. Daí a necessária obediência das emendas constitucionais às chamadas cláusulas pétreas.

4. O art. 78 do Ato das Disposições Constitucionais Transitórias, acrescentado pelo art. 2° da Emenda Constitucional n° 30/2000, ao admitir a liquidação 'em prestações anuais, iguais e sucessivas, no prazo máximo de dez anos' dos 'precatórios pendentes na data de promulgação' da emenda, violou o direito adquirido do beneficiário do precatório, o ato jurídico perfeito e a coisa julgada. Atentou ainda contra a independência do Poder Judiciário, cuja autoridade é insuscetível de ser negada, máxime no concernente ao exercício do poder de julgar os litígios que lhe são submetidos e fazer cumpridas as suas decisões, inclusive contra a Fazenda Pública, na forma prevista na Constituição e na lei. Pelo que a alteração constitucional pretendida encontra óbice nos incisos III e IV do § 4° do art. 60 da Constituição, pois afronta 'a separação dos Poderes' e 'os direitos e garantias individuais'.

5. Quanto aos precatórios 'que decorram de ações iniciais ajuizadas até 31 de dezembro de 1999', sua liquidação parcelada não se compatibiliza com o *caput* do art. 5° da Constituição Federal. Não respeita o princípio da igualdade a admissão de que um certo número de precatórios, oriundos de ações ajuizadas até 31.12.1999, fique sujeito ao regime especial do art. 78 do ADCT, com o pagamento a ser efetuado em prestações anuais, iguais e sucessivas, no prazo máximo de dez anos, enquanto os demais créditos sejam beneficiados com o tratamento mais favorável do § 1° do art. 100 da Constituição.

6. Medida cautelar deferida para suspender a eficácia do art. 2° da Emenda Constitucional n° 30/2000, que introduziu o art. 78 no ADCT da Constituição de 1988.[21]

A demora do Supremo Tribunal Federal em declarar inconstitucional o regime previsto na EC 30/2000 fez com que ele fosse aplicada por muito tempo, mas, mesmo assim, não foi suficiente para resolver o problema representado pela inadimplência dos entes públicos – notadamente Estados e Municípios.

Entretanto, a regra constante da parte final do *caput* do art. 78 do ADCT, combinada com o seu § 2.°, fez com que os precatórios, parcelados e não pagos, se transformassem em verdadeira moeda de troca, fazendo surgir um mercado em torno deles. Mesmo

---

21. STF, Pleno, ADI 2356 MC, *DJe*-094, publicado em 19.5.2011.

quando o exequente, credor do Estado, ou do Município, não é contribuinte de ICMS, ou de ISS, poderia ele *ceder o crédito* a um contribuinte devedor de tais tributos. Grandes contribuintes de ICMS passaram, nesse contexto, a "comprar" precatórios em atraso, para utilizá-los na quitação de seus débitos tributários. Havia proveito para os contribuintes compradores, que adquiriam o precatório com deságio. E também para os credores do ente público, vendedores do precatório, pois, apesar do deságio, tinham a vantagem de receber o valor que lhes era devido imediatamente.

Em vez de isso conduzir a um aperfeiçoamento na sistemática de precatórios, destinado a evitar o problema, vale dizer, o atraso no pagamento, houve uma imoral "apropriação da ideia" pelo devedor público, que passou a querer, ele próprio, beneficiar-se do deságio que os seus credores estavam dispostos a suportar como condição para receber o precatório com maior brevidade. Isso conduziu à EC 62/2009. Com efeito, alguns anos depois o Congresso Nacional emendou novamente o texto constitucional (EC 62/2009), desta feita para estabelecer, entre outras coisas, a possibilidade de um "leilão" de precatórios, por meio do qual o devedor público pagaria preferencialmente (sem respeitar a fila) aquele credor que aceitasse receber com *o maior deságio*. Ou seja, o deságio que o mercado estava a obter com a compra de um precatório, para posterior compensação, o Estado desejava assim obter *para si*. A grande diferença, porém, era de que o Estado, neste caso, é o responsável pela violação ao direito, a ser reparada com o pagamento do precatório, e igualmente o responsável por toda a demora no adimplemento deste, demora esta geradora do aludido deságio. Há, além dos vícios já identificados na EC 30/2000 (violação à coisa julgada, à separação de poderes etc.), malferimento à própria moralidade administrativa, pois o devedor público se vale desta sua condição de "supremacia", e do desespero dos que são seus credores, para forçar-lhes o recebimento de quantias inferiores às devidas.

Com base nessas premissas, também a EC 62/2009 foi declarada inconstitucional pelo Supremo Tribunal Federal. Ao fazê-lo, contudo, a Corte modulou os efeitos da decisão correspondente, em acórdão de cuja ementa se transcrevem os seguintes trechos:

> (...)
>
> 5. A atualização monetária dos débitos fazendários inscritos em precatórios segundo o índice oficial de remuneração da caderneta de poupança viola o direito fundamental de propriedade (CF, art. 5º, XXII) na medida em que é manifestamente incapaz de preservar o valor real do crédito de que é titular o cidadão. A inflação, fenômeno tipicamente econômico-monetário, mostra-se insuscetível de captação apriorística (ex ante), de modo que o meio escolhido pelo legislador constituinte (remuneração da caderneta de poupança) é inidôneo a promover o fim a que se destina (traduzir a inflação do período).
>
> 6. A quantificação dos juros moratórios relativos a débitos fazendários inscritos em precatórios segundo o índice de remuneração da caderneta de poupança vulnera o princípio constitucional da isonomia (CF, art. 5º, caput) ao incidir sobre débitos estatais de natureza tributária, pela discriminação em detrimento da parte processual privada que, salvo expressa determinação em contrário, responde pelos juros da mora tributária à taxa de 1% ao mês em favor do Estado (ex vi do art. 161, §1º, CTN). Declaração de inconstitucionalidade parcial sem redução da expressão "independentemente de sua natureza", contida no art. 100, §12, da CF, incluído pela EC nº 62/09, para determinar que, quanto aos precatórios de natureza tributária, sejam aplicados os mesmos juros de mora incidentes sobre todo e qualquer crédito tributário. 7. O art. 1º-F da Lei nº 9.494/97, com redação dada pela Lei nº 11.960/09, ao reproduzir

as regras da EC n° 62/09 quanto à atualização monetária e à fixação de juros moratórios de créditos inscritos em precatórios incorre nos mesmos vícios de juridicidade que inquinam o art. 100, §12, da CF, razão pela qual se revela inconstitucional por arrastamento, na mesma extensão dos itens 5 e 6 supra.

8. O regime "especial" de pagamento de precatórios para Estados e Municípios criado pela EC n° 62/09, ao veicular nova moratória na quitação dos débitos judiciais da Fazenda Pública e ao impor o contingenciamento de recursos para esse fim, viola a cláusula constitucional do Estado de Direito (CF, art. 1°, caput), o princípio da Separação de Poderes (CF, art. 2°), o postulado da isonomia (CF, art. 5°), a garantia do acesso à justiça e a efetividade da tutela jurisdicional (CF, art. 5°, XXXV), o direito adquirido e à coisa julgada (CF, art. 5°, XXXVI). (...).[22]

Destaca-se a remissão, expressa, à inconstitucionalidade de se estabelecerem índices ou critérios de correção ou atualização dos débitos do Poder Público, a serem adimplidos por precatório, diversos daqueles aplicáveis aos tributos que o mesmo ente público tem para receber, quando pagos em atraso, aspecto já comentado anteriormente neste mesmo livro. Talvez não tenha sido acertado, porém, modular os efeitos da decisão, porquanto ausentes os requisitos (veja-se o capítulo 7 deste mesmo livro) a tanto exigidos.

5.7. O REGRAMENTO DA EC 94/2016

Em mais uma tentativa de resolver o problema representado por Estados e Municípios que não honram os seus precatórios, deixando de incluir nos seus orçamentos quantias suficientes ao respectivo adimplemento, editou-se a Emenda Constitucional n.° 94, que, além de alterar regras permanentes do art. 100 da CF/88, cria, no âmbito do Ato das Disposições Constitucionais Transitórias (ADCT), um "Regime Especial" aplicável a Estados, Distrito Federal e Municípios que estejam em atraso no adimplemento de suas dívidas (art. 101).

Referido Regime Especial contempla a possibilidade financiamento do pagamento de precatórios, bem como de fracionamento daqueles que, por serem de valor muito elevado, não têm como ser pagos de imediato e com isso obstaculizam a "fila" e impedem que outros débitos menores, mas que estão mais atrás na ordem de pagamentos, sejam adimplidos. Cria, ainda, uma sistemática especial de pagamento, à semelhança daquelas instituídas para contribuintes endividados (como se deu no REFIS previsto na Lei 9.964/1999), por meio da qual o ente público endividado deverá depositar percentual de sua receita corrente líquida em conta especial aberta junto ao Tribunal de Justiça, para que se proceda ao pagamento dos débitos em atraso.

Caso os Estados, o Distrito Federal e os Municípios endividados com seus precatórios em 25 de março de 2015 (aos quais se aplica o referido "Regime Especial"), nos termos do art. 101 do ADCT, não efetuarem o recolhimento do percentual de sua receita corrente líquida em referida conta especial aberta junto ao Tribunal, para que se possibilite o adimplemento de suas dívidas acumuladas, será possível o sequestro de valores (ADCT, art. 103), o que de algum modo afasta o dogma segundo o qual o patrimônio público não poderia sofrer qualquer tipo de constrição. Estabelece-se, ainda, que o chefe

---

22. STF, Pleno ADI 4425, Rel. Min. Ayres Britto, Rel. p. ac. Min. Luiz Fux, j. em 14/03/2013, *RTJ* 227-01, p. 125.

do Poder Executivo do ente federado inadimplente responderá, na forma da legislação de responsabilidade fiscal e de improbidade administrativa (ADCT, art. 104, II), além de a União proceder à retenção dos recursos relativos aos repasses ao Fundo de Participação dos Estados e do Distrito Federal e ao Fundo de Participação dos Municípios, depositando-os na aludida conta. Os Estados devem proceder da mesma forma, no que tange aos repasses previstos no parágrafo único do art. 158 da Constituição Federal, relativamente aos Municípios. O ente público fica, ainda, proibido de contrair dívidas e de receber transferências voluntárias.

Diante de tais disposições, o gestor passa a efetivamente ser compelido ao adimplemento do débito, porquanto instituições jurídicas agora efetivamente tornam desinteressante, para ele, manter-se inadimplente. Resta aguardar para conferir, empiricamente, se surtirão o efeito esperado, sendo o caso, na hipótese positiva, de ampliar a sistemática para devedores públicos inadimplentes em geral, e não apenas para aqueles que estavam em mora em março de 2015.

5.8. AMPLIAÇÃO DA SISTEMÁTICA INERENTE ÀS "REQUISIÇÕES DE PEQUENO VALOR – RPV"

Nos termos do art. 100, §§ 3º e 4º da CF/88, a sistemática de precatórios não será aplicável aos pagamentos de obrigações definidas em leis como de pequeno valor que as Fazendas referidas devam fazer em virtude de sentença judicial transitada em julgado. De forma dispositiva, para o caso de Estados-membros, Distrito Federal e Municípios não definirem o que se entende por "pequeno valor", o ADCT (art. 87) os estabelece como sendo de quarenta salários mínimos, em relação a créditos perante a Fazenda dos Estados e do Distrito Federal, e de trinta salários mínimos, no que tange a créditos perante a Fazenda dos Municípios. Em relação à União, o valor foi fixado em 60 salários mínimos pela Lei 10.259/2001.

Desse modo, em se tratando de cumprimento de sentença até referido montante, fixado como "pequeno valor", não se segue a sistemática do precatório, havendo uma mera "requisição de pequeno valor – RPV". O exequente não pode dividir um crédito maior em várias frações menores, para receber várias RPVs, mas pode abrir mão de parte dele, se o total for superior ao teto estabelecido, para receber o remanescente através de RPV. Imagine-se, por exemplo, que alguém tem quantia para receber da União, correspondente a 61 salários mínimos. Pode, para não ter de esperar pelo precatório, abrir mão do valor correspondente a um salário mínimo, para receber o saldo remanescente através de RPV.

A RPV resolve um grande problema criado indiretamente pela sistemática dos precatórios, representado pela necessidade de se seguir uma ordem, ou uma fila. Embora a ideia de ordem ou de fila de credores seja excelente, e tenha surgido para evitar os problemas existentes no passado (ver item 5.2.), ela pode criar um problema quando um credor, situado no começo da fila, tem crédito muito elevado, maior do que a quantidade disponível no orçamento para o pagamento de precatórios. Depois dele, nas posições seguintes, podem estar credores que têm créditos bem pequenos para receber, mas toda a fila ficará parada por conta daquele primeiro credor, pois não será possível desrespeitar a ordem. Com a RPV, aqueles que têm valores pequenos para receber não precisam seguir a sistemática, sendo possível alocar verba no orçamento para pagar RPVs com base em uma previsão de quanto normalmente se gasta com isso a cada ano, e adimpli-los em até 60 dias contados de quando a execução ou o cumprimento da sentença são concluídos e a ordem de pagamento é emitida pelo juízo.

Se a RPV não for paga no prazo assinalado, o juízo pode determinar o sequestro (tecnicamente, a rigor, trata-se de um arresto) do valor correspondente nas contas da entidade pública, transferindo-o ao credor. Trata-se de autêntica "execução, no sentido da presença de atos coercitivos, aceita porque a apreensão do pequeno valor da RPV não colocaria em risco os interesses da coletividade.

As requisições de pequeno valor dão uma amostra do que seria possível fazer para aprimorar a própria sistemática dos precatórios, aproximando o cumprimento de sentenças no Brasil dos exemplos existentes em outras partes do mundo. Todas as despesas constantes de um orçamento público são *previsões*. Faz-se uma estimativa de quando será gasto com cada item, alocando-se recursos para tanto. O precatório é o único exemplo de despesa pública que não decorre de mera previsão, mas de uma listagem previamente elaborada de dívidas decorrentes de condenação judicial transitada em julgado. Isso poderia mudar, e a RPV é exemplo da possibilidade de mudança. O orçamento bem poderia contar com uma previsão anual de gastos com pagamento de precatórios, os quais poderia assim ser adimplidos com a mesma rapidez verificada no âmbito das RPVs. Apenas na hipótese de a quantidade de precatórios a serem pagos superar o valor orçado, far-se-ia o pagamento no exercício seguinte.

Outra possibilidade de alteração, para aprimoramento da sistemática, consistiria na manutenção da figura do precatório, nas mesmas linhas que possui hoje, apenas com alguns aprimoramentos, *mas na ampliação das RPVs,* que poderiam ter sua sistemática aplicada a débitos não tão pequenos. Os valores de 60, 40 e 30 salários mínimos previstos na legislação poderiam ser ampliados, o que já resolveria o problema da imensa maioria dos credores do poder público (em termos de número de credores, e não de valores, naturalmente).

Caminhando em sentido contrário, porém, o que Estados-membros e Municípios estão a fazer é reduzir o valor fixado para pagamento de dívidas através de RPV, tendo em conta que os montantes estabelecidos pelo ADCT são meramente dispositivos, a serem observados enquanto não houver lei específica. O § 4º do art. 100 da CF/88, aliás, estabelece que a lei específica não pode fixar tais valores em patamares inferiores ao valor do maior benefício do regime geral da previdência social, o que implica clara autorização a que se adotem, desde que respeitado o referido piso, valores inferiores a 60, 40 ou 30 salários mínimos, respectivamente pela União, pelos Estados e pelo Distrito Federal, e pelos Municípios. Nessa linha, alguns Municípios, como o de Fortaleza, fixaram tais valores em montantes bastante reduzidos, próximos ou iguais ao piso aludido na Constituição (maior benefício do regime geral da previdência).

Para aprimorar a efetividade da jurisdição em face do Poder Público, tais valores devem ser majorados pela legislação, e não reduzidos, devendo-se mesmo estudar a ampliação da experiência representada pelas RPVs ao adimplemento de condenações judiciais pelo Poder Público de uma forma geral. Talvez o precatório, com previsão orçamentária prévia, deva ser a exceção, para condenações demasiadamente elevadas, sendo a sistemática hoje usada para os pequenos valores a regra a ser adotada.

6
Execução pelo Poder Público

A jurisdição envolve não apenas a definição das relações jurídicas cuja existência é colocada em dúvida no âmbito de um conflito, dando azo ao exercício da tutela cognitiva. Conforme explicado na parte inicial do capítulo anterior, integra a função jurisdicional, também, a tarefa de tornar efetiva a relação jurídica pressuposta, quer essa pressuposição decorra de uma decisão que prestou a tutela cognitiva, quer decorra de um documento ao qual a ordem jurídica confere essa eficácia (título executivo extrajudicial). Pode-se dizer, assim, que também o Poder Público, por ser titular do direito à jurisdição, tem direito de fazer uso da tutela executiva, seja para ver cumprida sentença proferida em processo de conhecimento, seja para ver satisfeito título executivo extrajudicial.

A rigor, porém, caso se compreendam tais institutos, e a razão de ser de seu surgimento, por um prisma histórico, verifica-se que é o cidadão quem tem o *direito de ser executado*, seja para que seja obrigado ao pagamento de um crédito representado por um título executivo extrajudicial, seja para que venha a ser compelido a cumprir uma sentença. No período anterior ao surgimento de Constituições escritas, consagrando catálogos de direitos fundamentais, separação de poderes etc., o governante exigia dos seus súditos, unilateralmente, o que entendia ser o caso de exigir, sem a interveniência ou a intermediação de ninguém. O direito à jurisdição, portanto, notadamente nas relações de Direito Público, envolve não apenas o direito de mover demandas em face do Poder Público, tendo *contra ele* exercida a jurisdição, em suas várias espécies ou modalidades, mas especialmente o direito de ser demandado pelo Poder Público, quando este considera que há algo a ser exigido do cidadão, demanda esta que se deve processar perante terceiro em tese imparcial, dotado de garantias (inamovibilidade, irredutibilidade de remuneração, vitaliciedade etc.) que permitam independência no exercício da tutela. Em termos mais simples: um terceiro que não esteja preocupado em agradar o governante, nem tenha receio de eventualmente o desagradar.

Este capítulo examina alguns aspectos relacionados à tutela jurisdicional executiva prestada quando a Fazenda Pública é a parte credora, ocupando, portanto, posição inversa ou oposta àquela abordada no capítulo anterior, quando o cidadão era a parte exequente e, a Fazenda, a executada.

6.1. TUTELA EXECUTIVA E O RECEBIMENTO DE CRÉDITOS PELO PODER PÚBLICO

No âmbito do ordenamento jurídico brasileiro, o Poder Público, em regra, não se vale da tutela jurisdicional cognitiva, ou dita "de conhecimento". Isso porque, quando se considera titular de relação jurídica, o Poder Público tem a aptidão de vê-la declarada no âmbito de um processo administrativo, ao cabo do qual se faz possível constituir um título executivo (no caso, a Certidão de Dívida Ativa – CDA). Atos administrativos podem ser praticados, revisados, anulados, e caso os deveres neles previstos não sejam cumpridos, pode ser confeccionada uma CDA apta a aparelhar um processo de execução. Daí a desnecessidade, como regra[1], do uso da tutela jurisdicional cognitiva por parte da Fazenda, como parte autora. No Brasil, a execução, nesses termos, é conhecida como "execução fiscal", um processo de execução por quantia certa regido pela Lei 6.830/80 (Lei de Execuções Fiscais), com aplicação subsidiária do Código de Processo Civil.

O disciplinamento jurídico da execução fiscal é distinto daquele aplicável à execução movida por cidadãos uns contra os outros, previsto basicamente no Código de Processo Civil. É diverso, com muito menos similitudes aliás, também do processo de execução disponível ao cidadão que tem quantias a receber do Poder Público, examinada no capítulo anterior deste livro. Ou seja, a execução que tem o Poder Público como parte autora é diferente tanto daquela que tem cidadãos como autores, como principalmente da que aloja o Poder Público no polo passivo, na condição de réu, ou executado.

Ainda que se entenda que algumas dessas diferenças se justificam pela importância do recebimento do crédito por parte do Poder Público, há fatores que recomendam um maior equilíbrio, ou uma maior simetria, em tais regramentos, até porque os fins não justificam os meios, e embora importante o recebimento, deve-se também preservar a esfera de direitos do cidadão, e, principalmente, o devido processo legal. Do contrário, retornar-se-ia ao período em que o soberano expropriava diretamente o súdito, sem a necessidade de observar limites ou de ser o processo intermediado por terceiros independentes e em tese imparciais.

Dentre os fatores que sugerem uma maior simetria entre os processos de execução, contra e pela Fazenda, e dos cidadãos entre si, está o fato de que, precisamente porque o cidadão possui um processo *menos efetivo* para receber créditos do Poder Público, não se pode dar a este um instrumento ainda mais eficiente do que aquele disponibilizado aos particulares em geral. Exemplificando, se um banco recebe quantia indevida de um suposto devedor seu, *v.g.*, em uma execução civil regida pelo CPC, este cidadão terá, contra o banco, a possibilidade de fazer uso dos mesmos instrumentos jurídicos (execução, bloqueio de contas online etc.). Mas, se a Fazenda recebe quantia indevida de um suposto devedor seu, *v.g.*, em uma execução fiscal, este devedor não terá à disposição as mesmas ferramentas, como o bloqueio online de contas, tendo de fazer uso da sistemática dos precatórios. Por outro lado, não há necessária relação entre o respeito aos direitos do executado e a ineficácia do processo executivo, sendo possível garantir a eficácia do processo sem necessariamente malferir os direitos do executado. É para isso, aliás, que existem as regras do processo e um juiz imparcial encarregado de aplicá-las.

---

1. Há exceções, por certo. É o caso da ação rescisória, e da ação de entes federativos uns contra os outros, de competência originária do STF (CF/88, art. 102, I, "f"). Mas é revelador o fato de que tais exceções estão relacionadas a situações nas quais, por força da separação de poderes, seja vertical (União, Estados, Distrito Federal e Municípios), seja horizontal (Executivo, Legislativo e Judiciário), não é permitido à Fazenda Pública o exercício da "autotela vinculada" no âmbito do processo administrativo.

6 • EXECUÇÃO PELO PODER PÚBLICO

Em suma, a assimetria entre o tratamento jurídico dado à Fazenda quando credora e quando devedora, e aos particulares em geral que se acham na mesma situação, deve ser submetida a um juízo crítico. Não para que toda e qualquer distinção seja abolida, o que pode não ser necessariamente o caso, mas para que pelo menos se exijam justificativas plausíveis para tais diferenciações e assimetrias, que, do contrário, deverão ser consideradas inválidas.

6.2. PARTICULARIDADES DA EXECUÇÃO FISCAL

O processo de execução fiscal é disciplinado pela Lei 6.830/80, com aplicação subsidiária do Código de Processo Civil. Trata-se de um processo de execução por quantia certa, calcado em título executivo extrajudicial (a certidão de dívida ativa – CDA), por meio do qual se exige o pagamento da quantia representada no título, sob pena de constrição patrimonial.

Não é o caso de aprofundar, aqui, aspectos inerentes ao rito da execução fiscal, sendo necessário, essencialmente, pontuar as principais diferenças entre o disciplinamento da execução fiscal e o aplicável ao processo análogo, a execução contra devedor solvente, por quantia certa, disciplinada no CPC.

A primeira grande diferença entre a execução fiscal e aquela disciplinada pelo CPC é a de que o título subjacente a esta última é normalmente confeccionado de maneira bilateral e consensual, sendo essencial à sua formação a *vontade do devedor*. No caso da execução fiscal, diversamente, em especial em questões tributárias, o título – a certidão de dívida ativa – é confeccionado pelo credor, de maneira unilateral. A CDA pode decorrer de um contrato, em questões de direito administrativo, e mesmo em questões tributárias pode ocorrer de o lançamento, feito unilateralmente pelo fisco, ser objeto de um processo administrativo de controle interno de sua legalidade, no qual há a participação do contribuinte. Pode se dar, ainda, de a CDA ser decorrente de lançamento feito a partir das próprias apurações feitas pelo sujeito passivo, no âmbito do lançamento por homologação. Mas, mesmo em tais situações, fica a critério do credor – a Fazenda Pública, a maneira de conduzir e julgar esse processo administrativo, e de confeccionar a CDA de acordo com os seus resultados, o que nem sempre se dá da maneira que o devedor considera a mais compatível com a ordem jurídica.

Outra diferença importante reside nas consequências de eventual pagamento indevido, ou maior que o devido, havido de maneira forçada em virtude do emprego do processo executivo. Nas execuções regidas pelo CPC, caso um banco, uma construtora, um fornecedor, receba de seu devedor privado quantia maior que a devida, a restituição poderá ocorrer espontaneamente, e, caso se faça necessária a execução forçada, esta seguirá *o mesmo rito*. Ou seja, caso as posições se invertam, e o credor, por ter de devolver o excesso, passe a figurar como devedor, contra ele poderão ser usadas as mesmas ferramentas, os mesmos instrumentos jurídicos, que estavam à sua disposição no momento anterior (penhora de bens, bloqueio de contas bancárias, penhora de faturamento, redirecionamento contra terceiros etc.). No caso da execução *contra* e *pela* Fazenda Pública, não é exatamente assim que acontece, devendo o cidadão que eventualmente pague quantia indevida, no bojo de uma execução fiscal, recorrer à execução contra a Fazenda Pública examinada no capítulo anterior deste livro, submetendo-se à nem sempre eficiente, e geralmente muito demorada, sistemática dos precatórios.

Não são essas diferenças, contudo, que geralmente vêm à mente dos que exploram esses dois tipos de processo executivo, e procuram justificativas para a adoção de ritos diferenciados para um e outro. Costuma-se dizer que o Fisco, por supostamente representar os interesses da coletividade, deveria ter à sua disposição meios de cobrança mais céleres, expeditos e eficazes que a generalidade dos credores, e não o contrário.

Por causa disso, quando a sistemática prevista no CPC sofreu alterações destinadas a dar-lhe maior efetividade (Lei 11.382/2006, em disposições posteriormente incorporadas ao CPC/2015), passou-se a defender que elas seriam aplicáveis à Fazenda Pública, ainda que na Lei de Execuções Fiscais houvesse disposições mais específicas aplicáveis às mesmas situações. Aliás, em caso de eventual conflito entre a Lei de Execuções Fiscais e o CPC, seria o caso de aplicar não necessariamente a mais específica, ou a mais recente, mas aquela que melhor atendesse os interesses da Fazenda credora.

Por causa de compreensões desse tipo, atualmente se entende, no âmbito da jurisprudência, que o contribuinte, para embargar a execução, precisa, em regra, garantir o juízo, nos termos da Lei de Execuções Fiscais. Entretanto, ainda que garantido o juízo e oferecidos os embargos, estes não teriam o condão de suspender o andamento do processo executivo, que, salvo deliberação em contrário do juízo, poderia mesmo chegar à fase de alienação dos bens dados em garantia[2].

Em verdade, o processo para a satisfação de um crédito consubstanciado em título executivo deveria seguir os mesmos trâmites, não importando se o credor é a Fazenda Pública ou um ente particular. Afinal, a jurisdição deve ser igualmente efetiva para todos. Mas, se se adotarem regimes distintos, como atualmente se tem, no Brasil, com a Lei 6.830/80 (LEF), e aplicação meramente subsidiária do CPC, não se admite que de ambos os diplomas se pincem as disposições mais benéficas para a Fazenda, pois isso criará um corpo disforme de normas, distinto e muito mais benéfico para o Fisco que a LEF e que o CPC considerados isoladamente.

Todo subsistema de normas possui disposições que instituem ônus, acompanhadas de outras, que concedem bônus. Caso se pincem apenas as normas concessivas de

---

2. O Superior Tribunal de Justiça, conquanto admita que os embargos à execução fiscal não têm efeito suspensivo automático, mesmo nos casos em que esse efeito suspensivo não é atribuído pelo juiz, não permite que o produto da alienação dos bens penhorados seja entregue à Fazenda Pública antes do trânsito em julgado de sentença de improcedência dos embargos: "O art. 32, § 2º, da Lei 6.830/80 é norma especial, que deve prevalecer sobre o disposto no art. 587 do CPC, de modo que a conversão em renda do depósito em dinheiro efetuado para fins de garantia da execução fiscal somente é viável após o trânsito em julgado da decisão que reconheceu a legitimidade da exação. Em virtude desse caráter especial da norma, não há falar na aplicação do entendimento consolidado na Súmula 317/STJ' (EREsp 734.831/MG, Rel. Ministro Mauro Campbell Marques, Primeira Seção, *DJe* 18.11.2010). 3. Esse entendimento deve ser estendido para os valores decorrentes de penhora *on-line*, via Bacen-Jud, na medida em que o art. 11, § 2º, da Lei 6.830/80, preconiza que '[a] penhora efetuada em dinheiro será convertida no depósito de que trata o inciso I do art. 9º'. Assim, tendo em vista que a penhora em dinheiro, por expressa determinação legal, também é efetivada mediante conversão em depósito judicial, o seu levantamento ou conversão em renda dos valores deve, de igual forma, aguardar o trânsito em julgado da sentença dos embargos à execução fiscal. [...]" STJ, 1ª S., EREsp 1.189.492/MT, *DJe* de 7.11.2011.

bônus (que existem porque há também as que instituem ônus), criar-se-á sistema iníquo, diverso de qualquer dos dois tomado como parâmetro. Exemplificando, imagine-se um "diálogo de fontes" entre o basquete e o futebol, de modo a tornar aplicáveis apenas aquelas regras mais favoráveis a uma das equipes de uma partida. O jogador de basquete pode usar as mãos para conduzir a bola, mas para marcar pontos precisa passa-la por uma cesta, cuja circunferência não é muito maior do que a da própria bola. Não há, por sua vez, goleiros a resguardar a referida cesta, de modo específico. Já no futebol, o gol é bastante amplo, e mesmo um jogador encarregado apenas de resguardá-lo e que pode usar as mãos para isso não consegue impedir o êxito dos artilheiros que, por sua vez, não podem usar as mãos na condução da bola. O "diálogo de fontes" que tira, partindo da LEF e do CPC, apenas as normas "mais favoráveis à Fazenda credora" é tão absurdo quando seria permitir que, na indigitada partida, uma das equipes possa usar as mãos na condução da bola, além de ter um goleiro a resguardar a cesta, marcando pontos sempre que jogar com as mãos a bola no gol adversário, que não pode ter goleiro. Já o adversário deverá apenas chutar a bola, marcando pontos se conseguir fazer cestas desta maneira. O absurdo dispensa comentários adicionais.

6.3. INEFICIÊNCIA DA EXECUÇÃO FISCAL E MEIOS ALTERNATIVOS DE COBRANÇA

Diante de estudos empíricos que apontam alegada ineficiência da execução fiscal, responsável por um elevado estoque de débitos em dívida ativa e não satisfeitos, não é raro que se defenda a adoção de meios alternativos de cobrança, e de resolução de litígios, a exemplo da execução administrativa, do protesto da certidão de dívida ativa e da inscrição do débito em cadastros de proteção de créditos (SPC, SERASA etc.).

Da execução fiscal administrativa se tratará no próximo item deste capítulo, e os métodos alternativos de solução de litígios serão examinados no capítulo 11, *infra*. Por ora, contudo, é relevante aferir a procedência das premissas utilizadas por quem invoca a baixa eficiência da execução como justificativa para a adoção desses outros instrumentos, e eventual relação entre referidas premissas e as conclusões que delas se extraem.

Considere-se, de início, que a carga tributária brasileira não é baixa, e quase toda ela é adimplida no âmbito do lançamento por homologação. São os próprios sujeitos passivos que apuram, e pagam antes de qualquer exame das autoridades administrativas, as quantias que reputam devidas. É pequena a fração representada por cobranças decorrentes de lançamento de ofício revisional, e ainda menor aquela inerente às situações nas quais se fez necessária a propositura de execução fiscal. Mesmo no pequeno universo representado pela receita obtida como decorrência de uma execução fiscal, existem aqueles feitos executivos extintos pelo pagamento feito pelo sujeito passivo. Em hipóteses assim, nas quais, executado, o sujeito passivo paga, o processo é extinto por requerimento da Fazenda, não figurando entre aqueles considerados exitosos porque culminaram com a alienação dos bens do devedor.

Há, finalmente, as situações nas quais o sujeito passivo paga o seu débito, mesmo antes de ser executado, mas o faz precisamente porque não deseja sê-lo. Tem-se aí um efeito importante da execução fiscal, que não aparece nas estatísticas relacionadas à sua alegada baixa eficiência. Nesse contexto, contrastar sua suposta eficiência apenas tomando como parâmetro aquelas execuções que são efetivamente ajuizadas e não chegam a um desfecho exitoso gera um resultado claramente distorcido. Tão equivocado quanto supor que um país com baixa taxa de encarceramento há de possuir, necessariamente, elevadas criminalidade e impunidade, o que naturalmente pode não ser o caso.

Todas essas reflexões conduzem à conclusão de que a execução fiscal não é assim tão ineficaz. Mas, ainda que o fosse, seria o caso também de aferir se as alternativas que se oferecem são adequadas e necessárias para remediar tais problemas, para não se incorrer na falácia de extrair de tais premissas conclusões que delas não decorrem.

6.4. EXECUÇÃO ADMINISTRATIVA?

A principal alternativa que se coloca, diante da suposta ineficiência da execução fiscal, é a de uma execução administrativa. Todos os defeitos que se apontam à execução fiscal justificariam que o procedimento de cobrança passasse a se desenvolver perante as próprias autoridades da administração tributária. Reservar-se-ia ao Judiciário apenas a apreciação de eventuais embargos do executado, nos quais se questionasse a validade da dívida ou de algum ato praticado no curso do processo (administrativo) executivo.

Trata-se, porém, de um equívoco, pois as causas da alegada ineficiência da execução fiscal não são modificadas, atacadas ou corrigidas quando se transfere o processamento da execução para a via administrativa. Com efeito, os principais fatores que levam à ineficiência de uma execução fiscal são a não localização do devedor, ou a não localização de bens que possam ser penhorados. Tanto uma como a outra informação – a localização do devedor e a existência de bens – são incumbência do credor. Ele as deve indicar, pedindo ao juiz que cite o devedor e lhe penhore os bens. Se o credor não dispõe dessas informações, ou as que dispõe estão incorretas ou desatualizadas, não adiantará nada transferir para a via administrativa o processamento do feito: do mesmo modo que o juiz, a autoridade administrativa também não encontrará o devedor ou bens que possam ser constritos, e a execução administrativa será ineficaz de igual forma.

Em verdade, a única modificação, em se transferir a execução para a via administrativa, consistirá em a Fazenda não precisar *pedir ao juiz* para adotar certas providências, tais como bloquear contas bancárias, responsabilizar terceiros, tornar bens indisponíveis etc. Atualmente, essas providências são possíveis, e quando a Fazenda sabe onde está o devedor e onde estão os seus bens, pode pedir a juízo da execução para adotá-las. Se forem consideradas legais pelo juízo, serão adotadas. E existe uma vasta jurisprudência afirmando em quais casos tais medidas podem ser adotadas, e em quais situações não podem. Se há jurisprudência, há reiteradas decisões, é porque houve recurso. Houve quem ficasse inconformado, pois as medidas – que a jurisprudência afirmou ilegais – foram adotadas mesmo assim. É esse obstáculo – o controle do Judiciário – que a Fazenda quer remover, com a execução administrativa.

Pode-se objetar que o controle judicial continuará possível, só que será feito posteriormente, caso o executado, inconformado (com o bloqueio, com a responsabilização etc.), venha a provoca-lo. Isso é verdade, mas não se pode negar que muitos sofrerão a ilegalidade e terminarão por sucumbir à exigência, não indo ao Judiciário. Por outro lado, se a ideia é tornar a execução administrativa *porque o Judiciário é lento e ineficiente,* a inversão atira às costas do contribuinte o ônus de aguardar pela lentidão e de sofrer com a ineficiência, caso deseje afastar uma constrição indevida, pois ela já terá sido feita administrativamente – e celeremente – pelo credor.

Sem o dizer, evitando usar a expressão "execução fiscal administrativa", pela resistência que ela poderia trazer, o Congresso Nacional aprovou a Lei 13.606/2018, que dá um passo importante e bastante significativo na criação de referida forma de cobrança coercitiva não judicial. Sua validade, porém, é duvidosa, em relação a diversos de seus dispositivos, que a rigor modificam a Lei 10.522/2002, inserindo-lhe os artigos.

De início, prevê-se que a inscrição de um débito em dívida ativa da União será objeto de notificação ao devedor, para que proceda ao pagamento em até cinco dias (art. 20-B). Caso o pagamento não ocorra no prazo assinalado, todos os bens do devedor serão automaticamente tornados indisponíveis. A lei se refere a todos os bens, e não apenas àqueles suficientes ao pagamento da dívida, que inclusive pode ser de valor muito menor que o total do patrimônio do devedor. Aplicada à risca, a lei pode levar um patrimônio de vários milhões de reais a ser inteiramente bloqueado por conta do atraso no pagamento de um débito de algumas centenas de reais.

Além do bloqueio, a mesma lei prevê que terceiros poderão ter sua responsabilidade apurada pela própria Procuradoria da Fazenda Nacional, em processo administrativo específico para esse fim, mesmo no que tange a dívidas já ajuizadas. Ou seja: diante de uma execução movida contra determinado contribuinte, contra o qual se fez um lançamento, caso deseje responsabilizar terceiros, a Fazenda não precisará se dar ao trabalho de demonstrar a presença dos requisitos legalmente necessários a essa responsabilização: poderá ela próprio "apurar" a responsabilidade, emendar a CDA e redirecionar o feito executivo contra o tal terceiro, que terá, em juízo, invertido o ônus da prova (por seu nome ter passado a constar da CDA), devendo provar que não é responsável pelo débito. Como se disse, providências que antes precisavam contar com prévio controle e anuência do Judiciário passam a ser feitas pela própria parte interessada.

Além da ofensa ao direito à jurisdição – que também assiste ao réu, que tem o direito de ser processado e não de sofrer justiça de mão própria por parte do autor – a disposição em comento malfere os artigos 185, parágrafo único, e 185-A, do CTN, pois o primeiro só considera fraudulenta a alienação de bens feita por devedor com débito inscrito em dívida ativa quando o patrimônio remanescente se torna incapaz de solver a dívida, e o segundo condiciona o bloqueio, a ser determinado judicialmente, à propositura da execução, à citação, ao não pagamento e à ausência de indicação de quaisquer garantias.

Poder-se-ia imaginar que a finalidade da medida seria proteger terceiros de eventuais efeitos da presunção de fraude prevista no art. 185 do CTN[3]. Além disso, com ela se resguardaria o patrimônio do devedor, que dele não se poderia desfazer, permitindo

---

3. "Art. 185. Presume-se fraudulenta a alienação ou oneração de bens ou rendas, ou seu começo, por sujeito passivo em débito para com a Fazenda Pública, por crédito tributário regularmente inscrito como dívida ativa."

assim a posterior cobrança executiva, se necessária. O fato de o bloqueio não estar limitado ao valor do débito nem condicionado à insuficiência do patrimônio do devedor, porém, mostra que não é esse o caso, sendo certo que o terceiro poderia proteger-se simplesmente pedindo àquele com quem negocia uma certidão negativa de débitos em dívida ativa, sem a necessidade de se bloquear todo o patrimônio de qualquer devedor que não pague um débito tributário em cinco dias. A inconstitucionalidade da medida é clara, seja por ofensa ao devido processo legal, seja por desproporcionalidade, seja por agressão mesmo aos art. 185 e 185-A do CTN. Aliás, como se trata de matéria privativa de lei complementar – crédito tributário – cria-se ainda uma assimetria, porquanto, regulada em lei ordinária da União, torna desiguais os processos de cobrança entre União, Estados e Municípios. Se a execução do crédito tributário pudesse ser administrativa, o que não nos parece ser o caso, deveria ser disciplinada em lei que, além de respeitar o devido processo legal e a proporcionalidade, fosse complementar, nos termos do art. 146, III, "b", da CF/88, aplicando-se a todos os entes federativos.

Em verdade, percebe-se com a Lei 13.606/2018, nesse particular, o propósito de afastar, gradativamente, a cobrança da dívida, e os conflitos que eventualmente podem surgir em torno dela, da apreciação do Judiciário, pois o que a lei agora autoriza a Fazenda Nacional a fazer, antes, somente por meio do Poder Judiciário seria possível realizar. A cautelar fiscal presta-se justamente para tornar indisponíveis os bens do contribuinte e, com isso, garantir a efetividade da execução fiscal. Mas para isso era preciso a Fazenda provar a presença de requisitos correspondentes à fumaça do bom direito e, especialmente, ao perigo da demora, os quais seriam avaliados pelo juízo. Com a averbação pré-executória aqui examinada, essa ação, prevista na Lei 8.397/1992, perde completamente a sua razão de ser.

Veja-se, ainda, que a lei aqui examinada permite a inscrição do nome do devedor em cadastros de proteção do crédito. Quanto a esse ponto, é preciso observar que, como seu nome está a dizer, tais cadastros existem para proteger o *crédito*, algo que apenas por uma derivação, ou por uma analogia, é designado pela mesma palavra usada para rotular o direito da Fazenda de receber determinada quantia de um cidadão, quando oriunda da cobrança de tributos. Ter crédito significa ser confiável, por honrar a palavra dada. Quando se diz, por exemplo, que alguém é digno de crédito, sendo possível *acreditar* no que diz, faz-se alusão à sua aptidão de honrar compromissos assumidos com a palavra. Obrigações contratuais, portanto. É para que os terceiros saibam em quem confiar, quando se trata de *dar a palavra*, que tais cadastros existem. Não há nenhuma relação, portanto, com o inadimplemento de dívidas decorrentes de tributo, prestação pecuniária *compulsória* em cuja gênese a vontade (a ser acreditada) não participa. E pode mesmo ocorrer de um contribuinte não ter pago um tributo por discordar da autoridade que o lançou, por considera-lo ilegal, e apenas não ter conseguido suspender-lhe a exigibilidade, levando assim ao não pagamento no prazo de cinco dias referido na lei, sem que isso signifique que se trata de alguém que não honra os contratos que celebra ou em quem não se possa confiar. A inscrição do devedor em cadastros de inadimplentes, nessa ordem de ideias, afigura-se desproporcional, por desvio de finalidade.

Mesmo que se entenda que não haveria problema na inscrição do devedor em tais cadastros, pois, afinal, ele estaria mesmo devendo o valor ali apontado, seja ele decorrente da lei ou do contrato, como sinalizou o STF ao admitir como válido o protesto de CDA, deve-se notar ainda que *o direito é uma via de mão dupla,* devendo ser aplicado de maneira isonômica e coerente. Dessa forma, se o Fisco passar a fazer uso de tais cadastros, submeter-se-á, por igual, aos ônus incidentes sobre quem neles faz uma inserção indevida. Seja porque o cidadão nada devia ao Fisco, seja porque a dívida já havia sido paga, ou compensada, ou estava suspensa por medida liminar que inadvertidamente não fora observada, uma inscrição indevida conduzirá, inafastavelmente, ao dever da Fazenda de indenizar o dano causado, não sendo de se afastar a possibilidade de *responsabilizar-se pessoalmente*[4], através de ação de regresso, ou por iniciativa direta do cidadão, a autoridade que, por dolo ou culpa, tenha contribuído para tanto.

Registre-se, ainda, que, com o advento da Lei 13.606/2018, na parte em que inseriu um art. 20-C na Lei 10.522/2002, a Fazenda Federal passou a poder *não ajuizar* uma execução fiscal, quando de antemão sabe que o executado não tem bens que possam ser penhorados. Isso não significa, por certo, remissão da dívida, que continuará exigível e poderá ser cobrada por outros meios. Apenas, na mesma linha de disposições que tratavam do não ajuizamento de ações relativamente a valores reduzidos, inferiores ao custo do próprio processo, tem-se a observância dos princípios da eficiência administrativa e da economia processual. A diferença é que, agora, será um *software* de inteligência artificial que dirá ao Procurador se a execução fiscal deve ser ajuizada, ou não, suscitando-se a questão de saber se tal atividade, que até então era vinculada, passou a ser discricionária, e se o juízo de conveniência e oportunidade agora será exercido por uma máquina, cujos algoritmos, em função dos princípios da publicidade e da transparência, que devem inspirar a atividade pública, não podem ser sigilosos.

---

4. MACHADO, Hugo de Brito. **Responsabilidade pessoal do agente público por danos ao contribuinte**. São Paulo: Malheiros, 2017, *passim*.

7
EFICÁCIA TEMPORAL DAS DECISÕES JUDICIAIS ENVOLVENDO O PODER PÚBLICO E SEGURANÇA JURÍDICA

Um dos pontos mais sensíveis do exercício da jurisdição em face do Poder Público diz respeito à possibilidade de modulação dos efeitos das decisões correspondentes. Não porque se trate de algo que só possa ocorrer perante questões envolvendo o Estado, mas porque, nas relações em que o Estado é parte, é mais frequente o surgimento de situações nas quais a atribuição de efeitos prospectivos a uma decisão funciona como um meio indireto de minimizar a própria eficácia do controle jurisdicional dos atos do Poder Público.

Neste capítulo, depois de se examinarem brevemente os fundamentos da modulação de efeitos de decisões judiciais, será feito exame de algumas situações nas quais essa modulação ocorreu. A ideia é contrastá-las com a jurisprudência da Corte Europeia de Justiça – CJE, relativamente ao mesmo tema, a fim de aferir, desse diálogo de ideias e soluções para problemas semelhantes, critérios a partir dos quais se possa objetivamente controlar o poder – ou pelo menos avaliar o seu exercício – das Cortes de modularem no tempo os efeitos de suas decisões.

7.1. MODULAÇÃO DE EFEITOS E SUA JUSTIFICAÇÃO

Sabe-se que a modulação de efeitos de decisões judiciais têm amparo no princípio da segurança jurídica. É preciso, porém, entender a relação entre esse instituto jurídico e o que se diz ser seu fundamento.

Como regra, no âmbito da jurisdição dita clássica, na qual o Poder Judiciário declara o direito que incidiu no caso concreto (*juris dictio*, ou *dizer o direito*), não faz sentido pensar-se em modulação. Se a decisão não produzir efeitos sobre o fato controvertido, levado à apreciação judicial, o conflito sequer tem como ser resolvido. Sequer seria possível "dizer o direito" que incidiu, se essa dicção somente produzisse efeitos sobre fatos havidos posteriormente.

A questão é que, no âmbito do controle de constitucionalidade, tem-se o seu exercício pela modalidade concentrada (porque feito por apenas um órgão, e não por vários[1]), na qual se realiza o controle abstrato, assim designado porque nele não se tutela uma

---

1. Opondo-se assim ao controle difuso, exercido por todos os órgãos do Poder Judiciário.

situação concreta, um direito subjetivo decorrente da incidência de uma norma sobre uma situação de fato. Questiona-se a validade da norma *em tese,* razão pela qual a atividade desenvolvida pelo Judiciário, nesse caso, assemelha-se a uma atividade *legislativa negativa.* Não se trata, por certo, de atividade legislativa, pois o Tribunal, ao realizar o controle, caso decida pela inconstitucionalidade da lei, não a *revoga,* mas sim a *anula.* A questão não é de retirada de um ato válido do mundo jurídico, pelo mesmo órgão que editou o ato normativo, por razões de conveniência e oportunidade, a qual por isso mesmo opera efeitos *ex nunc* (afinal, o ato revogado produzira efeitos válidos até então). Trata-se, no controle de constitucionalidade concentrado, como nas hipóteses de anulação em geral, de retirada do mundo jurídico de um ato por conta de vício nele presente. Daí porque, viciado o ato, questionam-se também os efeitos que ele teria produzido até então, sendo possível que a decisão que o declara tenha, por isso, efeitos retroativos.

A figura do controle concentrado e abstrato de constitucionalidade, realizado no Brasil pelo Supremo Tribunal Federal no julgamento de uma Ação Direta de Inconstitucionalidade (ADI), por exemplo, mostra a relatividade das classificações, e a existência, entre todas elas, de zonas de penumbra, ou cinzentas, que não se sabe onde começam nem onde terminam mas que paradoxalmente existem. Só entre realidades ideais, como as formas geométricas, pode-se falar de linhas claras dividindo-as (*v.g.,* formas geométricas, sendo clara a distinção entre um triângulo e um quadrado, ausentes figuras "intermediárias"). Tal como entre animais, que por mais clara que pareça ser a distinção entre mamíferos e aves, tem-se a problematização de sua fronteira por animais como o *ornitorrinco,* entre as funções legislativa e judiciária tem-se o controle concentrado de constitucionalidade. Da mesma forma como o ornitorrinco tem características de aves (põe ovos, tem bicos e penas...), mas ainda assim foi definido como mamífero (porque possui glândulas mamárias nas quais seus filhotes se alimentam ao nascer), pode-se dizer que a jurisdição constitucional concentrada, embora tenha características da função legislativa (operando no plano hipotético, com efeitos *erga omnes*), é definida como jurisdição porque através dela outro Poder, que é o Judiciário, invalida atos dos demais (Executivo e Legislativo).

Precisamente por essa sua posição fronteiriça, a jurisdição constitucional concentrada talvez tenha sido o principal contexto, na atividade do Poder Judiciário, em que se colocou o problema da modulação de feitos. Mas a modulação não se limita a ela, notadamente se se pensar que as decisões judiciais proferidas no âmbito da jurisdição dita clássica ou tradicional têm uma dupla função, ou um duplo efeito. O primeiro, mais óbvio, é o de resolver a questão posta em juízo no processo em que proferidas, resolvendo o conflito estabelecido entre as partes ao "dizer o direito no caso concreto", a saber, afirmando qual delas tem razão. Mas há um segundo, que tem ganhado relevância no Brasil e nos demais países da tradição do *civil law*: a aptidão de indicar um entendimento sobre a interpretação das normas envolvidas naquele caso, de sorte a auxiliar a solução de casos futuros. Em termos mais simples, além de resolver o caso suscitado pelas partes, a decisão pode configurar um *precedente* a ser observado em questionamentos futuros a respeito de situações semelhantes.

Quanto a essa segunda função, ou a esse segundo efeito, de uma decisão judicial, mesmo as proferidas em sede de controle difuso de constitucionalidade, ou mesmo

7 • EFICÁCIA DAS DECISÕES ENVOLVENDO PODER PÚBLICO E SEGURANÇA JURÍDICA

as que não digam respeito a aspectos constitucionais, é possível também cogitar-se de modulação, pelas mesmas razões que se podem modular decisões proferidas no controle concentrado, relacionadas à segurança jurídica daqueles que se pautavam por determinadas normas e por determinados critérios usados para interpretá-las, e depois veem essas normas, ou esses critérios, subitamente modificados[2].

Imagine-se, por exemplo, que uma determinada lei passa a veicular uma nova hipótese excludente de ilicitude, em matéria penal. Ou deixa de definir determinado fato como crime, revogando lei penal anterior em sentido contrário. Diante dessa legislação, várias pessoas então incorrem na conduta não mais considerada ilícita. Caso, algum tempo depois, em sede de ADI, a referida lei venha a ser considerada inconstitucional, restabelece-se[3] a vigência daquela legislação anterior, por ela revogada. As condutas em questão, assim, voltam a ser consideradas ilícito penal. Caso se dê efeito *ex tunc* à aludida declaração de inconstitucionalidade, poder-se-ia chegar ao extremo de punir criminalmente aqueles que realizaram condutas *confiando* em uma legislação, presumivelmente constitucional, que à época as permitia.

Não é preciso, porém, supor situações tão radicais para compreender que, em algumas situações, a retroação dos efeitos de uma decisão declaratória de inconstitucionalidade pode trazer muitos problemas, diante de situações jurídicas já definidas à luz da norma declarada inconstitucional. Em suma, um problema de direito intertemporal, muito semelhante aos que se colocam quando da edição de novas normas jurídicas. E isso se dá precisamente por conta do efeito "normativo" da decisão correspondente, apta a interferir no sistema de normas – ou na maneira como ele é interpretado – abstratamente considerado.

Assim, embora a legislação declarada inconstitucional seja, de fato, contrária à Constituição (e a redundância aqui é inevitável), há situações nas quais dar-se efeito retroativo a essa declaração leva à criação de uma situação *ainda mais inconstitucional*[4]. É para evitá-las que existe a modulação.

7.2. MODULAÇÃO EM FAVOR DO PODER PÚBLICO E FUNDAMENTOS DO CONTROLE DE CONSTITUCIONALIDADE

No exame do tema da modulação, entretanto, é importante ter em mente o motivo pelo qual existem garantias como a supremacia constitucional e a irretroatividade das normas jurídicas. Como explicado na parte inicial deste livro, sem tais instituições

---

2. Como observa Christian Waldhoff, depois de notar que no âmbito da jurisdição, *para o caso em exame,* a produção de efeitos sobre fatos passados é da essência da atividade, *"the retroactive effect of court decisions becomes a problem when other cases, such as parallel cases which were not the subject of the original court decision, are affected."* WALDHOFF, Christian. Recent developments relating to the retroactive effect of decisions of the ECJ. **Commom Law Market Review**, 46. Netherlands: Kluwer International, 173–190, 2009, p. 173.

3. É o que se conhece por "efeito repristinatório" da decisão que julga lei inconstitucional. Não se trata de repristinação, sobretudo porque a decisão que julga a ADI, como explicado no texto, não "revoga" a lei tida por inconstitucional. Mas os efeitos são análogos, porquanto se restabelece a vigência da lei que havia sido revogada por aquela de cuja inconstitucionalidade se cogita.

4. BONAVIDES, Paulo. **Curso de Direito Constitucional**. 12. ed. São Paulo: Malheiros, 2002, p. 308.

jurídicas, sequer se pode cogitar da existência de um Estado de Direito. Elas surgiram historicamente, portanto, para limitar abusos praticados pelo Poder Público, notadamente quando provenientes da ação do legislador. Assim, na maior parte dos casos, nas relações de direito público, uma norma considerada inconstitucional traz prejuízo ao cidadão, em benefício do ente público que a tenha editado. É por isso que, em regra, o interessado no controle de constitucionalidade é o cidadão, cujos efeitos, também como regra, não podem tornar sua situação ainda mais onerosa.

O cidadão não edita leis. Submete-se a elas, que gozam da presunção de constitucionalidade. Por isso, quando elas são inconstitucionais, ele não deve, como regra, ser prejudicado por tê-las respeitado, o que ocorreria caso à decisão declaratória da inconstitucionalidade se assegurassem, em tais hipóteses, efeitos retroativos. Daí a existência da modulação.

A situação muda, radicalmente, quando se têm leis que favorecem o Poder Público, em suas relações com os particulares, e estas vêm a ser declaradas inconstitucionais. Primeiro, porque, em matéria de direito intertemporal, as normas jurídicas podem retroagir, na disciplina das relações de direito público, para favorecer o cidadão (e, por conseguinte, em desfavor do Poder Público). Essa é a lógica de institutos como a remissão e a anistia, por exemplo. O assunto chegou mesmo a ser sumulado pelo STF[5]. Assim, não haveria, no direito intertemporal (*v.g.*, no princípio da irretroatividade), nenhum impedimento à atribuição de efeitos *ex tunc* a uma decisão com efeitos repristinatórios de uma lei criadora de situação mais benéfica ao cidadão, e prejudicial ao poder público. Seria o caso, por exemplo, de uma lei que majorasse um tributo, vindo depois a ser considerada inconstitucional. Segundo, porque, como a própria rigidez constitucional, a supremacia constitucional a ela diretamente relacionada, e o controle de constitucionalidade, são garantias historicamente conquistadas pelo cidadão contra excessos praticados pelo legislador, a atribuição de efeitos *ex tunc* às decisões em muitos casos é a mais eficaz maneira de conter tais excessos, sendo por vezes a única, sob pena de se criarem situações em que se configura a chamada "inconstitucionalidade eficaz".

7.3. MODULAÇÃO, RESTITUIÇÃO DO INDÉBITO E CONSTITUCIONALIDADE EFICAZ

A criação de um tributo através de uma lei inconstitucional é um exemplo do que se chamou, no final do item anterior, de "inconstitucionalidade eficaz". O adjetivo eficaz decorre da circunstância de a lei, conquanto inconstitucional, produzir todos os efeitos que o Poder Público gostaria que ela produzisse. Em outras palavras, é inconstitucional, mas funciona.

Com efeito, caso uma lei contrária à Constituição institua um novo tributo, ele será cobrado durante algum tempo, até que o Poder Judiciário venha a declarar a inconstitucionalidade da lei correspondente. Neste cenário, eventual modulação de efeitos

---

5. Súmula 654/STF: "A garantia da irretroatividade da lei, prevista no art. 5º, XXXVI, da Constituição da República, não é invocável pela entidade estatal que a tenha editado.

da decisão, caso se reconheça eficácia *ex nunc* à decisão, faria com que o Poder Público não precisasse restituir as quantias que, embora em ofensa à Constituição, arrecadou.

Veja-se que o argumento ligado ao equilíbrio das contas públicas e a um possível "rombo" nessas contas que decorreria do dever de restituir, embora aparentemente plausíveis, levaria à chamada inconstitucionalidade eficaz: mesmo sabendo da proibição Constituição à instituição e à cobrança do tributo naquelas circunstâncias, o Poder Público o instituiria e o arrecadaria sem problema algum. Se e quando o Judiciário reconhecesse a vedação, seria o caso apenas de deixar de cobrá-lo, ou mesmo de substitui-lo por outro, portador de inconstitucionalidade diferente, e começar tudo de novo. Daí por que a modulação, em tais circunstâncias, em princípio, não deve ser aceita, por implicar uma burla à própria supremacia constitucional e às garantias que ela representa para o cidadão.

7.4. TRATAMENTO DO ASSUNTO NO TRIBUNAL DE JUSTIÇA EUROPEU

Outro ponto no qual a autonomia doméstica em relação a normas processuais foi levada ao crivo do Tribunal de Justiça Europeu, por colocar em risco a efetividade do direito comunitário, ou do direito da união europeia, relaciona-se à possibilidade de as Cortes nacionais – ou a própria Corte Europeia – modularem os efeitos de suas decisões. Especialmente quando essas decisões reconhecem a violação a direitos decorrentes de normas comunitárias, mas o fazem com eficácia limitada no tempo (*v.g., ex nunc*).

Um caso digno de registro, e já mencionado no item anterior, ocorreu de forma imbricada com o uso da *passing-on defense*, e serve para mostrar o *verdadeiro propósito* subjacente a essa tese. Um tributo criado pelo governo austríaco foi considerado inválido pelo TJE, porque contrário a normas de direito comunitário. O governo da Áustria, então, pediu ao TJE que *modulasse* os efeitos da decisão, algo comum no âmbito do direito processual austríaco, berço inclusive do controle concentrado de constitucionalidade. Se o tributo fosse *inconstitucional*, poderia ter havido a modulação, razão pela qual sua invalidade decorrente da incompatibilidade com o Direito Europeu deveria ter igual tratamento. O pedido não foi aceito, o que levou o parlamento austríaco a inserir, em seguida, no Código Tributário daquele País (*Wiener Abgabenordnung – WAO*), disposição semelhante ao art. 166 do Código Tributário Brasileiro, segundo a qual tributos indevidamente pagos somente seriam restituídos caso o contribuinte comprovasse não ter repassado o seu ônus a terceiros, notadamente ao consumidor final. A questão foi, por isso, novamente levada ao TJE, que afirmou inválida a inovação legislativa, tida como uma tentativa de burlar a anterior decisão que afirmara indevido o tributo e recusara-se a modular os efeitos correspondentes (C-147/01).

Isso não quer dizer, é certo, que o TJE se oponha indiscriminadamente à modulação de efeitos de decisões que reconhecem a invalidade de atos da Administração Pública. Há casos em que a modulação é aceita, mas é preciso que certos critérios sejam observados, para que se evite a transformação desse instituto em instrumento destinado a retirar, pelo menos em parte, a efetividade de normas que desagradam ao Poder Público. Do contrário, seria "possível" ao ente público desrespeitá-las porque, quando muito, no futuro, a Corte reforçaria a necessidade de que fossem observadas *dali em diante,* restando impune a violação durante todo o tempo decorrido até a obtenção do pronunciamento judicial.

Nessa ordem de ideias, o TJE admite que se modulem os efeitos de decisões que reconhecem a invalidade de atos do Poder Público, desde que a invocação de "prejuízos econômicos" que fundamenta o pedido de modulação, por exemplo, seja objetivamente demonstrada. Não basta afirmar genericamente que a não modulação poderia causar um "rombo" no orçamento. Julgando o caso C-228/2005 (*StradasfaltiSrl*), o TJE exigiu, em primeiro lugar, a demonstração de que a Administração Pública, ao editar o ato de cuja invalidade se cogita, estaria agindo de boa-fé. E, em segundo lugar, exige-se, para que se proceda à modulação, a demonstração objetiva do impacto econômico de uma possível não-modulação. Não foi esse o caso, claramente, da modulação pretendida pela Áustria em C-147/01.

Assim, se o Poder Público edita ato que sabe, ou deveria saber, ser inconstitucional, por, exemplificativamente, contrariar a jurisprudência já assentada sobre o assunto, não pode depois, diante do reconhecimento dessa inconstitucionalidade, pleitear a modulação dos efeitos da decisão, para que sejam *ex nunc*. E, mesmo que a edição do ato tenha ocorrido comprovadamente de boa-fé, não pode, ainda assim, haver a modulação, se o Poder Público simplesmente alegar que terá "prejuízos", sem indicá-los objetivamente para que a Corte os possa avaliar.

7.5. JURISPRUDÊNCIA BRASILEIRA RELATIVAMENTE À MODULAÇÃO, EM MATÉRIA TRIBUTÁRIA

No que tange à limitação temporal dos efeitos de suas decisões, o Judiciário brasileiro, em particular o Supremo Tribunal Federal, não parece preocupado nem com a boa fé da Administração, nem com a demonstração objetiva de prejuízos econômicos advindos de uma possível não modulação.

Veja-se, por exemplo, o caso das leis ordinárias que, em matéria de prescrição e de decadência do direito do Fisco de exigir e lançar contribuições previdenciárias, fixavam prazos de 10 (dez) anos, bem superiores àqueles estabelecidos no Código Tributário Nacional. Não só a literatura especializada em peso, mas a jurisprudência do Supremo Tribunal Federal – e de várias outras Cortes, como o STJ – já possuíam diversas manifestações no sentido de que tais prazos eram inconstitucionais, por ofensa ao art. 146, III, "b", da CF/88, que reserva o trato desse assunto à lei complementar. Apesar disso, ao afirmar a invalidade de tais disposições com efeitos *erga omnes*, editando Súmula Vinculante a respeito – de número 8 – o STF modulou os efeitos correspondentes, para que se produzissem apenas a partir da prolação da decisão, ressalvados apenas os direitos de quem já houvesse judicializado previamente a questão. O Estado claramente não estava de boa fé quando pretendeu estabelecer para si prazos mais elásticos, tampouco tendo se dado ao trabalho de demonstrar, com objetividade e clareza, qual seria o prejuízo de essa inconstitucionalidade ser reconhecida de maneira *ex tunc*. Mesmo assim, a modulação aconteceu.

7 • EFICÁCIA DAS DECISÕES ENVOLVENDO PODER PÚBLICO E SEGURANÇA JURÍDICA

Outro exemplo, ainda mais claro, de despreocupação com critérios para se proceder à modulação, ou pelo menos com critérios atentos à efetividade da jurisdição em face do poder público, pode ser colhido nas decisões relativas a duas emendas constitucionais que disciplinaram o pagamento de condenações judiciais pelo Estado, através de precatórios. A Emenda Constitucional 30/2001, entre outras coisas, estabeleceu o parcelamento de precatórios em até 10 (dez) anos (art. 78 do ADCT). Ou seja, alguém que por muitos anos litigou contra o Poder Público e finalmente obteve o reconhecimento definitivo de que uma quantia líquida e certa lhe seria devida, teria ainda de aguardar por dez longos anos até que houvesse a satisfação definitiva do débito, a ser quitado em dez parcelas sucessivas e anuais.

A questão foi levada ao Supremo Tribunal Federal, que, apreciando a ADI 2.356, decidiu ser inconstitucional o parcelamento, conforme anteriormente explicado (item 5.6, *supra*). Embora tenha sido resolvida apenas em novembro de 2010, quando a decisão já não teria efeitos úteis para muitos jurisdicionados (a EC 30, que levou a efeito o parcelamento em 10 anos, é do ano 2001...), por meio dela se firmou importante precedente, tendo a Corte deixado claro que a pretensão de parcelar os precatórios

> "violou o direito adquirido do beneficiário do precatório, o ato jurídico perfeito e a coisa julgada. Atentou ainda contra a independência do Poder Judiciário, cuja autoridade é insuscetível de ser negada, máxime no concernente ao exercício do poder de julgar os litígios que lhe são submetidos e fazer cumpridas as suas decisões, inclusive contra a Fazenda Pública, na forma prevista na Constituição e na lei. (...)"[6]

Apesar disso, o Poder Público editou nova Emenda Constitucional para, uma vez mais, parcelar precatórios e criar sistemática destinada a aliviar a situação de entes públicos inadimplentes (EC 62/2009). Essa emenda, assim como a 30/2001, teve sua validade questionada perante o Poder Judiciário, do qual, inclusive, já se conhecia o pensamento em torno da questão. Como era esperado, também a EC 62 foi declarada inconstitucional, mas, surpreendentemente, como se essa invalidade não já fosse de todos conhecida, a decisão teve seus efeitos modulados. Para algumas questões, como pagamento de juros (que a EC 62/2009 fixava em percentuais inferiores aos usados pelo Poder Público para corrigir os valores que tem para receber, quando está no papel de credor), a data do início da produção de efeitos foi a data do julgado (23/3/2015). Mas, para outras, como a sistemática diferenciada para pagamento de precatórios, permitiu-se que seguisse sendo aplicada por até cinco anos, contados de janeiro de 2016. Uma vez mais, não se poderia falar em boa fé de quem editou a EC 62/09, à época inclusive apelidada, quando em processo de aprovação no Congresso, de "PEC do Calote". Tampouco houve demonstração objetiva dos "prejuízos" que poderiam decorrer de uma decisão com efeitos *ex nunc*, os quais foram apenas genericamente referidos, o que não impediu a Corte de proceder à modulação.

---

6. STF, Pleno, ADI 2356 MC, *DJe*-094, publicado em 19.5.2011.

7.6. CAMINHOS NA BUSCA POR CRITÉRIOS

Existem situações nas quais a declaração da inconstitucionalidade de uma lei ou de um ato normativo outro, com efeitos *ex tunc*, pode, de fato, ter consequências *ainda mais inconstitucionais* do que aquela ali reconhecida. São hipóteses assim que autorizam a modulação dos efeitos do julgado. É necessário o respeito aos princípios que regem o chamado *direito intertemporal*, levando-se em conta que a decisão que declara uma norma inconstitucional, no plano abstrato, tem efeitos repristinatórios da norma anterior, que por aquela que fora invalidada havia sido revogada. É preciso, ainda, respeitar situações jurídicas consolidadas por terceiros de boa-fé, que não participaram da elaboração da norma de cuja invalidade se declara. Daí a possibilidade de limitação temporal de efeitos.

Essa limitação, contudo, há de partir de tais premissas, que a justificam. Não pode ser uma mera maneira de burlar, no todo ou em parte, os efeitos da decisão judicial e, com ela, do próprio Estado de Direito. Por isso, em regra, a limitação temporal não pode favorecer a própria entidade pública que elaborou a lei inconstitucional, e que se locupletou (indevidamente) com os seus efeitos. Em respeito aos princípios que regem o direito intertemporal, há de se recordar a Súmula 654 do STF, segundo a qual "a garantia da irretroatividade da lei, prevista no art. 5º, XXXVI, da Constituição da República, não é invocável pela entidade estatal que a tenha editado." Ou seja, uma norma revogada pela norma inconstitucional, que é recolocada na ordem jurídica quando da declaração de inconstitucionalidade da norma inconstitucional que a revogara, pode ter tais "efeitos repristinatórios retroativos" em benefício do cidadão que não editou a lei inconstitucional, e em desfavor da entidade pública que a editou, mas não o contrário.

A modulação de efeitos de modo a favorecer o ente público, assim dispensado dos efeitos mais onerosos (para ele) da lei "reintroduzida" na ordem jurídica pela decisão declaratória da inconstitucionalidade, há de ser excepcionalíssima, e ter como premissas: (i) a boa fé da entidade pública na edição da lei, que se considerava sinceramente ser válida; (ii) prova dos prejuízos graves decorrentes de uma não modulação.

Quanto ao requisito (i), ele depende, por exemplo, de não existirem decisões que previamente poderiam ser consideradas como uma indicação de que a lei editada seria considerada inconstitucional. Foi o que se deu com as disposições que fixavam prazos de 10 anos para lançamento e execução de contribuições previdenciárias, sendo que, apesar disso, o STF indevidamente modulou os efeitos da decisão que reconheceu sua invalidade, e que culminaram na edição da Súmula Vinculante 8. Situações nas quais o Poder Público elabora normas que se sabe serem inconstitucionais, na confiança de que poucos contribuintes procurarão o Judiciário, revelam o oposto disso, e nelas em nenhuma hipótese poderia haver a modulação, sob pena de reduzir toda a seriedade e efetividade do controle judicial inerente ao Estado de Direito.

O requisito (ii), por sua vez, não se atende com a mera constatação, de resto óbvia, de que, no caso de lei que institui tributo indevido, este terá de ser devolvido, e essa devolução terá algum impacto nas contas públicas. A não ser assim, o Estado não devolveria nenhum tributo indevido, ou mesmo não repararia qualquer dano que viesse a causar a particulares, tampouco pagaria qualquer coisa a quem quer que fosse, em virtude de condenação judicial, pois isso teria algum reflexo nas contas públicas. É preciso que o reflexo seja imenso, de modo a inviabilizá-las, criando, como se disse, situação ainda mais inconstitucional. E não só: não basta à Fazenda alegar isso, enchendo as suas petições de números, grafados em fonte maior, em negrito e sublinhado. É preciso que comprove, documentalmente, suas alegações a esse respeito. Apenas diante de tais circunstâncias, que hão de ser excepcionalíssimas, a modulação em benefício do Poder Público responsável pela lei inconstitucional e que com ela se beneficiou é admissível.

8

FUNDAMENTOS USADOS NAS DECISÕES JUDICIAIS PROFERIDAS EM PROCESSOS EM QUE É PARTE O PODER PÚBLICO

De pouca serventia é o estabelecimento de normas de direito material, se não há consequências no caso de seu descumprimento. É preciso, ainda, para a própria manutenção dos grupos sociais, que os conflitos observados em seu interior sejam equacionados. Daí a importância do processo, conforme salientado no primeiro capítulo deste livro.

É de se lembrar, no caso, que o processo é conduzido e deslindado por órgãos corporificados por pessoas, as quais, como quaisquer outras, são falíveis. É importante, desse modo, que também o processo seja disciplinado por normas jurídicas, cuja finalidade, em última análise, é a de garantir que através dele se solucione o caso com a aplicação do direito material incidente, e não de forma arbitrária. O critério, ou parâmetro, para a solução do conflito, há de ser a ordem jurídica vigente, na qual constam as normas que incidiram sobre os fatos ocorridos e lhes atribuem consequências jurídicas.

A finalidade das normas processuais, portanto, em última análise, é a de garantir que seja efetivamente prestada a jurisdição, sendo a contenção do arbítrio do julgador[1] e a oportunização de participação daqueles que serão afetados pela decisão[2] duas outras finalidades que, a rigor, podem ser consideradas instrumentais da primeira, da qual são um meio necessário.

Há diversas formas através das quais as normas processuais limitam o arbítrio dos julgadores, de modo a que estes decidam, tanto quanto possível, à luz da ordem jurídica e não de suas inclinações pessoais. É o caso das disposições sobre impedimento e suspeição, sobre competência, sobre a publicidade dos atos processuais, dentre uma série de outras que poderiam ser aqui relacionadas. Uma delas, talvez das mais importantes porquanto seu desprezo pode levar à inutilidade de todas as outras, é o *dever de fundamentação das decisões*.

Neste capítulo, serão examinadas algumas consequências ou desdobramentos desse dever. Em especial, aquelas relacionadas não a uma decisão específica, ou a um conjunto de decisões proferidas em torno de um mesmo assunto ou de questões fáticas similares, mas ao conjunto de decisões tomadas por um mesmo órgão jurisdicional, de

---

1. BUENO, José Antonio Pimenta. **Apontamentos sobre as formalidades do processo civil**. 2.ed. Rio de Janeiro: Typographia Nacional, 1858, p. 1.
2. DINAMARCO, Cândido Rangel. **Instituições de Direito Processual Civil**. 3. ed. São Paulo: Malheiros, 2003, v. 1, p. 37.

modo a que se possa contrastar a coerência de seus fundamentos e, com isso, aferir o grau de pertinência deles com a ordem jurídica. Trata-se, como será explicado a seguir, de importante ferramenta destinada a minimizar, dentro do possível, o grau de interferências indesejáveis das inclinações pessoais do julgador em suas decisões.

8.1. A TENSÃO ENTRE DESCOBRIR E CRIAR E A NATUREZA INSTITUCIONAL DO DIREITO

Há um aspecto, de natureza epistemológica, que torna a fundamentação das decisões, assim como as afirmações feitas a respeito do Direito em geral, tema ainda mais delicado que o da fundamentação de afirmações feitas em torno de realidades naturais como a água, um micróbio ou um planeta: o fato de o Direito ser uma realidade institucional.

Conforme explicado no capítulo 1, item 1.2., a realidade pode ser dividida como sendo composta por fatos brutos, e por fatos institucionais. Os primeiros são aqueles que existem independentemente de um ser racional que os observe, a exemplo das estrelas no espaço, dos peixes no mar, de uma pedra no leito de um rio. Correspondem ao que Karl Popper denomina "mundo 1", composto de átomos. Já os segundos, os fatos institucionais, são aqueles que existem apenas na medida em que reconhecidos como tal por seres pensantes, à luz de regras constitutivas desses fatos, por tais seres pactuadas intersubjetivamente, de maneira expressa ou tácita. É o caso do dinheiro, das regras de um jogo, e de figuras como "campeonato brasileiro", "série A", e "Ceará Sporting Clube". E, também, do Direito. Tais figuras integram, de algum modo, o que Karl Popper denomina "mundo 3"[3], assim entendido aquele composto dos produtos dos pensamentos humanos, mas que independem do que especificamente estiver pensando esta ou aquela pessoa determinada.

Não se pense, por isso, que os fatos institucionais são inteiramente "subjetivos". Na verdade, eles são ontologicamente subjetivos, pois sua existência depende de um sujeito que assim os reconheça. Mas, apesar disso, eles são epistemicamente objetivos, pois é possível fazer afirmações sobre eles que independem das preferências pessoais do sujeito que as faz. Os torcedores de times que estão sob a ameaça de rebaixamento sabem muito bem disso, pois por maior que seja o desejo de sua torcida em sentido contrário, se seu time ficar entre os quatro piores colocados de sua respectiva divisão, no campeonato brasileiro, o rebaixamento ocorrerá, queiram eles ou não.

Diante disso, percebe-se que, quando alguém faz afirmação a respeito de um fato bruto, a veracidade dessa afirmação pode ser aferida a partir do exame da mesma realidade por parte de quem pretende testá-la ou falseá-la, independentemente das razões que o autor da afirmação acrescente a ela. As razões tornarão, quando muito, mais fácil ou rápido o teste da veracidade da afirmação, pois quem o levar a efeito terá nelas pistas ou indicações de como e onde fazer esses testes. Se se diz, por exemplo, que a fome interfere

---

3. Para a teoria dos mundos de Popper, veja-se, por exemplo, POPPER, Karl. **A vida é aprendizagem** – Epistemologia evolutiva e sociedade aberta. Tradução de Paula Taipas. São Paulo: Edições 70, 2001, p. 17.

nas decisões de um juiz, é possível submeter a afirmação a testes independentemente das razões que se agreguem a ela. Se se disser, em adição, que isso se deve ao fato de que, com fome, eles desejam terminar logo o serviço para irem almoçar, e isso os leva a manter as decisões recorridas em vez de reformá-las, será ainda mais fácil realizar o teste, e a tentativa de falsear a afirmação, realizando experiências em que juízes saciados e juízes famintos enfrentam casos semelhantes e casos diferentes, ora reformando ora mantendo as decisões recorridas. Será possível fazer um teste mais rigoroso, mas ele poderia ser feito de todo modo, à luz da afirmação originária, mesmo sem fundamentação alguma.

No caso de afirmações feitas a respeito de fatos institucionais, nem sempre as coisas se processam da mesma maneira. A exigência de fundamentação para que se possa aferir a correção das afirmações será tanto maior quanto maior for, também, o grau de institucionalização dessas realidades.

Se alguém afirma que uma determinada realidade institucional existe, ostentando certas características, será preciso justificar por que, à luz das convenções constitutivas da referida realidade, se entende que ela existe e tem tais características. E isso será tanto mais necessário quanto maior o *grau de institucionalidade* da dita realidade.

Recorde-se que realidades institucionais podem ser construídas a partir de, ou sobre, outras realidades institucionais. Com letras, se formam palavras, que se usam para construir frases, as quais compostas formam textos, a respeito dos quais se podem escrever outros textos, e mesmo teorias. Alguém pode, por exemplo, escrever sobre a obra de Machado de Assis, ou a propósito da influência de Eça de Queirós sobre Eduardo Agualusa. E se pode mesmo construir um texto, um discurso ou uma teoria, sobre esse trabalho a respeito da influência de Eça sobre Agualusa. É a isso que se designa por "maior grau de institucionalidade": a construção de realidades institucionais sobre outras realidades institucionais, e assim sucessivamente.

Em realidades institucionais dotadas deste elevado grau de abstração, o surgimento de controvérsias em torno de sua existência ou modo de ser não é passível de solução a partir da mera verificação. Se alguém afirma que a realidade institucional "X" existe, e ostenta características "Y", terceiros até podem chegar à mesma conclusão independentemente de se apontarem razões para isso, mas essas razões serão essenciais a que terceiros se convençam, se for o caso, de que a pessoa que faz a afirmação realmente descreve uma realidade epistemicamente objetiva, em vez de apenas exprimir uma preferência pessoal. Por outras palavras, será o fundamento decisivo para que se afirme se se está diante de afirmação feita a respeito de algo pré-existente, e não da mera expressão dos caprichos ou vontades de quem faz a afirmação[4].

Imagine-se, por exemplo, que alguém afirma a um torcedor de determinado time que o juiz apitou um pênalti contra a sua equipe. Inconformado, o torcedor indaga pelas razões da aplicação da penalidade máxima, e se se lhe responde apenas "porque sim",

---

4. Por isso, há quem considere que, enquanto nas questões factuais pode-se falar em verdade, nas questões normativas fala-se em correção, sendo a correspondência o critério para a primeira, e a coerência o critério da segunda. Veja-se: AMAYA, Amalia. **The tapestry of reason**: An Inquiry into the Nature of Coherence and its Role in Legal Argument. Oxford: Hart Publishing, 2015, p. 32.

ele verá brotar em seu íntimo a sensação de arbitrariedade do juiz, que deliberadamente decidiu prejudicar seu time. Caso, porém, assistindo ao *replay*, transparecer claro o ato de um zagueiro de esticar o braço para interromper uma jogada com o uso das mãos, é mais provável que o dito torcedor aceite estar diante da incidência da regra do jogo que define, nesse caso, a realidade institucional "pênalti" como estando presente.

8.2. COERÊNCIA, PAPEL CRIADOR E IMPARCIALIDADE

Um dos requisitos a serem cumpridos pelos que se manifestam a respeito do Direito, inclusive quando de sua aplicação em decisões que põem fim a conflitos, é o da coerência, a qual deve ser observada em vários graus.

Por coerência, não custa lembrar, entende-se a "ligação entre os diversos elementos de um todo"[5], o "acordo entre as partes de um todo"[6], ou a "ligação ou harmonia entre situações, acontecimentos ou ideias".[7] Acordo, ligação e harmonia são palavras, por sua vez, que remetem a fins e objetivos, ou à razão de ser daquilo de cuja identidade se cogita. Trata-se, enfim, do laço que faz com que coisas distintas sejam vistas como partes de um todo. Daí por que os dicionários, quando se trata da coerência de partes de um sistema que persegue fins, definem-na como "congruência ou harmonia de uma coisa com o fim a que se destina"[8].

Uma decisão de aplicação do Direito precisa ser coerente, em primeiro lugar, internamente. As partes que a compõem devem ser harmônicas e congruentes entre si. Não é possível, por exemplo, que em um trecho se afirme que a norma X tem significado Y, e logo adiante se afirme que a mesma norma X tem significado Z, oposto de Y. Da mesma forma como um amontoado de letras, aleatoriamente reunidas, não forma palavras ou expressões, a reunião de frases desconexas não pode ser identificada como um texto capaz de servir como fundamento a uma decisão. Carente dessa mínima coerência, portanto, não se pode sequer afirmar que a decisão está fundamentada, pois se os termos utilizados entram em choque, não há unidade entre eles, que não chegam a formar um corpo.

Além da coerência interna, os fundamentos precisam ser harmônicos com as razões apontadas para o enfrentamento de outras questões também, não só outras relacionadas a casos concretos símiles, mas também a conflitos diversos, em torno dos quais a existência das mesmas realidades institucionais se mostre pertinente, ou seja posta em dúvida. Esse ponto é indispensável para que se verifique se o julgador, nos julgados que profere, realmente está a aplicar a ordem jurídica à qual supostamente está vinculado, ou se pauta suas decisões por outros critérios.

---

5. ACADEMIA DAS CIÊNCIAS DE LISBOA. **Dicionário da Língua Portuguesa Contemporânea**. Lisboa: Verbo, 2001, v.1, p. 857.
6. BUENO, Francisco da Silveira. **Grande dicionário etimológico-prosódico da língua portuguesa**. São Paulo: Saraiva, 1964, v.2, p. 755.
7. FERREIRA, Aurélio Buarque de Holanda. **O novo Aurélio**. Dicionário da Língua Portuguesa do Século XXI, 3.ed. Rio de Janeiro: Nova Fronteira, 1999, p. 496.
8. HOUAISS, Antonio; VILLAR, Mauro de Salles; FRANCO, Francisco Manoel de Melo. **Dicionário Houaiss da língua portuguesa**. Rio de Janeiro: Objetiva, 2001, p. 753.

8 • FUNDAMENTOS EM PROCESSOS EM QUE É PARTE O PODER PÚBLICO

Retornando ao exemplo do futebol, um juiz pode afirmar, durante uma partida, que se a bola atingir a mão de jogador que não seja o goleiro, na área do gol de seu time, configura-se o pênalti. Ainda que o impacto tenha sido acidental. Mas, ao fazê-lo, deve adotar esse entendimento tanto quando isso favorecer o time "A", como quando favorecer o time "B". Se o critério for adotado apenas em favor de uma das equipes, sendo esquecido quando sua aplicação em tese beneficiar a outra, serão as preferências futebolísticas pessoais do árbitro, ou motivos outros, talvez inconfessáveis, que estarão pautando suas decisões, e não a aplicação das regras do futebol. Isso porque, por maior que seja a participação do intérprete na própria (re)construção da norma, enquanto realidade institucional, ela não autoriza – salvo se se apontarem razões que o justifiquem – o uso de critérios diversos para a solução de situações símiles.

Não importa, assim, se o intérprete tem uma margem de liberdade na definição do significado das prescrições jurídicas, uma zona de discricionariedade, ou um "quadro ou moldura" de significados possíveis, como em geral defendem as correntes positivistas de Teoria do Direito, ou se há uma única solução correta, cabendo ao intérprete encontrá-la. Em qualquer caso, mesmo em se reconhecendo a discricionariedade do intérprete, ela há de ser exercida com coerência, sob pena de não se poder afirmar que é a mesma ordem jurídica que ele está a aplicar.

Esse é o ponto, que torna desnecessária aqui maior incursão na questão hermenêutica ligada ao papel do intérprete na definição do sentido dos textos normativos. Se são os mesmos textos que o intérprete compreende e aplica, não podem eles ter ora um significado, ora outro, salvo se se apontarem razões aptas a justificar a necessidade de se lhes atribuir sentido diverso em um e em outro caso. Do contrário, não serão os citados textos que estarão a pautar as decisões do juiz, mas outra coisa, o que contraria a ideia do Estado de Direito, e os princípios antes apontados, que dela decorrem, da legalidade, da separação dos poderes, e da irretroatividade.

Essa é a importância da coerência: mostrar que, ainda que existam interferências contextuais e imperfeições na forma como o aplicador compreende a ordem jurídica, é essa ordem jurídica, da forma por ele compreendida, e não outros motivos ou critérios, o que pauta suas ações[9]. Coerência, nesse sentido, remete a um critério de justiça formal, que afasta a arbitrariedade[10]. Por certo que ela não é suficiente, e para ser correta não basta que a decisão seja coerente. Mas ela é necessária, sobretudo para minimizar a interferência de fatores outros, diversos da ordem jurídica vigente e não raro contrários a ela, na determinação da solução dos problemas levados à apreciação da autoridade ou do órgão de quem se espera o agir coerente.

---

9. Daí por que a coerência é uma condição para o próprio reconhecimento da presença de uma *realidade institucional* como o Direito. Veja-se, a propósito, EHRENBERG, Kenneth. Pattern Languages and Institutional Facts: Functions and Coherences in the Law. In. ARASZKIEWICZ, Michal; SAVELKA, Jaromir. (ed.). **Coherence**: Insights from Philosophy, Jurisprudence and Artificial Intelligence. New York: Springer, 2013, p. 161.

10. AMAYA, Amalia. **The tapestry of reason**: An Inquiry into the Nature of Coherence and its Role in Legal Argument. Oxford: Hart Publishing, 2015, p. 19.

8.3. O QUE A INCOERÊNCIA É CAPAZ DE REVELAR

No campo da psicologia e da economia comportamental, há experimento que aponta, de forma bastante incisiva, o que a incoerência em fundamentos utilizados para o enfrentamento de questões é capaz de revelar. E, por conseguinte, o tipo de interferência ou de influência que a manutenção de coerência consegue evitar, ou pelo menos minimizar. Trata-se do *experimento de Uhlmann*[11].

O experimento consistiu em solicitar a um grupo de pessoas para selecionar, dentre candidatos que lhes seriam apresentados, um para ocupar o posto de chefe de polícia em determinada cidade. Foram então indicados aos "selecionadores" os currículos de dois candidatos: um "candidato A", com diversos títulos acadêmicos, mas sem qualquer experiência como policial nas ruas, e outro, aqui chamado "candidato B", com perfil inverso: larga experiência nas ruas como policial, mas sem formação acadêmica. Foi informado aos selecionadores, ainda, que o candidato "A" seria do sexo feminino, enquanto o candidato "B", do sexo masculino.

Foi selecionado, então, pelos membros do grupo convidado a participar do experimento, o candidato "B". Quando se lhes pediu uma fundamentação para a escolha, disseram que o elemento decisivo teria sido a experiência nas ruas, essencial a um chefe de polícia e ausente no candidato "A", cuja formação acadêmica mais completa não seria tão importante à função.

Repetindo-se o experimento com outro grupo, ao qual se apresentam os mesmos candidatos, fez-se pequena alteração nos seus "currículos". O candidato "A", com larga formação acadêmica, foi apresentado como sendo do sexo masculino, enquanto o candidato "B", com experiência nas ruas, seria do sexo feminino. Os selecionadores, então, escolheram o candidato "A". Indagados pelas razões da escolha, indicaram a pouca relevância de se ter experiência nas ruas para o cargo de chefia, função para a qual a formação acadêmica seria mais importante.

A frequência com que tais resultados eram obtidos, com grupos de "selecionadores" diferentes, mostrou duas coisas. A primeira: que os fundamentos apresentados, incoerentes quando contrastados, não eram as verdadeiras motivações de suas decisões. A coerência, em todos os grupos examinados, dava-se a partir de outro critério: o sexo do candidato. Mas nenhum deles admitiu isso expressamente, e talvez mesmo não tenham consciência disso, sendo esse um "preconceito implícito"[12]: para eles, o que verdadeiramente importa, para ser chefe, é ser homem.

Exame sistemático de um corpo de decisões cujos fundamentos são incoerentes, portanto, pode indicar, além da própria incoerência, os verdadeiros motivos que estão

---

11. UHLMANN, Eric Luis; COHEN, Geoffrey L. Constructed Criteria Redefining Merit to Justify Discrimination. **Psychological Science**. v.16, n. 6, 2005, p. 474-480. Disponível em https://ed.stanford.edu/sites/default/files/uhlmann_et_2005.pdf, acesso em 31.5.2018.

12. Para o estudo da influência dos preconceitos implícitos nas decisões, embora sob outro enfoque, veja-se: MARMELSTEIN, George. O Racismo Invisível: uma introdução à discriminação por preconceito implícito. In: MATIAS, João Luís Nogueira (Org.). **Direitos Fundamentais na Contemporaneidade**: entre as esferas públicas e privadas. 1ed.Rio de Janeiro: Lumen Juris, 2017, p. 119-132.

a pautar as escolhas dos julgadores, dos quais eles próprios podem não ter consciência. Isso é bastante revelador, como se verá a seguir, no exame da jurisprudência das questões que envolvem a Fazenda Pública.

8.4. EXEMPLOS DE POSSÍVEIS INCOERÊNCIAS

Estudo empírico, que colha um grande número de decisões judiciais proferidas em matéria tributária, talvez revele a existência de vieses semelhantes aos descobertos por Eric Uhlmann nos processos seletivos em que concorrem homens e mulheres. Nos itens abaixo foram selecionados alguns temas, os primeiros reveladores talvez de forte incoerência, e outros nos quais decisões proferidas em torno de temas correlatos guardam harmonia. É importante examiná-las com atenção para aferir, se for o caso, o que a discrepância entre seus fundamentos é capaz de evidenciar.

8.4.1. A quem pertencem os juros de depósitos judiciais feitos para suspender a exigibilidade do crédito tributário?

Curiosa manifestação de incoerência jurisprudencial pode ser observada no que tange às consequências jurídicas atribuídas à efetivação de um depósito judicial destinado a suspender a exigibilidade do crédito tributário cuja validade é questionada pelo contribuinte, nos termos e para os fins do art. 151, III, do CTN. Especialmente no que tange à sua titularidade, no período compreendido entre a sua efetivação e sua destinação quando do desfecho da ação.

Sabe-se que, ao final do processo, o valor depositado judicialmente, nos termos e para os fins do art. 151, II, do CTN, deve ser levantado pelo contribuinte, caso a sentença julgue procedentes seus pedidos e extinga o crédito tributário (CTN, art. 156, X). Em qualquer outro desfecho, de extinção sem julgamento de mérito ou de julgamento pela improcedência dos pedidos, o depósito é convertido em renda da Fazenda Pública. A questão que se coloca, então, é: a quem tais depósitos pertencem (conquanto estejam indisponíveis), antes do desfecho da ação?

Julgando questões nas quais a Fazenda exigia que a contabilidade de pessoas jurídicas mantivesse o registro dos valores depositados judicialmente, os quais inclusive teriam reflexos no resultado da pessoa jurídica (lucro ou prejuízo), o Superior Tribunal de Justiça decidiu que os depósitos, e os juros que rendem, até que haja eventual desfecho desfavorável definitivo da demanda e sua conversão em renda, pertencem ao contribuinte, o que pode implicar a necessidade de se pagarem tributos em razão disso[13].

---

13. "(...) a jurisprudência do Superior Tribunal de Justiça é assente no sentido de que os valores depositados judicialmente com a finalidade de suspender a exigibilidade do crédito tributário, em conformidade com o art. 151, II, do CTN, não refogem ao âmbito patrimonial do contribuinte, inclusive no que diz respeito ao acréscimo obtido com correção monetária e juros, constituindo-se assim em fato gerador do imposto de renda e da contribuição social sobre o lucro líquido." (STJ, REsp nº 769.483/RJ. Inteiro teor Disponível em: < https://ww2.stj.jus.br/processo/revista/documento/mediado/?componente=ITA&sequencial=783181&num_registro=200501185098&data=20080602&formato=PDF >. Acesso em: 22 mai 2018

Algum tempo depois, porém, contribuintes que discutiam a validade da cobrança de tributos em juízo e haviam feito o respectivo depósito judicial pretenderam desistir de tais ações para quitar a vista o débito utilizando os depósitos. Isso porque, nos termos do programa de regularização fiscal previsto na Lei 11.941/2009, poderiam fazer isso e ter descontos significativos nas parcelas relativas aos juros. A ideia, então, era o contribuinte usar os depósitos para fazer o pagamento com o desconto, levantando para si o valor correspondente aos juros que haviam sido dispensados em razão do desconto. O Superior Tribunal de Justiça, porém, em novo feito que talvez merecesse o estudo por Eric Uhlmann, decidiu desta vez que os depósitos não pertencem ao contribuinte, tampouco os juros que deles decorrem, pelo que não seria possível utilizá-los para pagar o débito com o desconto previsto na Lei 11.941/2009: a conversão em renda deveria ser do valor total[14].

8.4.2. Natureza "interna" ou "aduaneira" do PIS e da COFINS incidentes na importação

Tão logo instituídas as contribuições PIS e COFINS incidentes na importação, a circunstância de a transposição das fronteiras nacionais ser o seu "fato gerador" motivou contribuintes a questionarem a validade de sua cobrança naquelas operações de comércio exterior celebradas com exportadores situados em países signatários do Tratado de Assunção (Mercosul). Isso porque o referido tratado afasta, expressamente, a incidência de qualquer ônus, de natureza fiscal, aduaneira ou equivalente, nas operações de comércio recíproco entre os países signatários (Decreto 550/92, arts. 2.º e 3.º).

Apreciando tais questões, contudo, o Superior Tribunal de Justiça rejeitou o pleito dos contribuintes. Considerou, para tanto, que PIS e COFINS importação, apesar do nome, do âmbito constitucional de incidência previsto no art. 195, IV, da CF/88, e do fato gerador definido em lei, seriam tributos internos. Tal como ICMS e IPI, incidiriam também sobre operações internas, e a sua instituição sobre importações teria a finalidade, tão somente, de equalizar o ônus tributário incidente sobre produtos importados e nacionais. A única distinção tributária possível entre nacionais e importados seria estabelecida pelo imposto de importação, este sim afastado pelo Mercosul. Quanto aos demais (ICMS, IPI, PIS e COFINS), seria o próprio Tratado de Assunção que exigiria a "não discriminação" (REsp 1.002.069/CE), pelo que, com "base no referido tratado, é válida a cobrança da Cofins e da contribuição ao PIS sobre o desembaraço de mercado-

---

14. "A Primeira Seção do STJ, no julgamento do REsp 1.251.513, Rel. Ministro Mauro Campbell Marques, submetido ao rito dos recursos repetitivos, consolidou o entendimento segundo o qual "a remissão de juros de mora insertos dentro da composição do crédito tributário não enseja o resgate de juros remuneratórios incidentes sobre o depósito judicial feito para suspender a exigibilidade desse mesmo crédito tributário. O pleito não encontra guarida no art. 10, parágrafo único, da Lei n. 11.941/2009. Em outras palavras: 'os eventuais juros compensatórios derivados de supostas aplicações do dinheiro depositado a título de depósito na forma do inciso II do artigo 151 do CTN não pertencem aos contribuintes-depositantes' (REsp 392.879/RS, Primeira Turma, Rel. Min. Luiz Fux, julgado em 13.8.2002)." (STJ, Agravo interno no Recurso Especial 1.510.228/CE. Relator: Ministro Humberto Martins. 17 de março de 2015. Disponível em: < https://ww2.stj.jus.br/processo/revista/documento/mediado/?componente=ITA&sequencial=1391380&num_registro=201500057905&data=20150324&formato=PDF >. Acesso em: 19 mai 2018.

ria importada de país integrante do Mercosul, quando não estiver o produto nacional também desonerado dessas contribuições."[15]

O problema foi que, algum tempo depois, instituiu-se um tratamento diferenciado, e favorecido, no que tange ao PIS e à COFINS, para produtores de frango (Lei 12.350/2010). Estabeleceu-se a "suspensão" dessas contribuições em todas as operações com frango, inclusive naquelas com o milho destinado à alimentação dos frangos, de modo a que a incidência acontecesse apenas na venda consumidor final. Nesse momento, então, produtores de frango que compravam milho perceberam que, adquirindo o produto no Brasil, a operação não se submetia à COFINS e ao PIS, mas, se o milho fosse importado de países signatários do Mercosul, a cobrança ocorria. Questionaram, então, essa incidência em juízo, invocando como fundamento justamente a "não discriminação" que deve haver entre produtos nacionais e importados, oriundos de países signatários do Mercosul, não discriminação esta que fundamentou as decisões que deram pela validade da incidência desses tributos na importação. Paradoxalmente, porém, o Superior Tribunal de Justiça decidiu, dessa vez, que PIS e COFINS incidentes na importação seriam "tributos aduaneiros", incidentes especificamente na importação, e que por isso mesmo o benefício concedido às operações internas não lhes seria extensível (REsp 1.437.172/RS[16]).

Como se vê, tal como no "experimento de Uhlmann", a experiência de rua, ou uma vasta bagagem acadêmica, são relevantes, ou irrelevantes, conforme o caso. O importante é escolher um homem para o posto de chefe de polícia. Troque-se "homem" por Fazenda Pública, e "experiência de rua" e "bagagem acadêmica" por "COFINS e PIS são tributos internos" e "COFINS e PIS são tributos aduaneiros", que o resultado será o mesmo.

8.4.3. ICMS no transporte de passageiros

Outro exemplo de incoerência, aqui colhido de forma evidentemente não exaustiva, diz respeito ao ICMS incidente sobre o serviço de transporte interestadual e intermunicipal de passageiros. Apreciando ação direta de inconstitucionalidade movida no interesse de empresas de aviação (ADI 1.600/DF), o Supremo Tribunal Federal considerou inválida a cobrança do imposto sobre o transporte aéreo de passageiros. Considerou, na oportunidade, que a LC 87/96 não teriam fixado critérios que permitissem a cobrança desse imposto de modo a que não ocorressem conflitos de competência entre os diversos estados, além de implementar técnica que não permitiria a realização do princípio da não-cumulatividade. O Ministro Jobim chegou a dizer, em seu voto, que deixava de

---

15. STJ, REsp nº 1.002.069/CE, inteiro teor disponível em < http://www.stj.jus.br/SCON/jurisprudencia/toc.jsp?processo=1002069&&tipo_visualizacao=RESUMO&b=ACOR&thesaurus=JURIDICO&p=true >. Acesso em: 22 mai 2018.

16. "o PIS-Importação e a Cofins-Importação são tributos distintos do PIS e da Cofins denominados convencionais, pois, enquanto estes têm por fato gerador o faturamento, aqueles são originados de substrato inteiramente diverso, isto é, a importação de bens ou o 'pagamento, crédito, a entrega, o emprego ou a remessa de valores a residentes ou domiciliados no exterior como contraprestação por serviço prestado' (art. 3º, I e II, da Lei 10.865/2004)" STJ, REsp 1.437.172/RS, inteiro teor Disponível em: < http://www.stj.jus.br/SCON/jurisprudencia/toc.jsp?processo=1437172&&tipo_visualizacao=RESUMO&b=ACOR&thesaurus=JURIDICO&p=true >. Acesso em: 23 mai 2018.

estender os efeitos da decisão a outras formas de transporte de passageiros (terrestre, aquaviário etc.), porque isso não havia sido pedido na inicial.

Como era de se esperar, pouco tempo depois se ajuizou ação direta de inconstitucionalidade no interesse das empresas prestadoras do serviço de transporte terrestre de passageiros, interestadual e intermunicipal (ADI 2.669/DF). Além de todos os argumentos usados em benefício das empresas de transporte aéreo, devidamente acolhidos pelo STF no julgamento da ADI 1.600/DF, acresceram-se mais dois, ligados à igualdade, e à capacidade contributiva. Realmente, tem-se no caso empresas que realizam serviços semelhantes, a concorrer umas com as outras, mudando apenas o meio de transporte utilizado. É desigual, e contrário à ideia de neutralidade da tributação, e de livre concorrência, que umas se submetam ao ICMS, e outras não. Se algum tratamento diferenciado fosse possível, ele o seria em favor das empresas de transporte terrestre, pois tanto elas, quanto seus usuários, em regra, têm presumivelmente menor capacidade econômica para contribuir. Entretanto, ignorando inteiramente os fundamentos utilizados na ADI 1.600/DF, o STF considerou esta segunda ação improcedente[17]. Ainda pendem de julgamento embargos declaratórios, nos quais se pede que tais aspectos sejam enfrentados, porquanto foram simplesmente ignorados pela Corte, mas, até o momento, percebe-se incoerência ainda pior que as anteriormente apontadas, dignas por igual de se transformar em objeto de estudo da psicologia comportamental.

8.4.4. Unidade da pessoa jurídica dividida entre matriz e filiais

Também se verifica incoerência na jurisprudência, esta novamente no âmbito do Superior Tribunal de Justiça, no que diz respeito ao tratamento dado a pessoas jurídicas divididas em filiais.

Como se sabe, matriz e filiais são meras divisões internas de uma mesma sociedade. Não têm personalidade jurídica própria, sendo em verdade partes de uma mesma e única pessoa jurídica. Amparado nessas premissas, o Superior Tribunal de Justiça decidiu, corretamente, que os bens de uma filial respondem pelos débitos de outras filiais ou da matriz, e vice-versa. Constou da ementa:

"(...) 1. No âmbito do direito privado, cujos princípios gerais, à luz do art. 109 do CTN, são informadores para a definição dos institutos de direito tributário, a filial é uma espécie de estabelecimento empresarial, fazendo parte do acervo patrimonial de uma única pessoa jurídica, partilhando dos mesmos sócios, contrato social e firma ou denominação da matriz. Nessa condição, consiste, conforme doutrina majoritária, em uma universalidade de fato, não ostentando personalidade jurídica própria, não sendo sujeito de direitos, tampouco uma pessoa distinta da sociedade empresária. Cuida-se de um instrumento de que se utiliza o empresário ou sócio para exercer suas atividades.

2. A discriminação do patrimônio da empresa, mediante a criação de filiais, não afasta a unidade patrimonial da pessoa jurídica, que, na condição de devedora, deve responder com todo o ativo do patrimônio social por suas dívidas, à luz de regra de direito processual prevista no art. 591 do Código de Processo Civil, segundo a qual "o devedor responde, para o cumprimento de suas obrigações, com todos os seus bens presentes e futuros, salvo as restrições estabelecidas em lei".

---

17. STF, Pleno, ADI 2.669/DF. Relator: Ministro Celso de Mello. 20 de maio de 2015. Disponível em: < http://redir.stf.jus.br/paginadorpub/paginador.jsp?docTP=TP&docID=8649396 >. Acesso em: 19 mai 2018.

8 • FUNDAMENTOS EM PROCESSOS EM QUE É PARTE O PODER PÚBLICO

3. O princípio tributário da autonomia dos estabelecimentos, cujo conteúdo normativo preceitua que estes devem ser considerados, na forma da legislação específica de cada tributo, unidades autônomas e independentes nas relações jurídico-tributárias travadas com a Administração Fiscal, é um instituto de direito material, ligado à questão do nascimento da obrigação tributária de cada imposto especificamente considerado e não tem relação com a responsabilidade patrimonial dos devedores prevista em um regramento de direito processual, ou com os limites da responsabilidade dos bens da empresa e dos sócios definidos no direito empresarial.

4. A obrigação de que cada estabelecimento se inscreva com número próprio no CNPJ tem especial relevância para a atividade fiscalizatória da administração tributária, não afastando a unidade patrimonial da empresa, cabendo ressaltar que a inscrição da filial no CNPJ é derivada do CNPJ da matriz.

5. Nessa toada, limitar a satisfação do crédito público, notadamente do crédito tributário, a somente o patrimônio do estabelecimento que participou da situação caracterizada como fato gerador é adotar interpretação absurda e odiosa. Absurda porque não se concilia, por exemplo, com a cobrança dos créditos em uma situação de falência, onde todos os bens da pessoa jurídica (todos os estabelecimentos) são arrecadados para pagamento de todos os credores, ou com a possibilidade de responsabilidade contratual subsidiária dos sócios pelas obrigações da sociedade como um todo (v.g. arts. 1.023, 1.024, 1.039, 1.045, 1.052, 1.088 do CC/2002), ou com a administração de todos os estabelecimentos da sociedade pelos mesmos órgãos de deliberação, direção, gerência e fiscalização. Odiosa porque, por princípio, o credor privado não pode ter mais privilégios que o credor público, salvo exceções legalmente expressas e justificáveis.

6. Recurso especial conhecido e provido. Acórdão submetido ao regime do art. 543-C do CPC e da Resolução STJ n. 8/08.[18]

A Corte deixou bastante claro que a pessoa jurídica é uma só, sendo sua divisão em estabelecimentos (matriz e filiais) relevante apenas para fins de fiscalização. Com efeito, na conferência de estoques, por exemplo, para o efeito de verificação do cumprimento de obrigações relacionadas ao ICMS ou ao IPI, cada estabelecimento é considerado uma unidade autônoma. Mas isso não afasta a unidade patrimonial da pessoa jurídica, tanto que todos os seus bens respondem por todas as suas dívidas.

Paradoxalmente, porém, o Superior Tribunal de Justiça deu tratamento diverso a questão na qual uma pessoa jurídica havia ingressado com ação de restituição do indébito tributário, pleiteando a devolução de tributos pagos indevidamente. Percebendo que alguns pagamentos haviam sido supostamente feitos pela filial, e outros pela matriz, a Corte entendeu que esta não poderia pleitear a devolução dos tributos pagos por aquela, como se fossem pessoas jurídicas inteiramente diversas e autônomas. Consignou o Tribunal, simplesmente, e fazendo alusão ao caráter "pacífico" desse entendimento, que:

1. Nos termos da jurisprudência pacífica desta Corte, em se tratando de tributo cujo fato gerador operou-se de forma individualizada tanto na matriz quanto na filial, não se outorga àquela legitimidade para demandar, isoladamente, em juízo, em nome das filiais. Isso porque, para fins fiscais, ambos os estabelecimentos são considerados entes autônomos.

2. Precedentes: AgRg no AREsp 73.337/MA, Rel. Min. Mauro Campbell Marques, Segunda Turma, julgado em 06/12/2011, DJe 13/12/2011; EDcl no AgRg no REsp 1.075.805/SC, Rel. Min. Humberto

---

18. STJ, 1.ª S, REsp 1.355.812/RS, julgado em 22/05/2013, *DJe* de 31/05/2013.

Martins, Segunda Turma, julgado em 05/03/2009, DJe 31/03/2009; AgRg no REsp 642.928/SC, Rel. Ministra Denise Arruda, Primeira Turma, julgado em 06/03/2007, DJ 02/04/2007, p. 233.

Agravo regimental improvido."[19]

Ressalta evidente a incoerência deste julgado com o anteriormente citado, proferido no REsp 1.355.812-RS. Sendo a pessoa jurídica uma só, para fins patrimoniais, isso acontece não apenas quando da consideração de suas dívidas, mas também de seus créditos, visto que o patrimônio – que é uno – é composto por ambos. É equivocado pretender que cada filial constitua advogado e ingresse com ação autônoma, ou figure como "litisconsorte" com a matriz, na recuperação dos tributos pagos indevidamente pela pessoa jurídica, que pelas precisas razões declinadas no julgamento do REsp 1.355.812-RS, é uma só.

O julgador pode estar consciente, ou não, do viés que tais incoerências demonstram. Mas, implícito ou não, o preconceito, ou o viés, torna-se evidente quando se contrastam, como se fez acima, os fundamentos invocados em um e em outro caso. Mostram que a coerência, em todos eles, é com o atendimento dos interesses da Fazenda, e não com a aplicação da ordem jurídica, que, sendo uma, e coerente, não poderia dar cabimento a julgados assim discrepantes uns dos outros.

8.5. SITUAÇÕES EM QUE SE GUARDOU COERÊNCIA E SUAS CONSEQUÊNCIAS PRÁTICAS

Paralelamente a diversos exemplos de incoerência, como os resenhados no item anterior, é possível, também, observar alguns casos nos quais a jurisprudência guarda notável coerência com as premissas utilizadas em determinados julgados, usando-as também para enfrentar situações que, conquanto ligeiramente diversas, demandariam o uso das mesmas premissas.

Mencionada coerência deveria ser a regra, não se justificando que neste livro se dedicasse um item para tratar de casos em que se verifica. Há, porém, duas razões que tornam essa análise justificável. A primeira reside no fato de que a coerência não é tão observada quanto deveria, pelo menos no enfrentamento de questões tributárias, o que faz com que os casos em que ela é respeitada sejam dignos de nota. A segunda, por sua vez, diz respeito aos efeitos positivos advindos do respeito à coerência, para a compreensão do sistema e para a segurança jurídica, os quais transparecem da análise que se faz a seguir, relativamente ao lançamento por homologação.

8.5.1. Lançamento por homologação: declaração desacompanhada de pagamento

Lançamento tributário é a atividade – não se discutirá, aqui, se *ato* ou *procedimento* – por meio da qual a autoridade administrativa confere liquidez e certeza à obrigação tributária, que passa, a partir de então, a designar-se por crédito tributário. Seu efeito

---

19. AgRg nos EDcl no REsp 1283387/RS, *DJe* de 19/04/2012

é declaratório da obrigação, enquanto relação jurídica pré-existente, decorrente da incidência da norma tributária sobre os fatos nela previstos, mas constitutivo do crédito enquanto realidade formal autônoma, que se presta como revestimento ou invólucro para a obrigação.

Há três modalidades de lançamento. De ofício, que por sua vez se subdivide em lançamento de ofício originário, aplicável a tributos idealizados para serem normalmente objeto de lançamento de ofício (*v.g.*, IPTU), e lançamento de ofício revisional, destinado a constituir o crédito tributário decorrente de diferenças surgidas quando da revisão ou da correção de equívocos verificados em lançamentos anteriores, de quaisquer modalidades (CTN, art. 149). Por declaração, a sua vez, é o lançamento efetuado pela autoridade administrativa diante da notícia, e do fornecimento de informações de fato, por parte do sujeito passivo, de que uma obrigação tributária surgiu e precisa ser devidamente liquidada e acertada (CTN, art. 147). É o que se dá, por exemplo, com os impostos de transmissão (ITBI e ITCMD). Finalmente, no que mais de perto interessa a este artigo, há o lançamento por homologação, no qual toda a atividade de apuração é feita pelo sujeito passivo, que inclusive – e essa é seu traço essencial – paga a quantia por si apurada antes de qualquer exame por parte da autoridade administrativa. Cabe a esta, apenas, examinar a apuração feita, homologando-a e reconhecendo a suficiência do pagamento com base nela feito (CTN, art. 150)[20]. No caso de decorrer o prazo de decadência do direito de lançar de ofício (de forma revisional) quantias adicionais, fruto de eventual discordância do Fisco para com a apuração feita, considera-se que houve a *homologação tácita*.

Não é o propósito deste artigo aprofundar a análise do lançamento como um todo, ou do lançamento por homologação enquanto espécie. Essa recapitulação de noções fundamentais é importante, porém, para que se possa introduzir a discussão posta à análise do Superior Tribunal de Justiça, que consistia na admissibilidade, ou não, de o Fisco inscrever em dívida ativa e cobrar, sem a instauração de processo administrativa, quantias que viessem a ser apuradas e declaradas pelo contribuinte, mas que, por alguma razão, não fossem pagas. A pretensão da Fazenda era a de inscrever diretamente como dívida ativa quantias declaradas e não pagas, sem que se fizesse necessário proceder ao lançamento de ofício revisional. Já os contribuintes defendiam a necessidade de se efetuar o lançamento de ofício, o que lhes abriria a oportunidade de defesa e subsequente desenrolar de um processo administrativo contencioso, com oportunidades de defesa relativamente amplas e suspensão da exigibilidade do crédito tributário (CTN, art. 151, III).

---

20. MACHADO, Hugo de Brito. Impossibilidade de Tributo sem Lançamento. **Revista Dialética de Direito Tributário**. v. 90, p. 56-61, 2003. Nas palavras de Misabel Abreu Machado Derzi, "o Código Tributário Nacional, partindo do pressuposto correto de que o lançamento é ato privativo da Administração pública (art. 142), não adotou a expressão comumente utilizada pela legislação e doutrina de outros países (*autoaccertamento* para os italianos ou *autoliquidación* para os espanhóis) – autolançamento – para designar a espécie de lançamento prevista no art. 150. Somente é lançamento, no sentido técnico-jurídico, o ato jurídico emanado da Administração. Particular não pratica ato administrativo, não lança tributo, por isso mesmo, inteiramente cabível a terminologia legal: lançamento por homologação." DERZI, Misabel Abreu Machado. Comentários ao art. 150 do CTN. In: NASCIMENTO, Carlos Valder (Coord.). **Comentários ao Código Tributário Nacional**. Rio de Janeiro: Forense, 1997, p. 401.

Alberto Xavier defendia a impossibilidade de o Fisco cobrar diretamente – e sem oportunizar qualquer defesa – quantias declaradas pelo próprio sujeito passivo, nos seguintes termos:

> Mas não poderá dizer-se que o direito de audiência foi exercido efetiva, embora antecipadamente, através das próprias declarações do contribuinte sobre os elementos de fato relevantes para a tributação? Redondamente não. Desde logo porque a idéia de defesa antecipada é uma 'contradictio in terminis', pois a defesa pressupõe logicamente uma prévia manifestação da autoridade administrativa, em relação à qual o particular manifesta as razões de fato e de direito em defesa de seus interesses. Em segundo lugar, porque é inadmissível confundir com o direito de defesa o cumprimento de um dever dos particulares de colaboração instrutória para a descoberta da verdade material. Ao prestar declarações o particular não está a defender-se, nem a confessar: está, isso sim, a informar elementos instrutórios relevantes para o procedimento de lançamento. Uma coisa é o exercício de um dever de colaboração, outra, totalmente distinta, o exercício do direito de defesa[21].

Discutiu-se bastante, na esteira dos argumentos desenvolvidos por Alberto Xavier, a possibilidade de cobrança direta de quantias declaradas e não pagas[22]. O Superior Tribunal de Justiça, porém, não acolheu a pretensão dos contribuintes, tendo pacificado o entendimento de que

> nos tributos lançados por homologação, verificada a existência de saldo devedor nas contas apresentadas pelo contribuinte, o órgão arrecadador poderá promover sua cobrança independentemente da instauração de processo administrativo e de notificação do contribuinte.[23]

O que se pretende explorar neste artigo, porém, não é o acerto, ou o erro, deste entendimento pacificado no STJ, mas sim a forma coerente como o Ministro Teori Zavascki dele extraiu consequências, tanto quando elas favoreciam a Fazenda, como quando não convergiam com seus interesses arrecadatórios, a revelar sobretudo imparcialidade e respeito à ordem jurídica.

8.5.1.1. Lançamento por homologação e denúncia espontânea

Durante muito tempo, foram questionados os limites e o alcance do instituto da denúncia espontânea, previsto no art. 138 do CTN, que dispõe:

> Art. 138. A responsabilidade é excluída pela denúncia espontânea da infração, acompanhada, se for o caso, do pagamento do tributo devido e dos juros de mora, ou do depósito da importância arbitrada pela autoridade administrativa, quando o montante do tributo dependa de apuração.
>
> Parágrafo único. Não se considera espontânea a denúncia apresentada após o início de qualquer procedimento administrativo ou medida de fiscalização, relacionados com a infração.

---

21. XAVIER, Alberto. **Do Lançamento – Teoria Geral do Ato, do Procedimento e do Processo Tributário**. 2.ed., Rio de Janeiro: Forense, 1997, p. 413.
22. Para uma síntese de alguns dos argumentos usados à época, veja-se MACHADO SEGUNDO, Hugo de Brito.; MACHADO, Raquel Cavalcanti Ramos. Lançamento por homologação, alteração na apuração feita pelo contribuinte e direito de defesa. **Revista Dialética de Direito Tributário**, São Paulo, v. 116, p. 69-84, 2005.
23. Ac. un. da 2ª Turma do STJ – rel. Min. Castro Meira – AGA 512823/MG – *DJ* de 15/12/2003, p. 266.

8 • FUNDAMENTOS EM PROCESSOS EM QUE É PARTE O PODER PÚBLICO | 105

Um desses questionamentos dizia respeito às situações nas quais a infração prati-cada pelo sujeito passivo consistisse no mero atraso. Poderia ele procurar a repartição fiscal para suprir a falta e, com isso, eximir-se da multa moratória?

Coerentemente com a premissa fincada no julgamento relativo ao lançamento por homologação e à desnecessidade de lançamento de ofício nos casos de declaração desa-companhada de pagamento, o Superior Tribunal de Justiça, sob a condução do Ministro Teori Zavascki, traçou a seguinte distinção: caso o contribuinte não tenha declarado a quantia de cujo atraso se cogita, é possível proceder à retificação da declaração anterior e o pagamento da quantia em aberto, sem a inclusão de multas, nos termos do art. 138 do CTN. Entretanto, na hipótese de ter ele declarado e não pago a quantia de cujo atra-so se cogita, não se pode aplicar o instituto da denúncia espontânea. A questão, aliás, chegou a ser sumulada, nos seguintes termos: Súmula n.º 360/STJ – "O benefício da denúncia espontânea não se aplica aos tributos sujeitos a lançamento por homologação regularmente declarados, mas pagos a destempo."

Um dos julgados que originou a Súmula, da relatoria do Ministro Zavascki, porta a seguinte ementa, que explica com precisão os motivos da diferenciação feita:

> (...) A jurisprudência assentada no STJ considera inexistir denúncia espontânea quando o pagamento se referir a tributo constante de prévia Declaração de Débitos e Créditos Tributários Federais – DCTF ou de Guia de Informação e Apuração do ICMS – GIA, ou de outra declaração dessa natureza, pre-vista em lei. Considera-se que, nessas hipóteses, a declaração formaliza a existência (= constitui) do crédito tributário, e, constituído o crédito tributário, o seu recolhimento a destempo, ainda que pelo valor integral, não enseja o benefício do art. 138 do CTN (Precedentes da 1ª Seção: AGERESP 638069/SC, Min. Teori Albino Zavascki, DJ de 13.06.2005; AgRg nos EREsp 332.322/SC, 1ª Seção, Min. Teori Zavascki, DJ de 21/11/2005). (...) Entretanto, não tendo havido prévia declaração pelo contribuinte, configura denúncia espontânea, mesmo em se tratando de tributo sujeito a lançamento por homo-logação, a confissão da dívida acompanhada de seu pagamento integral, anteriormente a qualquer ação fiscalizatória ou processo administrativo (Precedente: AgRg no Ag 600.847/PR, 1ª Turma, Min. Luiz Fux, DJ de 05/09/2005). (...) (STJ, 1.ª T, REsp 754.273/RS, Rel. Min. Teori Albino Zavascki, j. em 21/3/2006, DJ de 3/4/2006, p. 262).

Como se percebe, a Corte guardou-se coerência com a premissa firmada nos jul-gados relativos à desnecessidade de lançamento de ofício revisional nas hipóteses de declaração desacompanhada de pagamento. Afinal, se não é mais preciso fiscalizar e lavrar auto de infração para considerar exigível a quantia declarada e não paga, não teria sentido aplicar ao pagamento em atraso o instituto da denúncia espontânea, porquanto o valor correspondente já está lançado e considerado em aberto. Nem mesmo se pode dizer que ela é espontânea, pois o Fisco está ciente da mora.

Pela mesma razão, entendeu a Corte que o contribuinte, ao declarar e não pagar quantia no âmbito do lançamento por homologação, não faria jus à obtenção de cer-tidões negativas de débito, pois já teria contra si crédito tributário constituído e não pago, situação diversa daquela na qual, sem essa declaração, e sem qualquer outro tipo de lançamento, o Fisco viesse a negar tal certidão, hipótese na qual seu fornecimento deveria ser determinado judicialmente pela falta de valores exigíveis que justificassem seu indeferimento (CTN, art. 205 e 206):

A falta de recolhimento, no devido prazo, do valor correspondente ao crédito tributário assim regularmente constituído acarreta, entre outras conseqüências, as de (a) autorizar a sua inscrição em dívida ativa, (b) fixar o termo a quo do prazo de prescrição para a sua cobrança, (c) inibir a expedição de certidão negativa do débito e (d) afastar a possibilidade de denúncia espontânea. (...) (REsp 825.135/PR, Rel. Ministro TEORI ALBINO ZAVASCKI, PRIMEIRA TURMA, julgado em 16/05/2006, DJ 25/05/2006, p. 197)

Até se pode questionar esse entendimento, assim como se pode criticar a própria ideia de que o lançamento de ofício seria desnecessário, mas é preciso reconhecer a rara coerência nos fundamentos de julgados que apreciam questões diversas, os quais tornam a jurisprudência coesa e acentuam sua vinculação à ordem jurídica, e não às preferências subjetivas de cada julgador.

8.5.1.2. *Lançamento por homologação, coerência e contagem da prescrição*

Mostra importante de aplicação coerente do entendimento segundo o qual a declaração desacompanhada do pagamento, no âmbito do lançamento por homologação, "constitui" o crédito, prescindindo de atividade administrativa posterior nesse sentido, pode ser observada no trato que o Superior Tribunal de Justiça conferiu à contagem do prazo prescricional.

Pondo ordem em uma grande confusão que existia na jurisprudência do Tribunal, que aplicava onde não devia a chamada "tese dos 5+5" para duplicar prazos de decadência do direito de lançar, a Corte, sob a condução do Ministro Zavascki, reconheceu que, por dever de coerência, se não é mais preciso lançar, já não se cogitam mais de prazos de decadência, mas sim de prescrição.

E a razão é simples. O lançamento, ou o exercício do direito potestativo de lançar, é o *divisor de águas entre decadência e prescrição*. Até a sua feitura, corre prazo de decadência para que se proceda ao lançamento. Depois dele, conta-se prazo de prescrição para que se exija o adimplemento do direito a uma prestação que é o pagamento da quantia lançada. Desse modo, se, com a declaração desacompanhada de pagamento, o Fisco não precisa mais lançar de ofício a quantia declarada, que se considera já exigível, bastando-lhe homologar a declaração apresentada e exigir seu adimplemento, corre já o prazo de prescrição previsto no art. 174 do CTN:

> PROCESSUAL CIVIL. EXECUÇÃO FISCAL. PRESCRIÇÃO. TERMO INICIAL. 1. Nos casos em que o contribuinte declara o débito do ICMS por meio da Guia de Informação e Apuração (GIA), considera-se constituído definitivamente o crédito tributário a partir da apresentação dessa declaração perante o Fisco. A partir de então, inicia-se a contagem do prazo de cinco anos para a propositura da execução fiscal. 2. Recurso especial desprovido. STJ, 1.ª T, Rel. Min. Teori Albino Zavascki, REsp 437.363/SP, *DJ* de 19.04.2004, p. 154.

O entendimento merece aplauso não apenas por guardar coerência, como já explicado, mas especialmente por fazê-lo em situação em que se desatenderia o interesse da Fazenda Pública. Pretendia a Fazenda que se contassem, ainda, prazos decadenciais, e se o fizesse em dobro, para que ela dispusesse de 10 (5+5) anos para lançar, e depois de ainda mais 5 anos para executar as quantias lançadas. Queria o melhor dos dois mundos, como se contasse com cinco anos para homologar ou não as declarações prestadas, cinco anos para lançar de ofício eventuais diferenças, e, ao cabo, cinco anos para executar as quantias de uma forma ou de outra lançadas. Guardando sintonia com entendimentos anteriores, a Corte deixou claro que, se não se faz necessário lançar *quando isso interessa à Fazenda* – para que possa negar certidões ao contribuinte, executá-lo sem a necessidade de oportunizar defesa administrativa, negar-lhe o direito à denúncia espontânea etc. – a desnecessidade de lançamento de ofício também se impõe quando isso *não interessa à Fazenda*, a saber, quando se trata de reconhecer a prescrição do crédito tributário declarado, não pago e não executado em cinco anos contados de declaração ou do vencimento da dívida. Afinal, a coerência da Corte e de suas decisões tem por norte a ordem jurídica, e não os interesses do Fisco, o que a atuação do Ministro Zavascki no Superior Tribunal de Justiça exemplificou com raro brilhantismo.

8.5.1.3. Demonstração prática do valor da coerência

Como se percebe da análise das decisões proferidas pelo Superior Tribunal de Justiça sobre o lançamento por homologação, nas quais a atuação do Ministro Zavascki foi decisiva, a Corte guardou rara coerência no enfrentamento de diversas questões diferentes, ainda que correlatas. Em todas elas, partiu das mesmas premissas, mantendo coesa e íntegra sua jurisprudência a respeito do assunto, pouco importando se com isso atendia ou desatendia os interesses da Fazenda Pública.

A coerência dos julgados, não só dos que apreciam questões símiles, mas dos que tratam de questões bem diferentes, os quais não podem adotar fundamentações discrepantes ou mutuamente excludentes, é um dos vários requisitos para que se possa conter o arbítrio do julgador, vinculando-o à ordem jurídica e não às suas preferências pessoais[24]. A Corte, com isso, deu demonstração de que, pelo menos nesses julgamentos, aplicou o considera ser o tratamento prescrito pela ordem jurídica[25], de maneira imparcial, vale dizer, sem preocupação sobre se referido tratamento atenderia ou desatenderia os interesses de uma ou de outra parte em conflito. Ganharam a Corte e a solidez o regime jurídico do lançamento por homologação[26].

---

24. RAZ, Joseph. **Ethics in the public domain**. Essays in the morality of law and politics. Oxford: Clarendon Press, 1996; RAZ, Joseph. The relevance of coherence. **Boston University Law Review**. v. 72, n.2, March 1992, pp. 273-321.

25. Não se quer dizer, com isso, que uma Corte não pode alterar seu entendimento, ou os fundamentos que usa no enfrentamento de questões diversas. É claro que pode. Mas deve explicar os motivos pelos quais assim procede. Do contrário, repita-se, não estará a aplicar uma mesma ordem jurídica, mas suas preferências pessoais, sem qualquer preocupação com a integridade de sua jurisprudência. Como nota Scott Hershovitz, "a court with no concern for integrity of its own decision making would not need to distinguish or overrule its precedents. It could simply ignore them." HERSHOVITZ, Scott (Ed.). **Exploring Law's Empire**: The jurisprudence of Ronald Dworkin. Oxford: Oxford University Press, 2006, p. 104

26. A coerência incrementa a aceitabilidade das decisões judiciais pelo público, e pelas partes, tendo ainda a vantagem de contribuir para construir consenso em torno de temas controversos. Cf. AMAYA, Amalia. **The tapestry of reason**: An Inquiry into the Nature of Coherence and its Role in Legal Argument. Oxford: Hart Publishing, 2015, p. 542.

8.6. INTEGRIDADE DA JURISPRUDÊNCIA

Não basta, contudo, que as decisões dos Tribunais sejam coerentes. Isso é tão indispensável quanto insuficiente. É preciso, ainda, que sejam íntegras, e estáveis, aspecto do qual se tratará no item seguinte. Tais características não são impositivas aos Tribunais por conta do que dispõe o art. 926 do CPC, mas devem ser por eles observadas independentemente do que estabeleça a legislação infraconstitucional, como decorrência da própria ideia de Estado de Direito. Tornam-se ainda mais relevantes, aliás, em um cenário em que as decisões judiciais – e também as administrativas – adquirem maior importância não só como instrumentos para a solução dos conflitos concretos que são levados aos Tribunais e em face dos quais são proferidas, mas especialmente como instrumentos balizadores de condutas futuras, a indicar aos que se submetem à ordem jurídica como suas disposições devem ser entendidas[27].

Por integridade entende-se a compatibilidade das decisões – vistas como um corpo coerente – com os princípios fundamentais da ordem jurídica. Daí por que os conceitos de integridade e de coerência estão ligados, mas não se confundem. Um corpo de decisões poderia guardar coerência pelo fato de que em todas elas se observa o propósito de favorecer uma das partes, ou a intenção de resolver o caso com celeridade, ou porque todas são redigidas em versos. Quando, porém, a coerência se dá em sintonia com os princípios que servem de base à ordem jurídica, diz-se que há, também, integridade.

8.7. ESTABILIDADE DA JURISPRUDÊNCIA

Estabilidade, integridade e coerência são palavras que remetem a ideias diferentes, porém intimamente relacionadas umas com as outras. Há, ainda, forte complementaridade entre elas[28]. A coerência impõe que o corpo de decisões que formam o que, no Brasil, se designa por *jurisprudência*[29], deem origem a um sistema, por partirem de critérios comuns para a solução dos conflitos. Daí por que a presença de decisões contraditórias umas com as outras implica, como explicado nos itens anteriores deste capítulo, quebra da coerência. A integridade, por sua vez, exige que esses "critérios comuns", dos quais as decisões hão de partir para serem coerentes umas com as outras, sejam hauridos da ordem jurídica que os Tribunais devem aplicar na solução das questões que lhes são submetidas, notadamente dos princípios que lhe são fundamentais. Mas é preciso que, além de tudo isso, a jurisprudência seja estável, a fim de que se respeite a segurança jurídica. Sendo a jurisprudência, cada vez mais, parâmetro que orienta comportamentos,

---

27. Sobre a natural convergência que se assiste entre os sistemas anglo americano e romano germânico, com o aumento da importância de normas escritas editadas pelo parlamento no primeiro, e da jurisprudência no segundo, veja-se PERELMAN, Chaïm. **Lógica Jurídica**. tradução de Vergínia K. Pupi. São Paulo: Martins Fontes, 2000, p. 210.
28. Cf. TRINDADE, André Karam. O controle das decisões judiciais e a revolução hermenêutica no direito processual civil brasileiro. In. STRECK, Lenio Luiz; ALVIM, Eduardo Arruda; LEITE, George Salomão (Coord.). **Hermenêutica e jurisprudência no novo Código de Processo Civil**: coerência e integridade. Salvador: Juspodivm, 2016, p. 26.
29. Sabe-se que a palavra "jurisprudência", em outros idiomas (v.g., italiano, inglês) é mais comumente utilizada para designar o conhecimento ou o estudo do Direito. No Brasil, porém, predomina o sentido utilizado neste capítulo, que designa o conjunto de decisões judiciais (ou administrativas).

8 • FUNDAMENTOS EM PROCESSOS EM QUE É PARTE O PODER PÚBLICO

a sua mudança constante retira toda a previsibilidade necessária à segurança daqueles que nela pautam suas condutas.

Isso não significa, por certo, que a jurisprudência não possa ser alterada, corrigida ou atualizada. Mas é preciso que se apontem razões para isso, as quais devem ser fortes o suficiente para justificar a modificação, no *trade off* entre integridade e estabilidade.

No que tange ao funcionamento de órgãos colegiados, essa disposição impõe que Ministros não fiquem a alterar, ou a pretender alterar, o tempo inteiro, o entendimento já firmado pelo Pleno, pela Seção ou pela Turma, para que prevaleça o seu individual, vencido em ocasiões anteriores. Mais reprovável ainda é que se utilizem das faculdades que a ordem jurídica lhes oferece, de apreciar questões monocraticamente, para fazê-lo de maneira contrastante com a visão já adotada pelo órgão colegiado, ao qual foram previamente suscitados os argumentos considerados corretos pelo citado Ministro, mas que já foram apreciados e rejeitados pela maioria de seus pares. Se se tratar de situação nova, ou de questão antes não suscitada, a mudança pode ser sugerida, mas o recomendável é que seja novamente levada a questão ao órgão colegiado, evitando-se que se tenham tantas Cortes diferentes quantos sejam os seus membros, algo bastante prejudicial à manutenção da estabilidade jurisprudencial.

Tais conclusões, insista-se, não decorrem apenas do art. 926 do CPC/2015, que meramente reproduz consequências lógicas das ideias de Estado de Direito, isonomia, dever de fundamentação e segurança jurídica. Precedentes devem ser respeitados, e seguidos, a menos que haja no caso examinado particularidades que justifiquem o estabelecimento de exceções (*distinguish*), ou que a Corte expressamente enfrente seu entendimento anterior e apresente razões suficientes para alterá-lo (*overrulling*), não porque o CPC o determina, mas por uma imposição do dever do Estado (no qual se inclui o Judiciário) de tratar a todos com igualdade[30].

8.8. OUTROS REQUISITOS A SEREM OBSERVADOS NA FUNDAMENTAÇÃO DA DECISÃO JUDICIAL

8.8.1. Preliminarmente

Decisões coerentes, não só com as conclusões mas também com as premissas umas das outras, a formar um corpo de precedentes estável e íntegro, são importantes, e conduzem já a uma orientação relevante no exame da fundamentação de decisões judiciais. Os fundamentos devem considerar decisões anteriores, e fazê-lo com coerência. O estudo da fundamentação as decisões judiciais, contudo, permite reflexões bem mais amplas, a explorar outros aspectos a questão. O tema, como dito, tem ganhado importância, talvez pelo fato de uma mudança na maneira como se tratam os princípios tenha levado

---

30. Era o que já defendia, a propósito, Vicente Rao, em período bastante anterior inclusive às reformas feitas no CPC de 1973 e na CF/88 para tratar de temas como os recursos repetitivos, a repercussão geral ou as súmulas vinculantes. Cf. RAO, Vicente. **O direito e a vida dos direitos**. 5.ed. São Paulo: RT, 1999, p. 272.

a um aumento de poder por parte do Judiciário, ou a uma transferência de poder, do Legislativo para o Judiciário, colocando-se a questão de saber como limitar esse poder.

O Código de Processo Civil deu alguns passos nesse sentido, sendo o mais conhecido deles o rol constante do seu art. 489, § 1.º e § 2.º, do qual se trata a seguir.

8.8.2. O art. 489, §§ 1.º e 2.º do CPC e as hipóteses de falta de fundamentação

Com a promulgação do Código de Processo Civil de 2015, uma de suas inovações mais festejadas reside em seu art. 489, em especial em seus §§ 1.º e 2.º, nos quais se lê:

§ 1º Não se considera fundamentada qualquer decisão judicial, seja ela interlocutória, sentença ou acórdão, que:

I – se limitar à indicação, à reprodução ou à paráfrase de ato normativo, sem explicar sua relação com a causa ou a questão decidida;

II – empregar conceitos jurídicos indeterminados, sem explicar o motivo concreto de sua incidência no caso;

III – invocar motivos que se prestariam a justificar qualquer outra decisão;

IV – não enfrentar todos os argumentos deduzidos no processo capazes de, em tese, infirmar a conclusão adotada pelo julgador;

V – se limitar a invocar precedente ou enunciado de súmula, sem identificar seus fundamentos determinantes nem demonstrar que o caso sob julgamento se ajusta àqueles fundamentos;

VI – deixar de seguir enunciado de súmula, jurisprudência ou precedente invocado pela parte, sem demonstrar a existência de distinção no caso em julgamento ou a superação do entendimento.

§ 2º No caso de colisão entre normas, o juiz deve justificar o objeto e os critérios gerais da ponderação efetuada, enunciando as razões que autorizam a interferência na norma afastada e as premissas fáticas que fundamentam a conclusão.

Referido artigo provoca duas reflexões paradoxais. A primeira surge quando se testemunha o primeiro contato de estudantes de graduação em Direito, nas disciplinas de Teoria Geral do Processo, ou Direito Processual Civil I, com a sua redação. Os alunos riem, e observam, com razão, que o artigo só diz o óbvio. A segunda, que seria cômica se não fosse trágica, decorre da percepção de que, conquanto óbvias, as disposições antes transcritas foram inseridas no Código diante da constatação, na prática forense, de que muitas decisões eram proferidas nos exatos termos que o Código agora diz serem vedados. Ou seja: foi a realidade – literalmente risível – dos fundamentos usados em decisões proferidas pelo Judiciário brasileiro que levou à inserção, no CPC, de obviedades como as elencadas pelo art. 489, § 1.º, do CPC. Nem será comentada, aqui, a pretensão de alguns setores do Judiciário, como a Justiça do Trabalho, de que tais disposições, por constarem do CPC e não da CLT, não seriam aplicáveis ao processo do trabalho, seja porque o seu absurdo dispensa qualquer consideração adicional, seja porque, de uma maneira ou de outra, o exame do processo trabalhista refoge aos modestos objetivos deste livro.

É importante, contudo, dedicar alguma atenção a tais disposições, notadamente ao inciso IV, talvez o que maior repulsa provocou nos magistrados.

Primeiro, recorde-se que o inciso IV, assim como todos os outros, só diz o óbvio, prescrevendo algo que já decorre do dever constitucional de motivar decisões judiciais, e, no caso específico, do próprio direito à jurisdição, ao devido processo legal, à ampla defesa e ao contraditório. Com efeito, não teria sentido algum *permitir às partes* a manifestação no processo, para com isso influírem na decisão final que as afetará, se as suas manifestações pudessem ser simplesmente ignoradas pelo juiz. Na verdade, o direito de ser ouvido, de se defender, de peticionar, de se manifestar, envolve, por imposição lógica, o direito a uma resposta que considere tudo o que foi dito, defendido, pedido, manifestado. A decisão não precisa acolher, obviamente, mas precisa indicar os motivos do desacolhimento.

E isso vale não apenas para questões de direito, mas para questões de fato também. Se um laudo pericial aponta para determinada conclusão, o juiz não é, obviamente, obrigado a segui-lo. Pode preferir as conclusões do assistente técnico de uma das partes, ou chegar a conclusões diferentes ele próprio examinando os documentos que foram periciados. Mas ele precisa explicar os motivos pelos quais fez essa escolha[31].

Tanto em relação a questões de fato, como a questões de direito, a existência de soluções alternativas àquela adotada pelo magistrado precisa ser por ele enfrentada. A solução acolhida na sentença só estará fundamentada se as opções ou alternativas forem afastadas fundamentadamente. Daí a remissão, constante no inciso IV, não a todo e qualquer argumento usado pela parte, mas àqueles *capazes de infirmar a conclusão adotada pelo julgador*.

8.8.3. Como aferir se uma decisão está minimamente fundamentada?

Ao exemplificar casos de decisões só aparentemente fundamentadas, o CPC contribui, sem dúvida, para uma melhoria nos fundamentos utilizados. Mas é importante aferir, também, aspectos positivos, a saber, que devem estar presentes para que a decisão se considere adequadamente fundamentada. Leitura *a contrario* do art. 489, §§ 1.º e 2.º já fornece alguns deles. O enfrentamento dos argumentos capazes de infirmar a conclusão do julgador, por exemplo, com a explicação dos motivos pelos quais são rejeitados. Mas talvez a teoria da argumentação, a epistemologia e as ciências cognitivas possam dar alguma contribuição adicional nesse campo.

No campo da Teoria da Argumentação, uma importante contribuição foi dada por Stephen Toulmin, que fornece modelo com a estrutura de um argumento, indicando os elementos em que se deve decompor, e que lhe emprestam justificação.

Quando se decide uma questão, faz-se com o uso de uma alegação (*claim*), que funciona como argumento[32], por meio do qual se exprime a crença em determinado

---

31. É o que explica Michele Taruffo, à luz de considerações teóricas a respeito da prova e da fundamentação da decisão que a aprecia. Veja-se que a questão efetivamente transcende o art. 489, § 1.º, IV, do CPC, que por razões óbvias, tanto temporais como especiais, não poderia ter pautado as conclusões do professor italiano. Cf. TARUFFO, Michele. **La semplice verità. Il giudice e la costruzione dei fatti**. Roma: Laterza, 2009, p. 243.

32. Assim como as palavras conhecimento, interpretação, pensamento e raciocínio, a palavra "argumento" sofre da dubiedade *processo-resultado*. No texto, ela foi empregada como designando o resultado.

estado de coisas. Essa crença se fundamenta em uma inferência, feita a partir de dados prévios, e de uma garantia segundo a qual, de referidos dados, é possível chegar-se à conclusão pretendida. A garantia, por outras palavras, assegura ou confirma a existência de uma relação de causalidade entre os "dados" e as conclusões (a crença que se deseja fundamentar) dele extraídas. Mas a crença fundamenta-se, ainda, na ausência de possíveis exceções que, caso estivessem presentes, invalidariam a conclusão mesmo que os dados e a garantia fossem aceitos de maneira incontroversa. Os dados prévios fundamentam a conclusão, a garantia se presta a justificar a relação de causa e efeito entre ela e os dados prévios, justificação que se completa diante da ausência de exceções à referida conclusão[33].

Exemplificando, se alguém afirma "João está triste", tem-se uma alegação (*claim*), a qual decorre da crença, de quem faz a afirmação, de que João está triste. Se alguém indagar "*por quê?*", diante dessa afirmação, estará à procura de fundamentos, sendo possível responder: "*porque está chorando*". Estar chorando aparece como o "dado" no qual se baseia a fundamentação. A ideia de que pessoas choram quando estão tristes fornece a garantia (*warrant*) de que, diante dos referidos dados, é legítima a conclusão de que João realmente está triste. Mas é possível que, mesmo corretos os dados e a garantia, exista alguma exceção que invalide a conclusão: "João está chorando de alegria" ou "João é ator e está ensaiando para representar cena em que seu personagem está triste", ou ainda "João estava cortando cebolas". Se tais exceções são afastadas, porque se constata que o choro não decorre de uma intensa alegria, nem da representação de uma cena como ator, ou dos efeitos dos gases exalados pela cebola cortada sobre seus olhos, é legítima a conclusão, a partir dos dados, e da garantia, de que João está triste.

Como se percebe, *Toulmin* decompõem as parcelas de um argumento, permitindo que se identifiquem as partes que o sustentam e cujas fragilidades podem amparar seu questionamento. É possível contestar os dados. Ou aceitar os dados, mas não a garantia. E é possível ainda acatar os dados, e a garantia, mas apresentar exceções que afastem a conclusão. E quem defende o argumento de cuja justificação se cogita não precisa demonstrar infinitamente aspectos desse argumento que não são questionados.

Ao juiz, portanto, cabe, na sentença, não apenas deixar de incorrer nos óbvios vícios mencionados no art. 489, § 1.º, do CPC, mas: (i) indicar os dados dos quais extrai sua conclusão; (ii) explicar por que, de tais dados, é possível chegar à conclusão que chegou; (iii) afastar as possíveis exceções que, caso presentes, impediriam a sua conclusão mesmo que os elementos (i) e (ii) pudessem ser aceitos. E, se as partes indicarem motivos para que qualquer desses pontos não pudessem ser admitidos, caberá ao juiz explicar as razões pelas quais as alegações das partes, nesse particular, não podem ser aceitas. É o mínimo que se espera de uma sentença, a fim de que se garanta, minimamente, que o juiz está a aplicar a ordem jurídica, em respeito à separação de poderes, à legalidade

---

33. Veja-se, a propósito: TOULMIN, Stephen. Os Usos do Argumento. São Paulo: Martins Fontes, 2001; PONTES, Fernando Demetrio de Sousa. **Fundamentação das decisões judiciais e interpretação jurídica**: estudo comparativo entre as contribuições da hermenêutica filosófica de Gadamer e do Modelo Toulmin de argumentação racional. Dissertação de Mestrado em Direito. Universidade Federal do Ceará. 2017. 120 f. Disponível em http://www.repositorio.ufc.br/bitstream/riufc/29579/1/2017_dis_fdspontes.pdf, acesso em 10 jun. 2019.

e ao Estado de Direito, e não apenas suas convicções pessoais e preconceitos. A não ser assim, todo o Direito Material, e tudo o que se estuda, discute e publica a respeito dele, não farão o menor sentido no âmbito de um processo judicial.

Em processos em que o Poder Público é parte, há inúmeros fatores a enviesar as decisões em favor deste, conforme se examinou em diversas partes deste livro, notadamente em seu capítulo 1. Além de o Judiciário ter seus membros escolhidos pelo Executivo (no que tange às Cortes Supeeriores), o Judiciário depende da arrecadação de tributos para se manter, apenas para citar dois fatores fundamentais de enviezamento. A exigência de uma fundamentação que minimamente indique os dados, a garantia e a ausência de exceções, fazendo-o com o afastamento das razões em contrário trazidas pelas partes, é um importante caminho para se reduzir o distanciamento que tais vieses provocam entre a decisão e a ordem jurídica posta, aprimorando a qualidade da função jurisdicional e, por conseguinte, a eficácia da própria ordem jurídica.

9
COISA JULGADA E QUESTÕES ENVOLVENDO O PODER PÚBLICO

9.1. PRELIMINARMENTE

Não existe, como se sabe, uma coisa julgada "especificamente em face do Poder Público". Mesmo assim, nesse ramo do direito material, notadamente em questões tributárias, há uma série de fatores que fazem com que se coloquem problemas não tão frequentes nos demais setores do Direito. É muito comum que diversos contribuintes, servidores públicos, e cidadãos em geral, mantenham com o Fisco relações jurídicas semelhantes, as quais são, no mais das vezes, de natureza *continuativas,* ou contínuas, na terminologia da Pontes de Miranda[1]. Isso torna mais comum o surgimento de tensões entre a segurança e a previsibilidade que devem presidir as relações jurídicas, de um lado, e a igualdade com que devem ser tratados os cidadãos, especialmente aqueles que, no âmbito tributário, concorrem entre si em uma economia de livre mercado, de outro.

Se tais questões ainda não se encontravam definitivamente equacionadas, sob a vigência do Código de Processo Civil de 1973[2], a edição de um novo diploma processual as manteve acessas, tendo ainda reaberto algumas outras, a exemplo do novo termo inicial do prazo para propositura de ação rescisória fundada em alteração jurisprudencial.

9.2. O QUE É "COISA JULGADA"?

Como ocorre com a maior parte das palavras e expressões, "coisa julgada" pode ser empregada com uma pluralidade de significados que, embora diversos, guardam alguma relação entre si. Apenas para citar alguns exemplos, a expressão designa ora uma decisão dotada de definitividade (significado 1), ora essa imodificabilidade enquanto efeito da não interposição de recursos (significado 2), ora as normas jurídicas que garantem tal eficácia à decisão (significado 3). Quando se diz, por exemplo, que "o tributo está afastado pela coisa julgada", se está nominando a decisão que afirma não ser devida uma cobrança. Já quando se diz "formou-se a coisa julgada", se está fazendo alusão ao efeito de não terem sido interpostos recursos contra a decisão, que se tornou imodificável

---

1. MIRANDA, F. C. Pontes de. **Comentários ao Código de Processo Civil.** 3. ed., atualização legislativa de Sérgio Bermudes, Rio de Janeiro: Forense, 1997, t. V, p. 147.
2. Para um detido exame da coisa julgada em matéria tributária, no cenário anterior ao Código de Processo Civil de 2015, veja-se, por exemplo: MACHADO, Hugo de Brito (Coord.). **Coisa julgada – constitucionalidade e legalidade em matéria tributária.** São Paulo/Fortaleza: Dialética/ICET, 2006.

por isso. Coisa julgada, nesse caso, é efeito, ou consequência, equivalente a "preclusão máxima". Finalmente, quando são feitas remissões aos dispositivos da Constituição e do Código de Processo Civil que asseguram às decisões, nas hipóteses que preveem, essa imodificabilidade, utiliza-se a expressão no terceiro dos significados antes referidos[3].

Daí já se percebe que, como referido no item anterior, não existe uma "coisa julgada" especificamente tributária, pelo menos em dois dos referidos sentidos. Não há normas, na Constituição ou no Código de Processo Civil (CPC), que estabeleçam tratamento diverso ao instituto para o caso de a matéria discutida na respectiva decisão ser tributária (significado 3). Também no primeiro sentido, pode-se chamar de "coisa julgada" tanto uma sentença que decide questão tributária, como aquela que versa a respeito de qualquer outro tema. É no segundo dos significados, o de "efeito", que às vezes, em matéria tributária, surgem questionamentos específicos, a começar pelo provocado a partir da Súmula 239 do STF, cuja redação é a seguinte: *"[d]ecisão que declara indevida a cobrança do imposto em determinado exercício não faz coisa julgada em relação aos posteriores."*

9.3. UMA DECISÃO TRANSITADA EM JULGADO PODE PRODUZIR EFEITOS EM RELAÇÃO A FATOS FUTUROS?

A Súmula 239 do STF, transcrita na parte final do item anterior deste texto, sugere resposta negativa à pergunta que identifica este item. Entretanto, não é essa a conclusão que se deve extrair da súmula.

Vale recordar que, em uma sentença proferida em processo no qual se presta a tutela jurisdicional *de conhecimento*, o julgador afirma a existência, a inexistência, ou o modo de ser, de uma relação jurídica, a qual, como toda relação dessa natureza, decorre de dois ingredientes formadores: uma norma, e um fato.

Alguma revisão em conceitos básicos de Teoria do Direito pode ser útil aqui. Sabe-se que as normas jurídicas exprimem-se por meio da previsão de hipóteses, e da prescrição de consequências que devem ser observadas *se* e *quando* essas hipóteses ocorrerem. Ocorrida a hipótese, no mundo dos fatos, a norma incide, juridicizando o fato e fazendo com que dele se irradie uma relação jurídica. Em língua portuguesa, há alguma confusão entre essas realidades porque a palavra "direito" é usada de forma um tanto indistinta para designar tanto as normas (chamadas "direito objetivo"), como as relações jurídicas que decorrem de suas incidências sobre os fatos, relações estas que envolvem a obrigatoriedade de alguém cumprir a consequência prevista na norma, e a faculdade de alguém exigir o cumprimento dessa consequência (faculdade então chamada "direito subjetivo"). Em outros idiomas, não raro há palavras diversas para designar essas duas realidades para as quais o português precisa se valer do emprego dos adjetivos

---

3. Que não excluem, por certo, outros, como é próprio a quaisquer palavras ou expressões, cujo sentido é atribuído por quem as ouve, ou lê, à luz do contexto em que utilizadas e dos "jogos de linguagem" correspondentes. Cf. MACHADO, Raquel Cavalcanti Ramos. **Competência tributária**: entre a rigidez do sistema e a atualização interpretativa. São Paulo: Dialética, 2014.

"objetivo" e "subjetivo", designando-se, por exemplo, por *Law* a norma objetivamente posta, e por *right* a faculdade decorrente de sua incidência sobre os fatos nela previstos.

O relevante disso para o estudo da sentença, no caso, é que a jurisdição, pelo menos em sua feição clássica[4], por consistir em dizer o direito *no caso concreto*, é a declaração desse direito, o qual decorre da incidência de uma norma sobre um fato. Desse modo, para declarar existente, ou inexistente o direito (enquanto relação jurídica) em torno do qual se discute, a sentença reconhece a ocorrência de fatos, e a existência de normas que, válidas e vigentes, sobre eles teriam incidido. Não é por outra razão, aliás, que as petições iniciais feitas por advogados não raro têm um capítulo destinado aos fatos ("dos fatos"), e outro às normas ("do direito") que, na ótica da parte cujos interesses patrocinam, teriam sobre eles incidido para gerar a relação jurídica que, no pedido, se requer seja declarada, ou em face da qual se pede a condenação da parte adversa etc.

Feita essa revisão de conceitos de Teoria do Direito, pode-se enfrentar a questão relacionada aos efeitos de uma decisão judicial sobre fatos futuros. Em verdade, se estes, os fatos futuros, tiverem as mesmas características tidas por relevantes pela sentença em fatos passados, de modo a provocar, de igual forma, a incidência das normas afirmadas na sentença, haverá produção de efeitos sobre eles sim, porquanto deles decorrerá a mesma relação jurídica que na decisão se afirmou existente.

Um exemplo poderá melhor esclarecer o ponto. Suponha-se que, em determinado Município, existe disposição legal fixando alíquota mais baixa de IPTU relativamente a imóveis considerados como "de valor histórico", assim definidos aqueles edificados há mais de um século e que tenham preservada a sua fachada e aparência originais. Ciente da regra legal (direito objetivo) concessiva de tratamento diferenciado a imóveis em tais circunstâncias, a Sra. Clotilde, proprietária de imóvel que atende, em sua ótica, a essa exigência, mas que vem se submetendo à alíquota normal do IPTU, pleiteia, junto à Secretaria de Finanças do Município, o reconhecimento do seu direito (subjetivo) ao pagamento do IPTU pela alíquota mais baixa.

A autoridade administrativa da Secretaria de Finanças, porém, indefere o pedido da Sra. Clotilde, por entender que sua casa não se amoldaria à definição legal de imóvel histórico, para o efeito de se submeter à alíquota diferenciada do IPTU. Isso faz com que a Sra. Clotilde ajuíze ação declaratória, na qual pede ao juiz o reconhecimento da existência de relação jurídica tributária no âmbito da qual seu IPTU deve ser calculado pela alíquota menor, dada a natureza histórica de seu imóvel. Realizada perícia técnica, por especialista, afere-se que a residência em questão conta com mais de 150 anos, e em todo esse período contou apenas com manutenções pontuais, como a renovação da pintura e a substituição de telhas, encanamentos e instalação elétrica, preservando íntegra sua fachada e aparência originais, o que se confirmou inclusive por meio de fotografias bastante antigas. Diante disso, o pedido é julgado procedente, e, depois de apreciados os recursos manejados pela Procuradoria do Município, todos improvidos, a sentença transita em julgado.

---

4. Excluído, portanto, o controle concentrado de constitucionalidade, que tem natureza um tanto diversa, intermédia entre a jurisdicional e a legislativa negativa; seu exame, todavia, não se comportaria aqui.

No exemplo citado, naturalmente, não se cogitaria de negar à sentença a produção de efeitos sobre fatos futuros, assim entendidos os fatos geradores do IPTU relativamente aos anos seguintes aos da propositura da demanda e mesmo do trânsito em julgado da sentença. Supondo-se que o trânsito em julgado deu-se em 2017, não poderia o Município lançar o imposto pela alíquota mais elevada em 2018, 2019, ou qualquer outro ano no futuro. Isso porque, embora os fatos sejam futuros, porque posteriores à sentença, eles têm a mesma marca, ou característica, daqueles que nela foram fundamento para o reconhecimento do direito à aplicação da alíquota mais baixa. Por outras palavras, tal sentença tem "efeito normativo no que concerne à existência ou à inexistência de relação jurídica entre as partes".[5] Enquanto permanecer em vigor a lei municipal que estabelece alíquota mais baixa para o IPTU incidente sobre imóveis históricos, e enquanto a Sra. Clotilde continuar com a propriedade do imóvel dotado das características reconhecidas na sentença, os efeitos desta decisão seguirão devendo ser respeitados.

Este é o ponto, pois se a lei municipal for alterada, de sorte a restabelecer a incidência do IPTU pelas mesmas alíquotas sobre todos os imóveis, sejam eles históricos ou não, o IPTU voltará a ser devido pela alíquota ordinária pela Sra. Clotilde, a partir do início da vigência da nova lei, sobre os fatos geradores que ocorram a partir de então. A sentença não mais sobre eles produzirá efeitos, pois terá havido, no caso, mudança no ingrediente normativo da relação jurídica. Alterou-se a própria relação jurídica, que não será mais aquela declarada na sentença, não se sujeitando mais, por isso, ao seu comando. O mesmo se dá na hipótese de a Sra. Clotilde demolir sua bela casa para no mesmo local edificar um moderno e envidraçado edifício comercial. Nesse caso, por alteração no ingrediente fático, a relação também já não será aquela declarada na sentença, que a partir de então sobre ela já não mais produzirá efeitos.

É à luz dessas considerações que a Súmula 239/STF deve ser compreendida. Aliás, as súmulas em geral não devem ser interpretadas literalmente, mas antes à luz dos precedentes que lhes deram origem, e da *ratio* que levou ao julgamento deles. Fazendo-se isso com a súmula em questão, vê-se que os casos que a originaram diziam respeito a cobranças específicas que eram consideradas indevidas, por vícios presentes de modo peculiar nas cobranças consideradas equivocadas, e que por isso mesmo não necessariamente a decisão que os reconhecia seria aplicável em anos seguintes. Caso, por exemplo, um contribuinte tivesse declarado seu direito de não pagar o IPTU majorado por determinada lei, em 1968, por inobservância ao princípio da anterioridade, essa decisão não produziria efeitos sobre cobranças havidas em 1970, ou 1971, quando a violação ao princípio da anterioridade – se a cobrança estivesse calcada ainda na mesma lei – por razões óbvias não estaria mais presente.

O próprio Supremo Tribunal Federal o reconhece, de modo expresso, como se depreende de acórdãos cujas ementas são colocadas, em sua página eletrônica, logo em seguida à apresentação da Súmula 239 em seu acervo jurisprudencial, de modo a esclarecer-lhe desde logo o sentido e alcance. Neles se reconhece:

---

5. CINTRA, Antônio Carlos de Araújo; GRINOVER, Ada Pellegrini e DINAMARCO, Cândido Rangel. **Teoria Geral do Processo**. 18. ed. São Paulo: Malheiros, 2002, p. 304.

> "Ao final, cumpre reforçar a inaplicabilidade da Súmula 239/STF ao caso em apreço, o que revela não haver qualquer violação à coisa julgada no caso sob análise. A dicção sumular foi construída levando em consideração especificidades aplicáveis a um lançamento específico, não se reportando a vícios relativos à norma impositiva em tese. Apontada uma inconsistência da regra-matriz por ausência de conformação com o pressuposto de validade, a coisa julgada deve ser mantida. (ARE 861473, Relator Ministro Roberto Barroso, Decisão Monocrática, julgamento em 9.2.2015, DJe de 25.2.2015)

> "Acolho os embargos de declaração tão somente para sanar omissão no tocante a incidência da Súmula 239 da Corte na hipótese dos autos. (...). De qualquer forma, observo que a orientação da jurisprudência da Corte, há muito, é no sentido de que a referida súmula só é aplicável nas hipóteses de processo judicial em que tenha sido proferida a decisão transitada em julgado de exercícios financeiros específicos, e não nas hipóteses em que tenha sido proferida decisão que trate da própria existência da relação jurídica tributária continuativas, como assentou o acordão recorrido." (AI 791071 AgR-ED, Relator Ministro Dias Toffoli, Primeira Turma, julgamento em 18.2.2014, DJe de 18.3.2014)

> "Note-se, por oportuno, que o pedido inicial acolhido no acórdão recorrido não é de anulação de lançamento de exercício financeiro específico, caso em que poderia incidir a Súmula 239/STF, mas, sim, de declaração de inconstitucionalidade do IPTU progressivo incidente sobre determinados imóveis 'enquanto o fundamento para a respectiva cobrança for a legislação atual'. Declarada a inconstitucionalidade da norma tributária, seu efeito perdura enquanto não ocorrerem alterações nas circunstâncias fáticas ou jurídicas existentes quando prolatada a decisão." (ARE 704846 ED, Relator Ministro Dias Toffoli, Primeira Turma, julgamento em 28.5.2013, DJe de 8.8.2013)

Posta nesses termos, a questão parece de solução relativamente simples. Se a sentença deslinda questão situada exclusivamente no passado (*v.g.*, se um contribuinte que realizou determinada despesa em 1998 poderia tê-la deduzido do rendimento tributável ou não), e transita em julgado, em princípio a tese nela contida não poderá mais sofrer alteração, no que tange à sua aplicabilidade aos fatos levados a julgamento, salvo se presente algum vício que enseje a propositura de ação rescisória. Caso a sentença deslinde questão referente a uma relação continuativa, como a do IPTU da Sra. Clotilde, que a cada ano se renova, seus efeitos quanto aos fatos passados por igual não são passíveis de alteração, mas, para o futuro, tudo dependerá da preservação dos mesmos ingredientes fáticos e jurídicos, que se poderão modificar, deixando, assim, de se submeter ao que na sentença fora declarado.

Observe-se, ainda, que quando se alude a "mudança na norma", não se está fazendo remissão a qualquer mudança normativa, mas apenas em mudança no conteúdo da prescrição normativa considerado essencial pela sentença passada em julgado para determinar-lhe o resultado. Imagine-se, por exemplo, no caso da Sra. Clotilde, que o Município altera a Lei Municipal, que levava o número 3.481/1989, e passa a ser conhecida como Lei 12.342/2014. Essa nova lei inclusive prevê outras alíquotas, aplicáveis a imóveis diversos, mas a disposição que estabelece alíquota mais baixa para imóveis históricos, aquela considerada decisiva pelo juiz para julgar procedente o pedido formulado na inicial, continua presente, embora em artigo com outro número, ou em outro inciso, em lei também com outro número. Nada disso importa, pois a norma jurídica veiculada é a mesma, perdurando, nesse caso, os efeitos da sentença que nela se amparou[6].

---

6. Nesse sentido: STJ, 2. T, REsp 731.250/PE, DJ 30.04.2007 p. 301.

9.4. E SE A ALTERAÇÃO SE VERIFICAR NA JURISPRUDÊNCIA?

A questão não se mostra tão fácil na hipótese em que não muda propriamente a lei, tampouco os fatos dos quais partiu a sentença. Muda, em verdade, "apenas" a jurisprudência sobre a tese jurídica em que se apoiou o julgado, o que suscita problemas que são tanto mais graves quanto maior a repercussão da tese discutida, notadamente no que tange à sua abrangência sobre um grande número de pessoas em situação semelhante.

Imagine-se, por hipótese, que, no início dos anos 1990, a Construtora Casulo S/A ajuíza ação declaratória da inexistência de relação jurídica que a obrigue ao pagamento da contribuição social sobre o lucro líquido (CSLL). Alega a autora que a exação deveria ter como sujeito passivo a autarquia encarregada da seguridade social (INSS), e não a União. Deveria ter sido criada por lei complementar e ter os recursos com ela arrecadados destinados diretamente ao orçamento da seguridade social, e não ao orçamento fiscal da União (CF/88, art. 165, § 5.º, III). Não tendo sido respeitadas tais exigências, essenciais a que se tratasse da instituição válida da *contribuição* referida no art. 195 da CF/88, estar-se-ia diante de um imposto de renda adicional, não partilhado com Estados e Municípios, e, por tudo isso, inconstitucional.

A tese da Construtora Casulo é acolhida pelo juiz de primeira instância, e pelo Tribunal Regional Federal. A União tenta submeter a questão ao Supremo Tribunal Federal, mas seu recurso não é conhecido[7], vindo assim a decisão a transitar em julgado. Algum tempo depois, o Supremo Tribunal Federal conhece de Recurso Extraordinário interposto pela Fazenda em outro processo, semelhante ao da Construtora Casulo, no qual também se discute a constitucionalidade da CSLL, e lhe dá provimento, reformando a decisão favorável ao contribuinte proferida pelo Tribunal Regional Federal. Decide, nesse outro processo, que a contribuição é válida, em entendimento que passa a ser aplicado pelo Poder Judiciário em todas as questões semelhantes.

O problema, no exemplo acima, é que a Construtora Casulo tem, em seu favor, decisão já passada em julgado que lhe reconhece o direito de não se submeter à CSLL, enquanto todos os demais contribuintes, inclusive os seus concorrentes, se submetem ao tributo. Seria o novo entendimento do STF equiparável a uma alteração nos fatos, ou nas normas, capaz de fazer cessar a eficácia da decisão passada em julgado, em favor da Construtora Casulo, relativamente a fatos futuros? Tal como no exemplo da Sra. Clotilde, seria a nova orientação do STF equiparável à revogação da lei que fixa alíquota mais baixa para o IPTU incidente sobre imóveis históricos, ou à demolição da casa antiga para a construção de um edifício moderno?

Tivesse o posicionamento do STF, contrário ao acolhido na sentença favorável à Construtora Casulo, sido proferido em sede de ADI, ADC, ou por meio da sistemática de repercussão geral, ou ainda tivesse sido veiculado por meio de súmula vinculante, poder-se-ia equipará-lo a uma modificação nas normas aplicáveis à relação. Ter-se-ia,

---

7. A ordem jurídica é um sistema complexo, tal como um sistema vivo. Não se pode negar, nesse contexto, que tanta discussão em torno da coisa julgada e de suas tensões com a isonomia são um maléfico *efeito colateral* da "jurisprudência defensiva" adotada por Tribunais Superiores, que inventam teses absurdas para não conhecer dos recursos que lhes são dirigidos, sem qualquer preocupação com o mérito das questões que lhes são subjacentes.

então, situação análoga à mudança na lei do Município, no exemplo da Sra. Clotilde. Da prolação do entendimento firmado pelo STF em diante, relativamente a fatos geradores ocorridos a partir de então, o tributo seria devido pela construtora, independentemente de qualquer providência específica por parte da Fazenda Pública.

A questão, no exemplo citado, é que a jurisprudência firmada pelo STF em favor da Fazenda Nacional, nas questões relativas à CSLL, deu-se em sede de controle difuso de constitucionalidade, operando efeitos apenas entre as partes. Isso não significa, porém, que a situação da Construtora Casulo não possa jamais vir a ser alterada, sendo o próximo item dedicado aos instrumentos processuais passíveis de utilização no caso.

9.5. INSTRUMENTOS ADEQUADOS À REDISCUSSÃO DE QUESTÕES DIANTE DE ALTERAÇÃO JURISPRUDENCIAL

Não parece correto o entendimento segundo o qual, proferido pelo STF julgado acolhendo novo posicionamento, contrário ao adotado por decisão anterior, do STF ou de outra instância, passada em julgado, os efeitos desta última cessam imediatamente, independentemente de qualquer providência por parte dos interessados. Ressalvada a hipótese, já mencionada, de a própria legislação atribuir efeitos normativos (*erga omnes*) ao ato que veicula o novo entendimento, ele não poderia, de forma automática, passar a prevalecer sobre sentença transitada em julgado em sentido contrário.

Não se diga, em oposição, que a decisão passada em julgado, sempre que "for inconstitucional", não deve produzir efeitos, independentemente do uso de qualquer instrumento jurídico para discutir sua subsistência. Na verdade, a garantia da coisa julgada tem *status* constitucional (CF/88, art. 5.º, XXXVI), sendo incorreto pretender afastá-la sempre que contra ela for alegada a suposta "inconstitucionalidade" da decisão respectiva. Toda decisão pode, de algum modo, ser questionada à luz de argumentos constitucionais, e a admissão de que a mera invocação da incompatibilidade com a Constituição de uma decisão judicial passada em julgado seria suficiente para a sua revisão implicaria abolir – e não só 'relativizar' – a garantia, que também é constitucional, da coisa julgada.

Um breve exemplo é suficiente para mostrar o quão impróprio seria a admitir que uma decisão com trânsito em julgado, pela mera acusação de que "seria inconstitucional", poderia ser rediscutida amplamente, ou, pior, simplesmente passar a ser desrespeitada: *antes* de transitar em julgado, quando proferida por um Tribunal de Justiça, por exemplo, uma decisão, *mesmo que se diga que contraria a Constituição,* só poderá ser revista se, pelo menos: (i) a parte interpuser Recurso Extraordinário no prazo de quinze dias; (ii) tiver havido o pré-questionamento da matéria constitucional; (iii) estiver presente a repercussão geral. Seria um despropósito admitir que, *depois* de transitar em julgado, essa mesma decisão pudesse ser livremente rediscutida, sob a mera alegativa de que seria inconstitucional. Há, afinal, meios e requisitos específicos para a (excepcional) revisão de decisões, como consequência da própria garantia da coisa julgada.

Tampouco parece que, em situações como a do exemplo usado no item anterior, da Construtora Casulo, seja a ação rescisória o instrumento adequado para a rediscussão do assunto. Essa ação, que, como se sabe, presta-se à rediscussão de matérias já acobertadas pela coisa julgada, tem hipóteses de cabimento muito restritas, todas elas ligadas a equívocos cometidos quando da formação ou da prolação do julgado a ser rescindido. Por isso, como regra, o prazo para ajuizá-la tem início na data do trânsito em julgado. Sob a vigência do CPC de 1973, esse entendimento era acolhido pela maioria da doutrina[8], havendo três razões, bastante fortes, para se afastar o uso da rescisória como instrumento adequado para a correção de situações desse tipo: (i) o prazo para o ajuizamento da rescisória tem início com o trânsito em julgado da decisão rescindenda, e poderia já estar há muito expirado quando da mudança no entendimento do STF que fundamentaria a propositura da rescisória; (ii) a rescisória pressupõe um *erro* ou um *vício* na decisão rescindenda, o que não é o caso daquela que apenas acolhe entendimento diverso do que vem depois a prevalecer no STF; (iii) a ação rescisória pode ter efeitos *ex tunc*, em regra, o que traria elevada insegurança àqueles que teriam seus comportamentos requalificados, de forma retroativa, a partir de seu julgamento, embora estivessem até então amparados em decisão passada em julgado.

Qual seria, então, o instrumento processual cabível para a rediscussão do tema, e, se for o caso, para que a situação dos diversos contribuintes seja tornada isonômica? Voltando ao exemplo, como submeter a "Construtora Casulo" ao pagamento da CSLL a que todas as demais empresas estão sujeitas?

Caso se considere que a Fazenda não precisaria mover nova ação para rediscutir o tema, podendo voltar a cobrar o tributo – que não vinha sendo pago por força da coisa julgada – em face de meras providências administrativas, ainda assim não se poderia esquecer do disposto no art. 146 do CTN, cuja redação é a seguinte:

> Art. 146. A modificação introduzida, de ofício ou em consequência de decisão administrativa ou judicial, nos critérios jurídicos adotados pela autoridade administrativa no exercício do lançamento somente pode ser efetivada, em relação a um mesmo sujeito passivo, quanto a fato gerador ocorrido posteriormente à sua introdução.

Como se vê muito claramente, a modificação introduzida nos critérios usados no lançamento, ainda que decorrente de decisão judicial, somente pode ser efetivada relativamente a fatos geradores posteriores à sua introdução. Assim, ainda que os efeitos de um novo entendimento firmado pelo STF, em controle difuso e sem repercussão geral, fossem suficientes para o afastamento da coisa julgada formada em sentido contrário em favor de um contribuinte determinado, este deveria ser expressamente notificado, na via administrativa, da adoção do novo entendimento, que passaria a ser aplicável aos fatos geradores que ocorressem a partir de então.

A solução mais adequada, porém, parece ser aquela fundada no art. 505, I do CPC de 2015 (correspondente ao art. 471, I, do CPC de 1973), onde se lê:

> Art. 505. Nenhum juiz decidirá novamente as questões já decididas relativas à mesma lide, salvo:
>
> I – se, tratando-se de relação jurídica de trato continuado, sobreveio modificação no estado de fato ou de direito, caso em que poderá a parte pedir a revisão do que foi estatuído na sentença;

---

8. Veja-se, a título exemplificativo: MACHADO, Hugo de Brito (Coord.). **Coisa julgada – constitucionalidade e legalidade em matéria tributária**. São Paulo/Fortaleza: Dialética/ICET, 2006.

Com base nesse dispositivo, a parte inconformada com sentença transitada em julgado, diante de novo posicionamento jurisprudencial (que até poderia ser do STJ, se a questão fosse de ordem infraconstitucional), poderia questionar a sua aplicação a fatos futuros (mantendo inalterados os efeitos produzidos sobre fatos já consumados), utilizando-se de ação na qual pediria a revisão do que fora estatuído na sentença anterior. Os efeitos da decisão proferida nesta nova ação seriam, necessariamente, *ex nunc*, conciliando-se, com isso, a segurança jurídica que acoberta aquele beneficiado pela decisão passada em julgado (no que tange aos fatos passados), com a igualdade, no que diz respeito à eliminação da diferença de tratamento entre ele e os demais contribuintes em situação semelhante (relativamente ao futuro).

O CPC de 2015, porém, parece abrir espaço para solução diversa, quando sugere, no art. 535, §§ 5.º e 8.º, que, no caso de mudança no entendimento do STF, o instrumento cabível para a rediscussão do assunto seria a rescisória, cujo prazo teria início, nesse caso, *da prolação do novo entendimento por parte do STF*. É preciso muita atenção para esse ponto, pois a inovação pode ter efeitos drásticos para a segurança e a previsibilidade das relações jurídicas: o prazo de dois anos para a propositura de ação rescisória, quando seu fundamento for a mudança no entendimento do STF, tem início dessa mudança, e não do trânsito em julgado da decisão, que pode ter ocorrido cinco, dez ou mais anos antes.

Tal disposição, porém, deve ser interpretada no contexto em que foi encartada. Trata-se de norma constante da parte do CPC dedicada ao cumprimento de sentença, nos casos em que a sentença se torna incompatível com o entendimento do STF. Para obstaculizar o pagamento de um precatório, no âmbito de um cumprimento de sentença movido contra a Fazenda Pública, portanto, seria preciso adotar providência destinada a desconstituir a sentença, de forma *ex tunc*. Daí o uso da rescisória, que pode ser manejada em face do novo entendimento do STF, o qual pode ter vindo a lume mais de dois anos depois do trânsito em julgado da decisão exequenda, mas ainda antes do pagamento do respectivo precatório. Isso nada tem a ver com a aplicação de uma sentença declaratória a relações continuativas no futuro, e ao seu desfazimento por meio da ação referida no art. 505, I, do CPC, que continua sendo o remédio adequado para rediscutir a questão e eventualmente e uniformizar as situações de contribuintes sujeitos a tratamentos diversos por serem titulares de decisões passadas em julgado em sentidos discrepantes.

Registre-se ainda, quanto ao ponto, que mesmo que se aceite o uso da rescisória, seu emprego no caso de ação declaratória referente a relações continuativas – como no exemplo da Construtora Casulo – não pode ensejar o desfazimento dos efeitos da sentença rescindenda de forma *ex tunc*, pois isso traria grave insegurança àquele que, até o momento da rescisão, comportava-se nos termos de decisão passada em julgado, como o próprio § 6.º. do art. 535 do CPC prevê. Do contrário, a alteração no entendimento do STF implicaria automaticamente o desfazimento dos efeitos de todas as sentenças em sentido contrário, pouco importando a data de sua prolação, o que significaria não a 'relativização', mas o próprio fim do instituto da coisa julgada e, com ela, da segurança jurídica que lhe é subjacente.

Tudo o que foi dito aplica-se, em princípio, independentemente de quem tenha sido beneficiado pela coisa julgada posteriormente tornada "inconstitucional". Nos exemplos da Construtora Casulo, e da Sra. Clotilde, as decisões com trânsito em julgado beneficiavam o contribuinte, que invocava a garantia da coisa julgada para que se lhes preservassem os efeitos, inclusive futuros, objeto da análise feita neste texto. Mas, em princípio, poder-se-ia ter a situação inversa: o contribuinte, perdedor da ação judicial, posteriormente assiste a uma reviravolta jurisprudencial, cujo entendimento passa a lhe dar razão. Ele não teria a seu dispor a possibilidade da "mera notificação administrativa" fundada no art. 146 do CTN, mas poderia, do mesmo modo, fazer uso do art. 505, I, do CPC, para rediscutir judicialmente a questão. Poder-se-ia suscitar, porém, nesse caso em que o contribuinte seria o "prejudicado" por uma decisão judicial passada em julgado, o fato de que a garantia da coisa julgada seria uma proteção do cidadão em face do Poder Público. Não seria possível ao Fisco, por exemplo, continuar cobrando um tributo já declarado inconstitucional, ainda que em outro processo, sob a invocação da coisa julgada, o que seria decorrente da ideia subjacente à Súmula 654 do STF[9]. Veja-se que a Súmula, embora cuide da irretroatividade, reporta-se em verdade a um dispositivo do art. 5.º da CF/88 que é precisamente aquele no qual se acha consagrada a garantia da coisa julgada (XXXVI). Por outras palavras, a referida garantia individual do cidadão não seria invocável pelo Poder Público para manter, contra o cidadão, uma situação já afirmada insustentável pelo Poder Judiciário em outros processos que, de resto, tiveram a mesma entidade pública como parte.

9.6. A COISA JULGADA ADMINISTRATIVA

Em um capítulo dedicado à coisa julgada em matéria tributária, revela-se importante tratar, finalmente, da chamada "coisa julgada administrativa", expressão cercada do mesmo caráter plurissignificativo mencionado no início deste texto (decisão, efeito, garantia...), mas voltada às decisões proferidas em sede de processo administrativo.

Frise-se, de início, que não existe, no processo administrativo, a coisa julgada, entendida nos termos aplicáveis ao processo judicial. Trata-se, a rigor, apenas de uma "preclusão administrativa"[10]. Afinal, as decisões proferidas pela Administração, em sede de "autocontrole", no âmbito de um processo administrativo, podem ser objeto de controle jurisdicional, o que afasta a ideia de imodificabilidade. Usa-se a expressão "coisa julgada administrativa", assim entre aspas mesmo, de maneira imprópria ou figurada, para designar a decisão administrativa definitiva porque não sujeita mais a qualquer recurso *na via administrativa*[11].

Quanto à rediscussão judicial de referidas decisões administrativas, releva notar que, na hipótese de elas terem sido proferidas em favor da entidade pública, e contra o cidadão contribuinte, este sempre as poderá submeter ao crivo do Poder Judiciário, amparado no art. 5.º., XXXV, da CF/88. É o que ocorre, por exemplo, com decisão do

---

9. Súmula 654/STF: "A garantia da irretroatividade da lei, prevista no art. 5º, XXXVI, da Constituição da República, não é invocável pela entidade estatal que a tenha editado."
10. MEIRELLES, Hely Lopes. **Direito Administrativo Brasileiro**. 22. ed. São Paulo: Malheiros, 1997, p. 589.
11. PONTES, Valmir. **Programa de Direito Administrativo**. 2. ed. São Paulo: Sugestões Literárias, 1968, p. 77.

órgão administrativo de julgamento que mantém um lançamento tributário impugnado pelo contribuinte.

Se, todavia, a decisão orientar-se pela invalidade do ato administrativo impugnado, acolhendo o pedido formulado pelo cidadão contribuinte que o impugnou, não haverá possibilidade de ela ser submetida a controle judicial. O contribuinte não terá interesse em fazê-lo, e a Fazenda não poderá, pois estaria, nesse caso, a impugnar um ato (a decisão administrativa) por ela própria praticado. Seria autora e ré da mesma demanda. Daí dizer-se, nesse caso, que a decisão é definitiva, embora possa excepcionalmente ser anulada, pela própria Administração, caso se identifiquem nulidades em sua prolação. Nesse caso, o reconhecimento da nulidade, que há de decorrer de vícios no ato de julgar (v.g., descobre-se que o julgador foi corrompido), não de mero inconformismo com o mérito do julgado, devendo conduzir ao desfazimento do julgado para que a questão seja novamente apreciada pelo órgão competente.

10
PROPOSTAS PARA UMA JURISDIÇÃO MAIS EFETIVA EM FACE DO PODER PÚBLICO

Nos capítulos anteriores examinaram-se os pontos ou aspectos mais sensíveis do processo judicial, quando o conflito a ser por seu intermédio resolvido tem como parte a Fazenda Pública. Apontaram-se, sobretudo, deficiências ainda presentes nessa tarefa, difícil porque consistente, em última análise, em fazer efetiva a jurisdição contra quem é encarregado de prestá-la. Nos itens seguintes, pretende-se, de forma evidentemente não exaustiva, apontar possíveis soluções, não para que se eliminem os aludidos problemas, mas para que pelo menos se possa tentar a sua diminuição.

10.1. FIXAÇÃO DE CRITÉRIOS PARA A ESCOLHA DE ASSESSORES POR PARTE DE MEMBROS DO PODER JUDICIÁRIO

Um aspecto que pode parecer pouco importante, mas que eventualmente conduz a um forte enviezamento das Cortes Superiores em favor da Fazenda Pública, especialmente em matéria tributária, é a formação profissional daqueles que atuam como assessores dos Ministros.

Alçado a uma Corte Superior, o Ministro eventualmente passa a exercer suas funções em Turma especializada em assunto que nem sempre é aquele no qual atuava anteriormente, no âmbito do Tribunal de Justiça, do Tribunal Regional Federal, do Ministério Público ou da advocacia, conforme o caso. Isso faz com que o papel do assessor, que é fundamental em qualquer caso dado o excessivo volume de trabalho a que estão submetidos os Ministros, torne-se ainda mais decisivo.

Nessa ordem de ideias, a atuação, como assessores de Ministros do Superior Tribunal de Justiça e do Supremo Tribunal Federal, de Procuradores da Fazenda Nacional, por exemplo, que auxiliam temporariamente na elaboração de votos e decisões enquanto se acham apenas licenciados da Procuradoria, gera um desequilíbrio e um enviezamento consideráveis na Corte, que assume perfil incomparavelmente mais fazendário do que o adotado caso influenciassem no julgado apenas as posições do próprio Ministro, assessorado por alguém que não tivesse por dever institucional a defesa de uma das partes em conflito.

Assim, seria o caso de normatizar com maior rigor a atividade dos assessores de Ministros, vedando, entre outras coisas, que Procuradores ou advogados públicos possam exercê-la mediante simples e temporária licença de suas atividades institucionais, às quais retornarão após o período de assessoria.

10.2. REDUÇÃO DA INFLUÊNCIA DO PODER EXECUTIVO NA ESCOLHA DOS MEMBROS DAS CORTES SUPERIORES

Outro aspecto que pode ser repensado, para incrementar a efetividade da jurisdição prestada quando envolvidos interesses do Poder Público, é a influência que o Poder Executivo possui na escolha dos membros das Cortes Superiores. A diferença sensível entre a independência da Corte Europeia de Justiça em relação ao Judiciário Nacional ou doméstico de cada país da União Europeia, no trato de questões tributárias, ou entre a aceitação de teses tributárias defendidas por Municípios brasileiros no âmbito do STF (em comparação com as teses defendidas pela União), são manifestações visíveis dos efeitos de referida influência.

No caso dos Ministros do Supremo Tribunal Federal, a participação do Executivo é preponderante, visto que, atendidos os critérios de nacionalidade brasileira, idade entre 35 e 65 anos, reputação ilibada e notório saber jurídico, o Presidente da República tem liberdade de escolha muito ampla na escolha de quem indicar. No que tange ao Superior Tribunal de Justiça, embora a participação de outros órgãos, poderes e entidades também aconteça e tenha o seu papel (OAB, Ministério Público, e o próprio STJ), a decisão final é por igual do Presidente da República. Tais critérios devem, como dito, ser repensados, pois eles levam a uma acentuada influência do Executivo nas decisões tomadas pelos membros do Poder Judiciário, que, naturalmente, terão aí um incentivo para, ainda que de maneira inconsciente, decidir em favor dos interesses de quem exerce essa influência.

Não se quer, com isso, sugerir que os Ministros do STJ, e do STF, *depois de nomeados e empossados,* sofram influência do Executivo e decidam assim em favor dele. As garantias de inamovibilidade, vitaliciedade e irredutibilidade de subsídios, foram historicamente construídas exatamente para que os membros do Judiciário pudessem agir com independência. Depois de nomeados, sobretudo os do STF, a influência, se há, decorre apenas do fato, de resto inevitável, de que os tributos arrecadados pelo Executivo são a fonte de custeio também do próprio Judiciário, que deles depende para remunerar seus integrantes e eventualmente reajustar tais remunerações. O problema, maior, se dá antes da indicação. Com a esperança de assim terem mais chance de chegar ao STJ, Desembargadores de Tribunais Regionais Federais e de Tribunais de Justiça podem pretender evitar a tomada de decisões em favor de contribuintes, e contrárias ao Poder Público. A fama de "fazendários" pode representar peso adicional na balança, em favor de sua escolha, em detrimento de um colega com histórico de maior independência e, assim, de um maior número de decisões que tenham desagradado o Executivo. E o mesmo se dá, em relação ao Superior Tribunal de Justiça, no que tange àqueles seus membros que aspiram, um dia, chegar ao STF.

Uma solução consistiria em adotar a elaboração de listas, sêxtuplas ou tríplices, a serem elaboradas por outros órgãos ou entidades, como os Tribunais de Segunda Instância, o Ministério Público ou a OAB, ou mesmo o Congresso Nacional, em moldes aos atualmente utilizados no âmbito da escolha de ministros do STJ e de membros do

10.3. USO DA INTELIGÊNCIA ARTIFICIAL POR AUTORIDADES FAZENDÁRIAS E POR JULGADORES

CNJ, mas deixar a decisão final a respeito da escolha com a própria Corte (STJ ou STF), e não com o Chefe do Poder Executivo.

O uso da inteligência artificial por autoridades fazendárias e principalmente por julgadores – administrativos e judiciais – pode, eventualmente, prestar-se ao aprimoramento da aplicação do direito, fazendo-a mais equânime e imparcial. Trata-se, contudo, de um *instrumento,* que, como tal, trará vantagens ou desvantagens a depender da forma como seja utilizado. O resultado pode ser também muito ruim, dependendo da maneira como a ferramenta seja utilizada. Não se deve agir de maneira precipitada, seja para rejeitar incondicionalmente o novo, apenas pelo medo do desconhecido e pelo apego às tradições, seja para adotá-lo acriticamente, adorando-o sem lhe reconhecer os defeitos e suas possíveis falhas.

Máquinas, para efetuarem julgamentos, sejam eles quais forem, partirão de dados. E esses dados lhes serão fornecidos por humanos, que os captarão no mundo fenomênico, no mundo normativo e no plano axiológico. Não se pode pretender, portanto, que as máquinas sejam neutras, porquanto quem as alimentará com os referidos dados não o é. Mas elas podem, pelo menos, ser coerentes, não incorrendo nas contradições mencionadas no capítulo 8, *supra,* notadamente em seus itens 8.2 e 8.3. Se a máquina considera que os depósitos judiciais feitos por um contribuinte para suspender a exigibilidade do crédito tributário, nos termos do art. 151, II, do CTN, continuam pertencendo a ele até eventual desfecho desfavorável da ação e a respectiva conversão em renda, essa conclusão será adotada tanto quando se tratar de cobrar IRPJ e CSLL sobre os rendimentos do depósito, como quando se tratar de permitir ao contribuinte levantar tais rendimentos (os juros), quando dispensados por uma lei concessiva de parcelamento especial. Quando uma máquina decidir que PIS e COFINS importação são tributos internos, e que somente serão objeto de isenção para os produtos importados do Mercosul quando houver isenção para produtos nacionais, essa premissa não será alterada quando, em outro caso, houver isenção para produtos nacionais e for preciso reconhecer – por dever de coerência – essa isenção a produtos importados.

A coerência, portanto, será uma possível vantagem no uso de máquinas, e de inteligência artificial, no julgamento de questões que envolvem o Poder Público. Máquinas não julgarão questões em favor da Fazenda com a esperança de serem nomeadas para o STJ, ou preocupadas com a arrecadação necessária para que lhes sejam concedidos aumentos em seus subsídios. Tampouco julgarão em sentido discrepante da jurisprudência apenas porque as partes são amigas, ou inimigas, ou porque receberam um telefonema de um conhecido ao qual devem algum favor.

Há que se considerar, porém, que os algoritmos podem ser também eles preconceituosos, se alimentados com dados enviesados, viés que pode ser exponencialmente aumentado por uma programação que busca o aprendizado com experiências passadas pelo método de tentativa e erro, criando um círculo vicioso em que o programa se torna cada vez mais e mais preconceituoso[1]. Para evitar que isso ocorra, é preciso que os algoritmos usados em tais sistemas sejam públicos e transparentes, para permitir o controle de tais defeitos.

Estudos com humanos têm mostrado que, sem emoções e sentimentos, os quais decorrem da necessidade do corpo de manter o equilíbrio necessário à vida (homeostase), pessoas não conseguem tomar decisões. Pacientes com lesões cerebrais em áreas responsáveis por tais emoções, embora se tornem "frios", paradoxalmente não conseguem tomar decisões racionais, a demonstrar que razão e emoção não guardam o antagonismo no qual o senso comum costuma acreditar. É preciso sentimento para conseguir valorar, ou *dar peso* a alternativas que se colocam sobre a mesa, para conseguir optar ou decidir por uma delas. E só sentimentos e emoções permitem isso. Esse talvez seja um desafio para os estudiosos e técnicos da inteligência artificial em um futuro próximo, ou talvez ainda distante, não se sabe. Por enquanto, porém, os sistemas inteligentes permitem aplicar com rapidez critérios de decisão previamente adotados por humanos. Em Tribunais, julgam-se em segundos processos semelhantes àqueles já julgados, fazendo o sistema artificial o trabalho – meramente mecânico – antes desempenhado por assessores que agrupavam processos por assunto, para aplicação de um precedente. A vantagem da inteligência artificial, assim, por enquanto, reside em imprimir maiores rapidez e impessoalidade (e coerência) ao processo.

Quanto ao uso da inteligência artificial por autoridades da Administração Pública, algo que já está em curso no Brasil, de forma inclusive bastante avançada comparativamente aos demais países do mundo, é importante observar que, além de maior rapidez e eficiência aos processos de fiscalização, deve-se buscar a correta aplicação da lei, mesmo nos casos em que isso não traga "vantagem" imediata à Administração Pública.

Atualmente, a Receita Federal do Brasil cruza dados obtidos a respeito de cada viajante que chega ao país, incluindo o peso das bagagens despachadas, e por reconhecimento facial, nos aeroportos, para e inspeciona apenas aqueles que o sistema indica oferecem maior probabilidade de estarem cometendo irregularidades. A fiscalização antes feita de maneira aleatória passa a seguir critérios capazes de lhe dar maior eficiência, permitindo às autoridades trabalharem menos e conseguirem mais resultados. O mesmo se dá na fiscalização feita em importações realizadas por intermédio de portos, de forma tradicional. E isso para não mencionar o cruzamento de dados feito por sistemas da Receita Federal relativamente ao imposto de renda. Tais usos da inteligência artificial são elogiáveis, mas devem ser acompanhados de uma reflexão a respeito das finalidades da lei tributária e da atividade daqueles que a aplicam no âmbito da Administração Tributária. Não se trata apenas de arrecadar, mas de aplicar a legislação pertinente. Assim, tais sistemas devem ser programados não apenas para indicar onde há maior probabilidade de existirem infrações, mas também para informar à autoridade a respeito da presença de erros que levam ao pagamento indevido *e a maior* de tributos, para que estes sejam

---

1. O'NEIL, Cathy. **Weapons of math destruction**. How big data increases inequality and threatens democracy. New York: Crown, 2016, *passim*.

restituídos. O sistema deve favorecer a aplicação da lei, pouco importando a quem isto beneficie, e não apenas a comodidade das autoridades da Administração e os interesses arrecadatórios desta.

O problema do preconceito e do enviesamento, por sua vez, é um risco também presente quando se cogita do uso da IA pela Administração Tributária. Imagine-se, por exemplo, um *software* destinado a auxiliar na fiscalização alfandegária, indicando às autoridades quem deve ser parado e fiscalizado em maior profundidade ao chegar de um voo internacional. Se referido *software* é programado para desconfiar com mais constância de pessoas de rendimentos reduzidos que fazem viagens ao exterior, essas pessoas serão paradas com mais intensidade, para conferência de suas bagagens, do que viajantes abastados. Haverá, com isso, uma maior chance de, dentro do universo de pessoas envolvidas em infrações aduaneiras detectadas pela Receita Federal, haver um maior número de pessoas de rendimentos reduzidos, pelo simples fato de que essas pessoas foram inspecionadas com maior frequência que as demais. Mas o algoritmo "aprenderá" que tais pessoas têm maior probabilidade de serem infratoras, parando-as com ainda maior frequência, incrementado o círculo vicioso. A publicidade do algoritmo, também aqui, é necessária a que se possa controlar a correção de tais sistemas, sendo possível à sociedade, conhecendo-os, avaliar o risco de tais decisões enviesadas e pugnar por sua correção – das decisões, e dos próprios algoritmos que as ensejam.

O tema é atual e relevante, sendo pertinente seus desdobramento e aprofundamento em outro trabalho, por se distanciar dos objetivos deste livro. Não se pode deixar de registrar, contudo, a utilidade da IA pelo fato de possibilitar o afastamento das incoerências e dos vieses indicados, mas, ao mesmo tempo, o risco propiciado pela formação de outros vieses, e pela opacidade dos critérios usados por tais sistemas na fiscalização de contribuintes e, com mais gravidade ainda, na prolação de decisões destinadas a avaliar, em última instância, se tais fiscalizações, lançamentos e demais atos praticados pelo Poder Público são válidos ou não.

10.4. INCREMENTO NA UTILIZAÇÃO DE MÉTODOS ALTERNATIVOS E MUDANÇA NA CULTURA DE "JUDICIALIZAÇÃO"

Outra medida importante para aprimorar a atuação do Poder Judiciário, não só na solução dos conflitos envolvendo o Poder Público, consiste em incrementar o uso de métodos alternativos de solução de litígios, os quais serão examinados em maior detalhamento no próximo capítulo deste livro.

Pode parecer paradoxal que, para a melhoria do Poder Judiciário, a solução proposta seja deixá-lo de lado em prol de formas alternativas de solução de conflitos, mas o paradoxo é apenas aparente. Em verdade, o emprego de formas alternativas não pressupõe a atribuição de uma menor importância ao Poder Judiciário, mas o inverso disso. Almeja-se uma diminuição da sobrecarga a que o Judiciário está atualmente submetido, de modo a que possa dedicar-se àquelas questões que de outra forma não têm como ser resolvidas. Uma redução na quantidade de processos e de trabalho pode em tese permitir um incremento na qualidade do trabalho realizado em relação aos que remanescerem.

Analogicamente, isso equivale a incentivar o uso do transporte coletivo, da bicicleta e, para curtas distâncias, da caminhada, como alternativa a um trânsito caótico, o que não implicará o abandono do automóvel, mas apenas o reservar-se seu uso para situações às quais ele se mostre mais adequado, melhorando inclusive a situação daqueles que o continuarem utilizando, que enfrentarão menos tráfego.

O mais importante, nesse ponto, aliás, não é tanto incrementar o uso de métodos alternativos, mas especialmente reduzir a cultura da judicialização, que prevalece sobretudo no âmbito da Administração Pública e, por conta disso, é uma das responsáveis pelo fato de ser o Poder Público o maior litigante do Poder Judiciário Brasileiro, por ele assoberbado de questões. Não se trata de criar conflitos com o cidadão para depois forçá-lo a uma transação, por exemplo, mas de reconhecer, administrativamente, as situações nas quais o cidadão tem razão nas pretensões que formula, evitando o uso desnecessário da máquina judiciária.

Entende-se por "cultura da judicialização" a decorrente do hábito de tudo pretender ver resolvido pelo Poder Judiciário, o que paradoxalmente é por vezes provocado por autoridades que chegam a reconhecer que o cidadão tem razão, nos pleitos que apresenta perante o Poder Público, mas consideram "mais prudente" negar esses pleitos a fim de que o interessado reclame ao Poder Judiciário e este então determine o correspondente atendimento. Em situações assim, sequer existe conflito, propriamente, mas a autoridade, talvez pelo receio de ser acusada de "favorecer indevidamente" o cidadão que reclama perante a repartição correspondente, prefere negar seu pedido a fim de que um Juiz determine o atendimento e, ao fazê-lo, assuma a responsabilidade perante os órgãos de controle.

Estes, os órgãos de controle, como corregedorias e Cortes de Contas, têm, por igual, sua parcela de responsabilidade na referida cultura do litígio. Há uma suspeita generalizada a pairar sobre autoridades que praticam atos que favorecem particulares, nas relações destes com o Poder Público. Somente quando inequívoco o direito do cidadão, não raro reconhecido em ato normativo infralegal expresso, considera-se que o seu atendimento pela autoridade é legal. Do contrário, há, como dito, sempre uma suspeita de que a autoridade estaria a agir de maneira indevida. Caso, porém, o ato da autoridade, ainda que ilegal, favoreça os interesses da Fazenda Pública, a autoridade será considerada como "rigorosa", e é mesmo possível que ganhe uma medalha de seus superiores, ou tenha seu retrato afixado na parede, associado aos dizeres "servidor padrão" ou algo do gênero. Por essa conjunção de fatores, cria-se a situação, frequente nas repartições públicas brasileiras, de uma autoridade dizer ao cidadão que este possui determinado direito, mas que não pode reconhecê-lo para "se preservar", recomendando, contudo, que ajuíze ação para pleiteá-lo, visto que a jurisprudência é pacífica em seu favor. Isso faz com que inúmeras ações sejam ajuizadas desnecessariamente, e, pior, faz com que aqueles que não querem ou não têm condições financeiras para mover tais ações terminem definitivamente com seus direitos malferidos. É essa cultura que precisa mudar, a qual levará, sem dúvida, a uma redução significativa no volume de ações que se acumulam para apreciação do Poder Judiciário.

A mudança na referida cultura levará não só a uma redução no estoque de processos (desnecessariamente) submetidos à apreciação do Judiciário, mas a uma melhoria na própria qualidade da relação entre o Estado e o cidadão, fazendo desaparecer, ou diminuir, neste, a sensação de que o Estado somente cumpre as leis que lhe interessam, sensação que é corrosiva da legitimidade do Direito Público, e que impele o cidadão a fazer o mesmo. O exemplo de fiel respeito às normas jurídicas têm de começar pela autoridade, para que esta tenha amparo de legitimação moral e social para impor sanções ao cidadão que as venha a descumprir.

11
Métodos alternativos de solução de litígios e o Poder Público

Nem todos os conflitos são resolvidos com a interveniência do Poder Judiciário. Nem precisam ser. Formas consensuais as mais diversas podem ser utilizadas, e devem ser estimuladas, reservando-se a tutela jurisdicional para aquelas situações nas quais todas as demais modalidades ou formas de resolução ou composição de conflitos tenham falhado.

Historicamente, conciliações, mediações e arbitragens sempre estiveram presentes nos grupos humanos, não sendo a solução imposta pelo líder, embrião do qual a jurisdição se originou, a única forma de equacionamento. Na contemporaneidade, o aumento – em quantidade e em complexidade – das relações sociais, e a tendência de se levarem os conflitos à apreciação do Poder Judiciário têm revelado a incapacidade deste para resolvê-los todos. As soluções assim obtidas não serão, em seu mérito, necessariamente as melhores, e a própria estrutura dos órgãos judiciários é insuficiente para tanto trabalho, o que se reflete no excessivo volume de processos e na incapacidade do Poder Judiciário para equacioná-los em tempo razoável.

Isso não significa que a tutela jurisdicional deva ser abandonada como forma de solução de litígios. Ela continua sendo muito importante. A questão é que, até para que possa ser prestada com celeridade e efetividade, é preciso que se reservem a ela apenas os conflitos que os demais métodos são incapazes de dirimir.

Esse discurso, constante dos três parágrafos acima, é perfeitamente pertinente no que tange a conflitos havidos entre particulares, em torno de direitos disponíveis, assim entendidos aqueles dos quais os titulares podem abrir mão, no todo ou em parte. Se um cidadão possui determinada quantia em dinheiro, por exemplo, pode guardá-la, utilizá-la na compra de determinado bem, emprestá-la, mas também pode doá-la inteiramente para uma instituição que cuida de crianças com câncer, ou de idosos com Alzheimer, ou de vítimas de uma calamidade. Se o sujeito pode abrir mão inteiramente do seu direito, pode, *a fortiori*, escolher um método alternativo para resolver um conflito a ele relacionado. Caso tenha emprestado o dinheiro e surja questionamento a respeito de como ele deve ser devolvido pelo correspondente devedor, assim como seria possível abrir mão do crédito e doar inteiramente a quantia ao devedor, é possível, dentro da ideia de quem pode o mais pode o menos, abrir mão da tutela jurisdicional para resolver o conflito e escolher um árbitro, por exemplo, para solucioná-lo.

No que tange às questões de Direito Público, essa mesma lógica não está necessariamente presente. Isso não quer dizer que as formas alternativas de solução de litígios devam ser todas, só por isso, afastadas inteiramente. Mas é preciso atenção para as particularidades das relações que envolvem o Poder Público, não só porque este trata de direitos que em regra não podem ser objeto de disposição por parte dos agentes que corporificam o Estado, o que poderia ser resolvido com a edição de lei expressa veiculando a respectiva autorização, mas porque o Poder Público se relaciona com todos os cidadãos indistintamente, devendo observar princípios como o da igualdade e da impessoalidade em tais relacionamentos.

11.1. MEDIAÇÃO E CONCILIAÇÃO

Entende-se por conciliação a solução consensual de um conflito, obtida por meio de acordo entre as partes. O litígio desaparece, porque as partes deixam de formular pretensões incompatíveis uma em face da outra (v.g., uma parte deixa de pretender receber o que a outra não deseja pagar). A expressão é abrangente, e envolve situações nas quais há concessões mútuas, necessárias a que se chegue ao consenso, e também aquelas nas quais uma das partes simplesmente abre mão de sua pretensão. Na mediação dá-se o mesmo, sendo a diferença entre elas estabelecida a partir do papel de um terceiro, imparcial, na sua condução. Na conciliação, a atuação do terceiro é mais direta e incisiva, havendo a sugestão de soluções, que as partes podem aceitar ou não. Já na mediação, o terceiro apenas facilitaria a comunicação entre as partes, sem interferir nas propostas ou nas soluções a serem encontradas. Tais distinções encontram amparo no art. 165, §§ 2.º e 3.º do CPC, mas na prática é muito difícil diferenciar, concretamente, quando o terceiro está apenas intermediando soluções apresentadas pelas partes, ou quando também as formula ou apresenta.

Observe-se que, para haver conciliação, ou mediação, é preciso que as partes se encontrem em situação de horizontalidade, ou em igualdade de condições. Só nesse ambiente pode-se falar em acordo de vontades, livre de coação e por isso legítimo para pôr fim ao litígio. Não é o que geralmente se observa nas relações entre o cidadão e a Fazenda Pública.

Além disso, em matéria tributária, conflitos surgidos em torno da existência e do modo de ser das relações jurídicas não podem ser objeto de conciliação, ou de mediação, pois a vontade das partes não faz nascer, não modifica e tampouco extingue direitos e obrigações. A atividade da autoridade administrativa é vinculada à lei (CTN, art. 3.º e 142), e a vontade do contribuinte é irrelevante dada a compulsoriedade da obrigação (CTN, art. 3.º). Tanto que as causas de extinção do crédito tributário encontram-se exaustivamente elencadas no art. 156 do CTN, em cumprimento ao disposto no art. 146, III, "b", da CF/88, não se identificando entre elas a mediação, ou a conciliação.

O CTN se reporta, porém, à transação, instituto que de algum modo envolve, por igual, a possibilidade de um "acordo". Como se trata de causa legalmente prevista para a extinção do crédito tributário, e de litígios em torno dele instaurados, será examinada de maneira apartada, a seguir.

11.2. TRANSAÇÃO

O art. 156 do CTN arrola a transação como causa de extinção do crédito tributário, motivo pelo qual o art. 171 do mesmo Código dispõe:

11 • MÉTODOS ALTERNATIVOS DE SOLUÇÃO DE LITÍGIOS E O PODER PÚBLICO

> Art. 171. A lei pode facultar, nas condições que estabeleça, aos sujeitos ativo e passivo da obrigação tributária celebrar transação que, mediante concessões mútuas, importe em determinação de litígio e conseqüente extinção de crédito tributário.
>
> Parágrafo único. A lei indicará a autoridade competente para autorizar a transação em cada caso.

Percebe-se que a transação não pode ser utilizada, em matéria tributária, para prevenir o surgimento de litígios, mas apenas para os extinguir ou terminar (sendo equivocada a remissão à "determinação" constante do Código). Deve, ainda, ser autorizada por lei, à qual cabe o estabelecimento das condições necessárias a que a transação aconteça.

A palavra *transação* pode significa "negócio" ou "acordo de vontades", em sentido bastante amplo. Diz-se, então, que determinada Companhia Fabricante de Bebidas realizou diversas transações comerciais, comprando insumos, adquirindo máquinas, vendendo sua produção etc. Não é esse o significado em que a palavra foi empregada no CTN, claro, e sim um mais específico, ou estreito, que se relaciona ao acordo de vontades por meio do qual, por concessões mútuas, se põe fim a um conflito. Não se fala em *transacionar* mas em *transigir*, no sentido de "não ser intransigente" e ceder um pouco para chegar a um consenso.

O fato de haver previsão legal expressa, autorizando a transação e indicando as condições a serem atendidas pela autoridade, de algum modo afasta o argumento fundado no princípio da legalidade, e na indisponibilidade do crédito tributário. Com efeito, o crédito é indisponível para a autoridade da administração tributária, pois não lhe pertence e sim à entidade pública. Mas se esta, por meio de lei, dele abre mão, não está havendo violação ao referido princípio. Dá-se o mesmo, aliás, no caso de remissão, e de anistia. Afasta-se também o argumento fundado na natureza vinculada da atividade administrativa, pois ter-se-ia, nos art. 156 e 171, exceções à regra veiculada no art. 3.º do CTN. Mas daí não se pode concluir que qualquer transação possa por lei ser determinada. Há, com efeito, questões relacionadas à igualdade, à impessoalidade e à transparência, que de algum modo subjazem à ideia de que o crédito tributário é indisponível à autoridade e deve ser cobrado dentro da lei, pois é a legalidade e a indisponibilidade que permitem uma tributação isonômica e impessoal.

Quanto a uma possível similitude entre transação, anistia, remissão e parcelamento, é importante perceber que são institutos de natureza diferente e, por isso, incomparáveis. A transação é uma forma de extinção de um conflito, por meio da extinção do crédito tributário causador desse conflito. Anistia, remissão e parcelamento são causas de exclusão do crédito (em relação às multas), de extinção do crédito em si (pelo perdão, no todo ou em parte), e de suspensão da exigibilidade do crédito decorrente da concessão de maior prazo para o seu fracionado adimplemento. Mas, como a transação envolve concessões mútuas, a concessão a ser feita pelo Poder Público pode consistir precisamente na exclusão das multas (anistia), na redução de parte da dívida (remissão) ou na concessão de maior prazo para pagamento (parcelamento). Do mesmo modo que uma isenção pode ser um *instrumento* ou um *meio* para se conceder um incentivo fiscal, a remissão, a anistia e o parcelamento podem ser meios usados para se alcançar a transação.

Deve haver, contudo, concessões mútuas. Assim, se de um lado o Poder Público pode abrir mão de parte do valor devido, ou conceder maior prazo para seu pagamento, de outro o sujeito passivo há de fazer também concessões. A principal delas será a de não mais questionar a validade do valor exigido, desistindo da demanda já instaurada. Assim, o contribuinte pagará mais do que gostaria, e o Fisco receberá menos do que pretendia, sendo as mútuas concessões necessárias ao encerramento prematuro de uma questão que, de outro modo, poderia se arrastar por muitos anos, com prejuízos para ambos os lados.

A questão, central à adoção da transação como forma de extinção de litígios entre o Poder Público e o cidadão, consiste em a lei definir, com objetividade e clareza, quais serão as concessões que a Fazenda fará, quais exigirá que o sujeito passivo faça, e quais os critérios a serem seguidos nessa composição. Não se pode deixar à autoridade a discricionariedade de fazer uma transação com um contribuinte, e não fazer outra, nos mesmos termos, com outro que se encontre em situação equivalente, algo que central ao principal projeto de "Lei Geral de Transação" que chegou a ser bastante discutido há alguns anos e atualmente dormita, um tanto esquecido, no Congresso Nacional.

Simone Anacleto Gomes, em estudo elaborado especificamente em torno do referido projeto, observa que ele não garante a isonomia entre contribuintes, pois não há parâmetros claros a serem observados nos "descontos" a serem dados ao contribuinte (a lei apenas fixa um limite percentual), tampouco havendo previsão de

> publicidade das decisões a serem adotadas por esse órgão administrativo (encarregado de proceder à transação) – o anteprojeto prevê, apenas, a necessidade de publicação das ementas das decisões proferidas, não da motivação dessas, o que faz para resguardar o sigilo relativo aos dados econômico-empresariais dos contribuintes, o que não deixa de estar correto. O problema é que a ausência de publicidade quanto à motivação acarreta a inexistência de mecanismos que garantam minimamente que todos os que se encontram em situação semelhante receberão o mesmo tratamento.[1]

Esse é o problema, quando se afasta a legalidade estrita e a impessoalidade, em prol de critérios particulares e casuísticos. Uma transação por adesão, à qual a opção seria pura e simplesmente do contribuinte, cabendo à autoridade verificar se os requisitos legais estariam cumpridos para confirmá-la, seria admissível, mas se diferenciaria pouco de uma remissão pura e simples. Casos em que a autoridade tenha poderes discricionários mais amplos, para transigir ou não, ou para fazê-lo com um, e não com outro, suscitam as questões postas por Simone Anacleto. É o que se dá, por exemplo, com a Lei 13.988/2020, no que tange às transações nela previstas que não se dão por adesão, mas por proposta do devedor ou do próprio Fisco.

11.3. ARBITRAGEM

Quando as partes envolvidas em um conflito *pactuam* a sua solução por um terceiro, por elas indicado, ou escolhido a partir de critérios por elas previamente convencionados, como alternativa à solução desse mesmo conflito pela via jurisdicional, diz-se que há *arbitragem*.

---

1. LOPES, Simone Anacleto. Anteprojeto de lei geral de transação em matéria tributária: uma análise jurídica. **Revista Fórum de Direito Tributário – RFDT**. Belo Horizonte: Fórum, ano 7, n. 38, p. 9-26, mar/abr/2009, p. 22.

11 • MÉTODOS ALTERNATIVOS DE SOLUÇÃO DE LITÍGIOS E O PODER PÚBLICO

Há alguns obstáculos à utilização da arbitragem em matéria tributária.

No Brasil, o primeiro deles reside no art. 156 do Código Tributário Nacional, que elenca, de maneira exaustiva, as causas de extinção do crédito tributário. Entre elas está a decisão administrativa, e a decisão judicial (incisos IX e X). Não consta a "decisão arbitral", que a rigor nem é administrativa, nem judicial.

Poder-se-ia dizer que o *acordo* entre o Fisco e o contribuinte, para que se recorra a um árbitro para a solução de um litígio em matéria tributária, seria uma espécie de transação, sendo assim abrangido pela previsão contida no art. 156, inciso III, do CTN. Não nos parece que seja assim. Embora haja um pacto subjacente ao emprego da arbitragem, não se trata de um cenário no qual as partes façam *concessões mútuas* para encerrar um litígio. O árbitro poderá afirmar que uma das partes têm inteira razão em sua pretensão, e a outra nenhuma, não sendo a alternativa ao Poder Judiciário, por si só, uma indicação de que as partes *transigiram*. Não há, portanto, que se falar em transação.

Por outro lado, mesmo que se contorne a referida dificuldade normativa, o que não seria difícil, bastando a edição de lei complementar a inserir novo inciso no art. 156 do CTN, subsistiriam dificuldades de ordem principiológica, talvez de mais difícil ou mesmo impossível superação.

Com efeito, a arbitragem é solução a que recorrem particulares, quando, em relação a direitos disponíveis, pretendem alternativa à jurisdição para a solução dos conflitos em que se achem envolvidos. Além da disponibilidade dos direitos envolvidos, subjaz a ideia de que as partes consideram o Poder Judiciário lento, ineficiente, ou dotado de qualquer outro defeito que esperam não estar presente no árbitro.

A dificuldade inerente à natureza disponível do direito subjetivo subjacente ao conflito a ser submetido à solução arbitral pode ser solucionada pela via legislativa. Afinal, havendo previsão em lei, será o legislador, e não o administrador, que estará dispondo do crédito tributário, para submetê-lo à arbitragem. Do mesmo modo como acontece com a isenção, ou com a remissão, por exemplo, válidas porque instrumentos através do qual *o legislador* – e não a autoridade administrativa – dispõe do crédito público. Mas note-se: tal como ocorre com a concessão de isenções, ou de remissões, uma vez previstas em lei as hipóteses em que podem ser concedidas, não há espaço para a discricionariedade da autoridade, à qual caberá apenas declarar o cumprimento dos requisitos pelo sujeito passivo e conceder a remissão, ou reconhecer o direito à isenção. Do mesmo modo, no que tange à arbitragem, a legislação que viesse eventualmente a institui-la, em matéria tributária, deveria necessariamente deixar *a critério do sujeito passivo* inconformado com eventual exigência tributária a alternativa de se socorrer de um árbitro[2]. Não há amparo para que se permita à autoridade da administração tributária "decidir" se submeterá um conflito ao Judiciário ou ao árbitro, até porque quem toma a iniciativa de provocar a tutela jurisdicional, especialmente a tutela jurisdicional *de conhecimento* (a qual seria

---

2. É o que ocorre em Portugal, sendo apenas do contribuinte a decisão entre fazer uso da tutela jurisdicional cognitiva ou, alternativamente, da arbitragem. Cf. ROCHA, Joaquim Freitas da. **Lições de Procedimento e Processo Tributário**. 6.ed. Coimbra: Almedina, 2018, p. 473.

"substituída" pela atividade arbitral), é o sujeito passivo, o cidadão contribuinte, e não o Fisco, pelas razões já explicadas neste livro.

Note-se que não é "porque a lei diz" que a atividade administrativa tributária deve ser plenamente vinculada e, nessa condição, deve caber apenas ao contribuinte escolher a alternativa da arbitragem, se esta vier a ser instituída na ordem jurídica brasileira. Aliás, fosse apenas uma imposição legal, a própria lei que instituísse a arbitragem e alterasse o CTN poderia modificá-lo (ou excepcionar o disposto em seu art. 3.º) também nessa parte. A questão é de princípio. Primeiro, de isonomia, carecendo amparo jurídico constitucional a uma permissão para que a autoridade trate um contribuinte de maneira diversa da que trata os demais. E, segundo, da proibição de *venire contra factum proprium*: é o Poder Público que organiza e mantém o Poder Judiciário, não lhe sendo lícito invocar os defeitos deste para escolher a arbitragem como meio alternativo de solução do conflito, no que tange à tutela cognitiva.

É até possível ao Poder Público fazer uso de formas alternativas ao Judiciário, quando, por exemplo, da cobrança de uma dívida, por razões ligadas ao valor a ser cobrado comparado ao custo de movimentar a máquina judiciária, por exemplo. Mas isso não tira do cidadão o direito de mover o Judiciário, até para se opor às medidas de cobrança extrajudiciais que estejam a ser utilizadas pelo credor fazendário. Diversa é a situação da arbitragem, no que tange à tutela cognitiva, razão pela qual, se ela vier a ser implementada na ordem jurídica brasileira, além da alteração no art. 156 do CTN, e de uma minuciosa regulamentação, será preciso deixar nas mãos do sujeito passivo a opção por dela fazer uso, ou não.

A arbitragem, caso introduzida na ordem jurídica brasileira por uma reforma legislativa, poderia limitar-se a alguns assuntos específicos, a exemplo daqueles em que houvesse dúvida quanto a *questões de fato*, por exemplo, antecedentes à feitura de um lançamento (v.g., dúvida quanto à dimensão da base de cálculo do tributo). Caso adotada em relação a casos nos quais o contribuinte já tenha efetuado recolhimentos, que o árbitro eventualmente poderia considerar indevidos, suscitar-se-ia a questão de saber se a restituição correspondente deveria se dar por meio de precatório. As desvantagens da alternativa, porém, parecem superar suas possíveis vantagens. Haveria evidente quebra da isonomia, a começar pela eleição das situações passíveis de solução arbitral: só grandes contribuintes teriam direito à arbitragem? E se a "jurisprudência" arbitral se firmasse em termos diversos da jurisprudência judicial? O melhor parece ser investir na melhoria do Poder Judiciário, e, principalmente, em uma mudança de postura, especialmente no âmbito da Administração Pública, a fim de que se diminua a tendência de tudo se pretender ver resolvido por um terceiro, até para o efeito de transferir responsabilidades. Não são raras as situações nas quais o cidadão comparece a uma repartição fiscal e ouve da autoridade que "até tem direito, mas precisa ir ao Judiciário porque administrativamente a orientação é não reconhecer". A autoridade até indica a existência de orientação favorável no âmbito judicial, mas afirma não poder apesar disso resolver a questão na via administrativa "para se resguardar". A mudança desse tipo de atitude levaria a uma sensível redução no volume de ações judiciais, permitindo ao

Judiciário resolver com maior qualidade as questões que lhe são submetidas e afastando a necessidade de uma solução "arbitral".

11.4. PROCESSO ADMINISTRATIVO E "AUTOTUTELA"

Como consequência das disposições constitucionais que impõem às autoridades administrativas o respeito à lei, diz-se que a Administração Pública tem o dever não apenas de praticar atos em conformidade com a lei, mas também de *corrigir* aqueles que eventualmente sejam praticados em desconformidade com a lei.

A Constituição Brasileira, por sua vez, garante aos cidadãos (CF/88, art. 5.º, XXXIV, "a"), o direito de *provocar* essa correção, ou esse autocontrole. Também se usa a expressão "autotutela vinculada", servindo a palavra "vinculada" para diferenciá-la das espécies ordinárias de autotutela, em que uma das partes impõe, com o uso da forma, a solução para o conflito: no caso da atividade administrativa, a solução é imposta por uma das partes, mas (em tese) a partir da lei. Instaura-se, a partir de referida provocação, um *processo administrativo,* ao qual a Constituição também reserva as garantias inerentes ao devido processo legal (art. 5.º, LV).

Tem-se, assim, mais uma forma "alternativa" de solução de litígios verificados entre o Poder Público e aqueles que com ele se relacionam. Seu uso, porém, não impede ou prejudica o ingresso em juízo, posteriormente, pelo cidadão que se sinta prejudicado. Não é possível questionar em juízo e administrativamente, ao mesmo tempo, as mesmas questões, mas o processo administrativo não faz "coisa julgada", sendo possível, assim, que o cidadão que nele se saia perdedor ingresse em juízo para obter o controle externo e judicial da legalidade do ato administrativo. A instância administrativa envolve o controle interno da legalidade dos atos da administração, que não exclui o posterior controle externo. Caso a Administração reconheça a invalidade de seu ato, naturalmente não será cabível o posterior processo judicial, não porque terá havido coisa julgada, mas porque terá sido a própria Administração que terá voltado atrás, anulando seu próprio ato. O cidadão não poderá ingressar em juízo, até por falta de interesse, pois sua pretensão terá sido atendida. E a Administração também não, pois estaria ingressando em juízo contra si mesma, pois foi ela, em tal hipótese, quem reconheceu a invalidade de seu próprio ato, anulando-o.

Apesar de gratuito, e de não afastar o posterior controle judicial, nos moldes explicados, o processo administrativo é em nosso país cercado de imperfeições, as quais talvez sejam toleradas justamente por conta de sua gratuidade e da possibilidade de posterior revisão judicial. Visto como um favor concedido ao cidadão, por maiores que sejam as suas imperfeições elas são submetidas à ideia subjacente ao ditado popular segundo o qual "de cavalo dado não se olham os dentes".

Embora tenham, em tese, conhecimento técnico maior que o dos julgadores membros do Judiciário, por terem maior proximidade com a realidade fática e com a legislação específica, as autoridades administrativas não têm garantias que as permitam uma mínima imparcialidade. No caso da segunda instância, que no plano federal (e no da maior parte dos Estados, e dos principais Municípios) é integrada por órgãos colegiados e paritários, embora os julgadores tenham mandato por tempo determinado, a falta das referidas garantias dificulta – talvez para eles até de maneira inconsciente – a tomada de decisões que possam desagradar a Administração Pública correspondente. De fato, historicamente foi a necessidade de dar aos julgadores condições de tomarem decisões que poderiam desagradar os reis que fez com que lhes fossem constitucionalmente asseguradas garantias como a irredutibilidade de vencimentos, a inamovibilidade, e a vitaliciedade.

Não que, por isso, a ordem jurídica deva ser modificada para assegurar aos julgadores administrativos o mesmo regime jurídico aplicável a juízes. Mas pelo menos seria o caso de dar a eles condições mínimas de independência, para que os órgãos de julgamento administrativo exerçam com efetividade a função que lhes compete, que é a de filtrar exigências ilegais, deixando que sejam levadas ao Judiciário apenas aquelas nas quais a pretensão da Fazenda seja legítima, ou nas quais haja boas razões para acreditar que o seja.

A título de exemplo, no âmbito do Conselho Administrativo de Recursos Fiscais (CARF), julgadores indicados por entidades representativas de contribuintes são impedidos de advogar, e têm severas restrições ao exercício de qualquer outra atividade remunerada. Têm de viver, basicamente, do que recebem do órgão. Entretanto, não se lhes assegura um regime jurídico correspondente ao dos servidores públicos, seus colegas no exercício da mesmíssima função de julgar. Aliás, não se lhes asseguram sequer direitos próprios de uma relação de emprego, regida pela CLT. Recebem menos que os Conselheiros indicados pelo Fisco, não têm direito a férias, ou mesmo a licenças por motivo de saúde, ou gravidez. Se uma conselheira adoece, ou fica grávida e dá à luz uma criança, terá de parar de participar de sessões e por conseguinte de receber. Já os conselheiros indicados pela Fazenda têm um adicional de produtividade, o qual sofre reflexos em face dos autos de infração cuja validade é confirmada pelo órgão, podendo ser transferidos a localidades remotas, ou colocados em funções desinteressantes, quando do término de seus mandatos. É evidente que, em um sistema assim, os conselheiros não têm condições para decidir com autonomia.

11.5. SANÇÕES POLÍTICAS E PROTESTO DE CDA

Há outras formas de autotutela, não tão "vinculadas à lei" como o processo administrativo, mas que representam maneiras extrajudiciais de cobrança da dívida tributária. São restrições a direitos fundamentais que, por não guardarem relação direta com outros direitos fundamentais eventualmente em choque, e por implicarem forma de cobrança à margem do devido processo legal, sem oferecer ao suposto devedor oportunidades de defesa, foram batizadas pela jurisprudência do Supremo Tribunal Federal de "sanções políticas".

Precisamente por representarem forma de justiça de mão própria, à margem do devido processo legal, são consideradas inconstitucionais pelo STF, que a respeito delas editou três súmulas, com o seguinte teor:

11 • MÉTODOS ALTERNATIVOS DE SOLUÇÃO DE LITÍGIOS E O PODER PÚBLICO

Hugo de Brito Machado[3], a esse respeito, esclarece:

Em Direito Tributário a expressão sanções políticas corresponde a restrições ou proibições impostas ao contribuinte, como forma indireta de obrigá-lo ao pagamento do tributo, tais como a interdição do estabelecimento, a apreensão de mercadorias, o regime especial de fiscalização, entre outras.

Qualquer que seja a restrição que implique cerceamento da liberdade de exercer atividade lícita é inconstitucional, porque contraria o disposto nos artigos 5º, inciso XIII, e 170, parágrafo único, do Estatuto Maior do País.

(...)

São exemplos mais comuns de sanções políticas a apreensão de mercadorias sem que a presença física destas seja necessária para a comprovação do que o fisco aponta como ilícito; o denominado regime especial de fiscalização; a recusa de autorização para imprimir notas fiscais; a inscrição em cadastro de inadimplentes com as restrições daí decorrentes; a recusa de certidão negativa de débito quando não existe lançamento consumado contra o contribuinte; a suspensão e até o cancelamento da inscrição do contribuinte no respectivo cadastro, entre muitos outros.

Todas essas práticas são flagrantemente inconstitucionais, entre outras razões, porque: a) implicam indevida restrição ao direito de exercer atividade econômica, independentemente de autorização de órgãos públicos, assegurado pelo art. 170, parágrafo único, da vigente Constituição Federal; e b) configuram cobrança sem o devido processo legal, com grave violação do direito de defesa do contribuinte, porque a autoridade que a este impõe a restrição não é a autoridade competente para apreciar se a exigência é ou não legal.

A desproporcionalidade da restrição ao direito fundamental, portanto, reside no fato de não haver relação entre o exercício do aludido direito e a cobrança do tributo, sendo a restrição usada apenas para compelir o devedor ao pagamento, à margem do devido processo legal. A restrição mostra-se, assim, desnecessária e, acima de tudo, excessiva, ou desproporcional em sentido estrito, para atingir a finalidade a que se destina – a cobrança do crédito –, ainda que essa finalidade seja, em si mesma, legítima[4].

Houve, porém, um caso, julgado pelo Supremo Tribunal Federal, em que essa jurisprudência foi excepcionada. Com efeito, depois de há muito consolidada a jurisprudência do Supremo Tribunal Federal em torno das sanções políticas, foi objeto de análise pela Corte o caso de uma indústria produtora de cigarros sobre a qual recaia a acusação de inadimplência contumaz do imposto sobre produtos industrializado (IPI), incidente sobre a produção de cigarro por alíquotas elevadíssimas, superiores a 300%. Em virtude dessa inadimplência, seu registro especial para produção de cigarros foi cancelado pelo Poder Público, levando, na prática, a que tivesse de fechar as portas.

A referida fábrica de cigarros postulava, como recorrente, a aplicação da *ratio* subjacente às Súmulas 70, 323 e 547 da Corte, e toda a jurisprudência a elas posterior, rapidamente resenhada no item anterior deste trabalho. Pugnava, com isso, o resta-

---

3. MACHADO, Hugo de Brito. Sanções Políticas no Direito Tributário. **Revista Dialética de Direito Tributário** n.º 30. São Paulo: Dialética, maio de 19981998, p. 46-47.
4. BIM, Eduardo Fortunato. A Inconstitucionalidade das Sanções Políticas Tributárias no Estado de Direito: Violação ao 'Substantive Due Process of Law' (Princípios da Razoabilidade e da Proporcionalidade)" In. ROCHA, Valdir de Oliveira (Coord.). **Grandes Questões Atuais do Direito Tributário – v. 8**. São Paulo: Dialética, 2004, p. 67-92, p. 83.

belecimento de seu registro, independentemente do pagamento dos débitos de IPI apontados pelo Fisco.

O Supremo Tribunal Federal, porém, por maioria de votos, considerou válida a restrição (RE 550.769), deixando de aplicar sobre ela sua jurisprudência já consolidada em torno das sanções políticas. Isso fez com que as Fazendas ganhassem novo fôlego na defesa de tais práticas, que, embora inconstitucionais, nunca deixaram de ser adotadas contra aqueles considerados devedores do Fisco. O aludido precedente seria uma indicação de que, em nome da livre concorrência, as sanções políticas poderiam, em alguns casos, ser admitidas. O acórdão, a propósito, porta a seguinte ementa:

> CONSTITUCIONAL. TRIBUTÁRIO. SANÇÃO POLÍTICA. NÃO-PAGAMENTO DE TRIBUTO. INDÚSTRIA DO CIGARRO. REGISTRO ESPECIAL DE FUNCIONAMENTO. CASSAÇÃO. DECRETO-LEI 1.593/1977, ART. 2º, II. 1. Recurso extraordinário interposto de acórdão prolatado pelo Tribunal Regional Federal da 2ª Região, que reputou constitucional a exigência de rigorosa regularidade fiscal para manutenção do registro especial para fabricação e comercialização de cigarros (DL 1.593/1977, art. 2º, II). 2. Alegada contrariedade à proibição de sanções políticas em matéria tributária, entendidas como qualquer restrição ao direito fundamental de exercício de atividade econômica ou profissional lícita. Violação do art. 170 da Constituição, bem como dos princípios da proporcionalidade e da razoabilidade. 3. A orientação firmada pelo Supremo Tribunal Federal rechaça a aplicação de sanção política em matéria tributária. Contudo, para se caracterizar como sanção política, a norma extraída da interpretação do art. 2º, II, do Decreto-lei 1.593/1977 deve atentar contra os seguintes parâmetros: (1) relevância do valor dos créditos tributários em aberto, cujo não pagamento implica a restrição ao funcionamento da empresa; (2) manutenção proporcional e razoável do devido processo legal de controle do ato de aplicação da penalidade; e (3) manutenção proporcional e razoável do devido processo legal de controle da validade dos créditos tributários cujo não-pagamento implica a cassação do registro especial. 4. Circunstâncias que não foram demonstradas no caso em exame. 5. Recurso extraordinário conhecido, mas ao qual se nega provimento.

Referido julgado, porém, apenas referendou entendimento firmado pela Corte, também por maioria, quando do julgamento de medida cautelar (AC 1657-MC) ajuizada pela empresa de cigarros, com a finalidade de emprestar efeito suspensivo ao seu Recurso Extraordinário. O acórdão que julgou a referida medida cautelar, denegando-a, foi assim ementado:

> Recurso. Extraordinário. Efeito suspensivo. Inadmissibilidade. Estabelecimento industrial. Interdição pela Secretaria da Receita Federal. Fabricação de cigarros. Cancelamento do registro especial para produção. Legalidade aparente. Inadimplemento sistemático e isolado da obrigação de pagar Imposto sobre Produtos Industrializados – IPI. Comportamento ofensivo à livre concorrência. Singularidade do mercado e do caso. Liminar indeferida em ação cautelar. Inexistência de razoabilidade jurídica da pretensão. Votos vencidos. Carece de razoabilidade jurídica, para efeito de emprestar efeito suspensivo a recurso extraordinário, a pretensão de indústria de cigarros que, deixando sistemática e isoladamente de recolher o Imposto sobre Produtos Industrializados, com consequente redução do preço de venda da mercadoria e ofensa à livre concorrência, viu cancelado o registro especial e interditados os estabelecimentos. (BRASIL, 2007)

Antes de se tirarem conclusões precipitadas em torno de tais julgados, é preciso conhecer o caso que lhes deu origem, e a *ratio* subjacente ao texto que, em apertada síntese, consta das respectivas ementas. No julgamento, pesaram, de maneira significativa, os argumentos relacionados à especificidade do setor, que fabrica produtos sabidamente nocivos à saúde, e por isso mesmo já submetido a diversas limitações à livre iniciativa, no âmbito da publicidade, locais de venda, obrigatoriedade de se afixarem nas embalagens imagens ilustrativas dos malefícios do produto etc. Somou-se a isso o fato de o Imposto sobre Produtos Industrializados (IPI) incidente sobre o cigarro ter alíquotas elevadíssimas, superiores a 300%, com finalidade precipuamente extrafiscal, finalidade esta que estava sendo esvaziada pelo fato de a referida fabricante não estar pagando o imposto.

Foram essas particularidades que, juntas, fizeram com que o STF não enxergasse, na cassação do registro da aludida fábrica, uma sanção política. Afinal, a União não desejava, com o fechamento, necessariamente que o imposto fosse quitado. Não se tratava, propriamente, de uma forma indireta de cobrança, mas, antes, de uma forma de evitar que o cigarro continuasse sendo produzido sem se submeter aos ônus destinados a desestimular seu consumo. Seria algo assemelhado, por exemplo, à apreensão de cigarros que eventualmente estivessem sendo vendidos em pontos diversos dos autorizados para esse fim, e sem a afixação das imagens e das mensagens de alerta sobre seus malefícios. Em seu voto, aliás, o Ministro Peluzo chegou a afirmar que a indústria de tabacos que não cumpre os requisitos exigidos à comercialização do produto, dentre os quais está a obtenção do registro e a necessária submissão ao imposto extrafiscal específico, está a desempenhar atividade irregular, o que não ocorreria em outros setores da economia. A natureza *sui generis* do setor foi igualmente referida no voto do Min. Lewandowski, tendo todos eles, que votaram pela denegação da medida, se preocupado em frisar que não estavam alterando a jurisprudência construída em torno das sanções políticas.

Além disso, como o ônus representado pelo Imposto sobre Produtos Industrializados – IPI incidente sobre os produtos derivados do tabaco é elevadíssimo, precisamente para desestimular o seu consumo, dada a sua nocividade, o não pagamento reiterado do tributo, no caso, levava a um prejuízo da concorrência, prejuízo este igualmente impactante à saúde pública, porquanto calcado em um barateamento significativo dos cigarros produzidos pela indústria que fora fechada.

Vale registrar, ainda, que a tese fazendária prevaleceu por uma maioria apertada, vencidos os Ministros Celso de Mello, Joaquim Barbosa, Sepúlveda Pertence e Marco Aurélio, os quais consideravam que tais particularidades não desqualificavam a cassação de registro em exame como "sanção política". Além disso, a tese vencedora é passível de crítica mesmo que suas premissas sejam, em tese, admissíveis. Não deixa de ser contraditório admitir o fechamento de uma indústria de tabacos que possui percentual ínfimo do mercado, desconhecida no mercado, como forma de "proteger a concorrência", sendo as principais interessadas na tese fazendária, e nessa "proteção da concorrência" duas grandes produtoras, detentoras, juntas, de quase todo o restante desse mesmo mercado. Além disso, os cigarros produzidos por essas outras empresas, que praticamente já dominam este mercado, e que seriam prejudicados pela concorrência do cigarro fabricado por esta que foi fechada, também causam malefícios à saúde. Não se trata, portanto, de retirar do mercado um item nocivo, em favor de outro, saudável.

E, finalmente, não se pode esquecer que a aludida fábrica de cigarros não estava simplesmente "inadimplente" com o imposto. Diversos dos apontados "débitos" estavam com sua exigibilidade suspensa, havendo ações judiciais nas quais se discutia precisamente a forma de cálculo do IPI incidente sobre o tabaco, pois, cobrado por meio de valores fixos (alíquotas específicas, e não *ad valorem*), ele favoreceria as grandes produtoras em prejuízo das pequenas. Não importa o preço do cigarro, o ônus do imposto seria o mesmo, o que desestimularia pequenos produtores a tentarem ganhar mercado praticando preços mais baixos. Essa prática, que se assemelha a uma tributação por meio de "pautas fiscais", vinha sendo questionada pela empresa, que talvez não pudesse ser tachada, simplesmente, de devedora "reiterada" ou "contumaz", aspecto de fato que, de mais a mais, foi lançado no STF em sede de memoriais, sem espaço para a devida apuração da verdade.

Todos esses aspectos sugerem que o próprio caso American Virginia, no qual se excepcionou a jurisprudência segundo a qual débitos tributários não podem levar a restrições à livre iniciativa como forma indireta de cobrança, talvez tenha sido julgado equivocadamente e nem mesmo na excepcional hipótese a ele subjacente as sanções políticas seriam admissíveis. Mas, mesmo sem essa crítica, o que importa notar é que nele, a todo o instante, os Ministros que votaram favoravelmente às restrições, compondo assim a apertada maioria que negou provimento ao recurso da empresa, ressaltaram a natureza excepcional do caso e do setor do mercado, a extrafiscalidade do IPI e a nocividade do produto, de modo que não se está diante de precedente que sugira uma mudança de rumo do STF em sua jurisprudência quanto às sanções políticas. Tanto que, em acórdãos posteriores, elas, as sanções políticas, continuaram sendo normalmente repelidas.

É preciso, ainda, ter muita cautela com a invocação, pela Fazenda Pública, do princípio da livre concorrência, usado como instrumento legitimador de exigências tributárias. O princípio pode, mal utilizado, transformar-se em uma nova roupagem, aparentemente mais legítima, para o que antes se designava por razões de Estado, ou simplesmente "interesse público". Dentro de uma discussão em torno da tensão de princípios, este entraria como trunfo para legitimar práticas contrárias a garantias constitucionais do contribuinte, em suposta proteção a outros contribuintes e à coletividade em geral.

No caso, o uso consiste, como se sabe, na afirmação, feita em defesa de determinada cobrança, de que o não pagamento da quantia exigida colocaria o contribuinte inadimplente em situação de desigualdade em relação a seus concorrentes, o que seria prejudicial à livre iniciativa de todos os demais integrantes do setor. O argumento é usado até mesmo para justificar a denegação de tutelas provisórias em matéria tributária, mas sua finalidade, no caso das sanções políticas, é o de inverter a fundamentação contrária a elas: seria para proteger a livre iniciativa dos concorrentes do sonegador que ela estaria sendo utilizada, o que legitimaria seu emprego.

A tese, porém, não parece procedente. No que tange à convalidação de exigências em si mesmo indevidas, ela não é correta porque, se a cobrança é improcedente, os concorrentes também não devem se submeter a ela. Se, exemplificando, estiverem presentes os requisitos necessários à concessão de uma tutela de urgência destinada a suspender determinada cobrança de tributo, tendo isso sido pedido por apenas um dos integrantes de determinado setor da economia, os seus concorrentes, se quiserem, que procurem por igual o Judiciário, para igualmente a afastarem. Não se pode, dentro da lógica da "proliferação de liminares", pretender que uma ilegalidade, só porque atinge muitas pessoas e algumas ainda não se insurgiram contra ela, não possa ser afastada pelo Poder Judiciário. Levado ao extremo, esse entendimento faria com que apenas fossem constitucionalmente admissíveis, em matéria tributária, as jurisdições concentrada e coletiva, suprimindo-se o próprio acesso individual à jurisdição, o qual poderia levar a resultados que desequilibrariam mercados. E, no que diz respeito às sanções políticas, o argumento não é correto mesmo que efetivamente devidos sejam os tributos que justificam a aplicação das restrições. Os concorrentes, também eles, quando tiverem pendências, desejarão que elas sejam cobradas em observância ao devido processo legal, de modo a que se permita a discussão do valor exigido, se for o caso. Essa, aliás, é a questão: ao se dizer que uma forma de cobrança é inconstitucional, por despropor- cionalidade, se está atacando o meio, que não pode ser utilizado ainda que legítimos sejam os fins com ele buscados. Não se afirma, em suma, que o Fisco não possa (aliás, deva) cobrar os tributos que considera lhe serem devidos; o que acontece é que esse objetivo, legítimo, não autoriza o recurso a quaisquer meios, notadamente quando a ordem jurídica oferece, dentro do devido processo legal, o caminho indicado para essa finalidade. Recorde-se que, dotado de textura aberta e conteúdo impossível de ser de- limitado previamente[5], o princípio do devido processo legal é incompatível com forma de cobrança que coage o devedor ao pagamento sem lhe abrir qualquer oportunidade de questionamento, produzir qualquer prova em contrário[6], à margem de qualquer tipo de controle, administrativo ou judicial, em torno da cobrança feita, que é caso quando se condiciona a retirada de um obstáculo à atividade empresarial do contribuinte ao pagamento das quantas exigidas.

Tampouco se pretende, aqui, criticar o chamado direito por princípios, ou tudo aquilo que se designa pelo difuso e às vezes mal empregado rótulo do neoconstitucio- nalismo. Considera-se que normas que apenas enunciam objetivos, valores, metas, ou a "promoção de um estado ideal de coisas"[7] são dotadas de positividade e, nessa condição, devem ter seus efeitos jurídicos investigados e respeitados. Nesse âmbito, a ponderação é simplesmente inafastável, como o é, aliás, sempre que entram em cena metas ou ne- cessidades diversas a serem atendidas e recursos finitos, insuficientes para atendê-las todas. Na Economia, e até no âmbito da biologia, no processo de seleção natural, há *tradeoffs* que se assemelham ao que constitucionalistas preconizam que se faça diante de um choque entre princípios. O problema é fazê-lo com clareza, fundamentadamen- te, e não apenas invocando princípios como trunfos para de maneira não explicada se restringirem aqueles que no momento não se deseja que sejam respeitados.

Em suma, o precedente firmado pelo Supremo Tribunal Federal no julgamento do caso da indústria de cigarros *American Virginia*, além de ser em si mesmo criticável, não implicou, de uma forma ou de outra, alteração da jurisprudência daquele tribunal a respeito das sanções políticas como um todo. Tanto que inúmeros outros julgados, nos quais se reitera o teor das Súmulas 70, 323 e 547 da Corte, foram proferidos posterior-

---

5. VIGORITI, Vicenzo. **Garanzie constituzionali del processo civile**. Milão: Giufré, 1973, p. 35-39.
6. TESAURO, Francesco. Giusto processo e processo tributario. In: PIETRO, Adriano (Coord.). **Per una constitu- zione fiscale europea**. Milano: Cedam, 2008, p. 301-354, p. 344.
7. ÁVILA, Humberto. **Teoria dos princípios**. 4.ed. São Paulo: Malheiros, 2004, p. 70.

mente. As premissas das quais se partiu, para admitir o fechamento da citada indústria tabageira, são de verificação excepcionalíssima, relacionadas à extrafiscalidade do IPI incidente sobre o tabaco e à nocividade desse produto, não se prestando a justificar a complacência com a generalização do uso das sanções políticas, tudo em nome de uma suposta defesa da concorrência.

11.5.1. O protesto como forma de cobrança

A Fazenda faz uso de uma modalidade de cobrança que muito se assemelha às sanções políticas, que consiste no protesto da certidão de dívida ativa (CDA).

Pode-se entender que o protesto de CDA é inválido, incorrendo nas mesmas irregularidades que as demais formas de sanção política examinadas anteriormente. Afinal, o protesto em cartório de uma dívida presta-se para tornar público e incontroverso o inadimplemento do dever principal, permitindo assim que o credor acione os chamados "coobrigados", como os endossantes de um título de crédito, por exemplo. No caso da dívida tributária, a mora e a responsabilidade de terceiros decorrem da lei, não havendo a necessidade de protesto senão para constranger o devedor. Em se tratando de particulares, o protesto indevido gera direito à indenização, a qual pode ser cobrada do causador do dano com o uso dos mesmos instrumentos coercitivos, algo que não se verifica em face da Fazenda Pública. Apesar disso, o Supremo Tribunal Federal considerou válido o protesto de CDA. Julgando procedente, em decisão não unânime, a ADI 5.135, o STF considerou que o "protesto das certidões de dívida ativa constitui mecanismo constitucional e legítimo por não restringir de forma desproporcional quaisquer direitos fundamentais garantidos aos contribuintes e, assim, não constituir sanção política".

Partiu-se da premissa de que o protesto não impede o contribuinte, caso discorde da exigência, de mover a respectiva ação judicial, destinada a impugná-la, pleiteando, em sede de tutela provisória, que se suspenda a exigibilidade do débito e se suste o protesto correspondente. Mas a forma de cobrança seria eficaz para os contribuintes que não têm argumentos para se opor à exigência e apenas não a pagam por confiarem na ineficácia do processo executivo, não lhes trazendo, contudo, maiores prejuízos. Mas o argumento que talvez tenha sido considerado mais consistente, em sua defesa, é o de que os particulares em geral utilizam o protesto, sem que estejam presentes por igual as causas que originalmente o justificariam (provar a mora e garantir a responsabilidade dos coobrigados de regresso), não havendo motivos para se negar o acesso ao instrumento apenas à Fazenda Pública.

Registre-se, no caso, que o direito é uma via de mão dupla e, por coerência, o protesto de uma dívida indevida, por parte da Fazenda Pública, há de garantir ao contribuinte, como garante ao particular vítima de protesto indevido por qualquer outro credor, o mesmo direito à indenização por dano moral *in re ipsa*.

Referências

ACADEMIA DAS CIÊNCIAS DE LISBOA. **Dicionário da Língua Portuguesa Contemporânea**. Lisboa: Verbo, 2001, v.1.

ACEMOGLU, Daron; ROBINSON, James. **Why nations fail**: the origins of power, prosperity and poverty. London: Profile books, 2012.

ADAMS, Charles. **For good and evil**: the impact of taxes on the course of civilization. 2.ed. New York: Madison Books, 2001.

AMAYA, Amalia. **The tapestry of reason**: An Inquiry into the Nature of Coherence and its Role in Legal Argument. Oxford: Hart Publishing, 2015.

ARASZKIEWICZ, Michal; SAVELKA, Jaromir. (ed.). **Coherence**: Insights from Philosophy, Jurisprudence and Artificial Intelligence. New York: Springer, 2013.

ÁVILA, Humberto. **Teoria dos princípios**. 4.ed. São Paulo: Malheiros, 2004.

AXELROD, Robert. **A evolução da cooperação**. Tradução de Jusella Santos. São Paulo: Leopardo, 2010.

BARBI, Celso Agrícola. **Comentários ao Código de Processo Civil**. Rio de Janeiro: Forense, 1975, v. 1, tomos 1 e 2.

BERGEN, Benjamin. **Louder than words**. The new science of how the mind makes meaning. New York: Perseus, 2012.

BIM, Eduardo Fortunato. A Inconstitucionalidade das Sanções Políticas Tributárias no Estado de Direito: Violação ao 'Substantive Due Process of Law' (Princípios da Razoabilidade e da Proporcionalidade)" In. ROCHA, Valdir de Oliveira (Coord.). **Grandes Questões Atuais do Direito Tributário – v. 8**. São Paulo: Dialética, 2004, p. 67-92.

BONAVIDES, Paulo. **Ciência Política**. 10 ed. São Paulo: Malheiros, 1995.

BONAVIDES, Paulo. **Curso de Direito Constitucional**. 12. ed. São Paulo: Malheiros, 2002.

BUCHANAN, James. **The limits of liberty**: between anarchy and leviathan. Indianapolis: Liberty fund, 2000.

BUENO, Francisco da Silveira. **Grande dicionário etimológico-prosódico da língua portuguesa**. São Paulo: Saraiva, 1964, v.2.

BUENO, José Antonio Pimenta. **Apontamentos sobre as formalidades do processo civil**. 2.ed. rio de Janeiro: Typographia nacional, 1858.

BUJÁN, Antonio Fernández de. "Principios tributarios: una visión desde el Derecho Romano. *Ius fiscale*: instrumentos de política financiera y principios informadores del sistema tributario romano", MARTÍNEZ, Juan Arrieta; YURRITA, Miguel Ángel Collado; PÉREZ, Juan Zornoza. **Tratado sobre la Ley General Tributaria**. Navarra: Aranzadi/Thomsom Reuters, 2010, t. I.

CARNELUTTI, Francesco. **Instituições do Processo Civil**. tradução de Adrián Sotero de Witt Batista, São Paulo: Classicbook, 2000, v.1.

_____. **Sistema de Direito Processual Civil**. Tradução de Hiltomar Martins Oliveira. São Paulo: Classic Book, 2000, v.1

CHIOVENDA, Giuseppe. **Instituições de Direito Processual Civil**. tradução de Paolo Capitanio, Campinas: Bookseller, 1998, vol. III.

CINTRA, Antônio Carlos de Araújo; GRINOVER, Ada Pellegrini e DINAMARCO, Cândido Rangel. **Teoria Geral do Processo**. 18. ed. São Paulo: Malheiros, 2002.

CUNHA, Leonardo José Carneiro. **A Fazenda Pública em Juízo**. 13.ed. Rio de Janeiro: Forense, 2016.

DAMÁSIO, António R. **O erro de descartes. Emoção, razão e cérebro humano**. 2.ed. São Paulo: Companhia das Letras, 2010.

DEEMTER, Kees Van. **Not exactly**. In Praise of vagueness. Oxford: Oxford University Press, 2010.

DERZI, Misabel Abreu Machado. Comentários ao art. 150 do CTN. In: NASCIMENTO, Carlos Valder (Coord.). **Comentários ao Código Tributário Nacional**. Rio de Janeiro: Forense, 1997.

DIDIER JÚNIOR, Fredie; BRAGA, Paulo Sarno; OLIVEIRA, Rafael. **Curso de Direito Processual Civil**. 6.ed. Salvador: Juspodivm, 2011, v. 2.

DIDIER JÚNIOR, Fredie; CUNHA, Leonardo Carneiro da. **Curso de Direito Processual Civil**. 13.ed. Salvador: JusPodivm, 2016, v. 3.

DINAMARCO, Cândido Rangel. **Instituições de Direito Processual Civil**. 3. ed. São Paulo: Malheiros, 2003, v. III.

_____. **Instituições de Direito Processual Civil**. 3. ed. São Paulo: Malheiros, 2003, v. I.

DOURADO, Ana Paula (ed.). **Separation of powers in tax law**. European Association of Tax Law Professors and Authors, 2010.

EHRENBERG, Kenneth. Pattern Languages and Institutional Facts: Functions and Coherences in the Law. In. ARASZKIEWICZ, Michal; SAVELKA, Jaromir (ed.). **Coherence**: Insights from Philosophy, Jurisprudence and Artificial Intelligence. New York: Springer, 2013.

EMERENCIANO, Adelmo da Silva. **Procedimentos Fiscalizatórios e a Defesa do Contribuinte**. Campinas: Copola, 1995.

ENGISCH, Karl. **Introdução ao pensamento jurídico**. 8.ed. Traduzido por J. Baptista Machado. Lisboa: Fundação CalousteGulbenkian, 2001.

FAZZALARI, Elio. **Instituições de direito processual**. Tradução de Elaine Nassif. Campinas: Bookseller, 2006.

FERREIRA, Aurélio Buarque de Holanda. **O novo Aurélio**. Dicionário da Língua Portuguesa do Século XXI, 3.ed. Rio de Janeiro: Nova Fronteira, 1999.

FEYERABEND, Paul. **Adeus à razão**. Tradução de Vera Joscelyne. São Paulo: Unesp, 2010.

_____., **Contra o método**. 2.ed. Tradução de Cezar Augusto Mortari. São Paulo: Unesp, 2011.

_____., **A ciência em uma sociedade livre**. Tradução de Vera Joscelyne. São Paulo: Unesp, 2011.

FURTADO, Paulo. **Execução**. 2.ed. São Paulo: Saraiva, 1991.

GRIBNAU, Hans. Legal certainty: a matter of principle. In: GRIBNAU, Hans; PAUWELS, Melvin (Ed.). **Retroactivity of tax legislation**. European Association of Tax Law Professors and authors. 2013.

GRIBNAU, Hans; PAUWELS, Melvin (Ed.). **Retroactivity of tax legislation**. European Association of Tax Law Professors and authors. 2013.

GUERRA, Marcelo Lima . Notas sobre o dever constitucional de fundamentar as decisões judiciais (CF, art. 93, IX). In: FUZ, Luiz; NERY JR. Nelson; WAMBIER, Teresa Arruda Alvim. (Org.). **Processo** e **Constituição**: estudos em homenagem ao Professor José Carlos Barbosa Moreira. São Paulo: Revista dos Tribunais, 2006.

-_____. Premissas para a construção de um léxico constitucional e epistemologicamente adequado em matéria probatória. In: **Anais do XIX Encontro Nacional do CONPEDI** realizado em Fortaleza – CE nos dias 09, 10, 11 e 12 de Junho de 2010, p. 7742 e ss. Disponível em: http://www.conpedi.org.br/manaus/arquivos/anais/fortaleza/4060.pdf. Acesso em: 23 abr. 2013.

_____. **Prova Judicial**: uma introdução. Fortaleza: Boulesis, 2015.

HAACK, Susan. **Evidence and Inquiry**.Cambridge: Blackwell, 1993.

_____. **Evidence matters**. Science, Proof and Truth in the Law. New York: Cambridge University Press, 2014.

_____. **Manifesto de uma moderada apaixonada**. Ensaios contra a moda irracionalista. Tradução de Rachel Herdy. Rio de Janeiro: Loyola, 2011.

HABERMAS, Jurgen. **Truth and justification**. Translated by Barbara Fultner. Massachusetts: MIT Press, 2003.

HAMILTON, Alexander; JAY, John; MADISON, James. **The federalist**. Indianapolis: Liberty Fund, 2001.

HARET, Florence. **Teoria e Prática das Presunções no Direito Tributário**. São Paulo: Noeses, 2010.

HEINRICH, Johannes; PRINZ, Irina. Austria National Report. In: DOURADO, Ana Paula (ed.). **Separation of powers in tax law**. European Association of Tax Law Professors and Authors, 2010.

HERSHOVITZ, Scott (Ed.). **Exploring Law's Empire**: The jurisprudence of Ronald Dworkin. Oxford: Oxford University Press, 2006.

HESSEN, Johannes. **Teoria do conhecimento**. Tradução de João Vergílio Gallerani Cuter. São Paulo: Martins Fontes, 2003.

HOUAISS, Antonio; VILLAR, Mauro de Salles; FRANCO, Francisco Manoel de Melo. **Dicionário Houaiss da língua portuguesa**. Rio de Janeiro: Objetiva, 2001.

JOYCE, Richard. **The evolution of morality** Cambridge, Massachusetts: MIT Press, 2006.

JUNG, C. G. **Cartas** – 1956-1961. Petrópolis: Vozes, 2003, v. III.

KIRCHHOF, Paul. **Tributação no Estado Constitucional**. Tradução de Paulo Adamy. São Paulo: Quartier Latin, 2016.

LOPES, Simone Anacleto. Anteprojeto de lei geral de transação em matéria tributária: uma análise jurídica. **Revista Fórum de Direito Tributário – RFDT**. Belo Horizonte: Fórum, ano 7, n. 38, p. 9-26, mar/abr/2009.

MACCORMICK, Neil. **Argumentação jurídica e teoria do direito**. Tradução de Waldéa Barcellos, São Paulo: Martins Fontes, 2006.

MACHADO SEGUNDO, Hugo de Brito. Ainda a restituição dos tributos indiretos. **Nomos** (Fortaleza), v. 32.2, p. 223-274, 2012.

_____ (Coord.). **Coisa julgada – constitucionalidade e legalidade em matéria tributária**. São Paulo/Fortaleza: Dialética/ICET, 2006.

_____. "O Direito de Compensar e o art. 170-A do CTN", In: ROCHA, Valdir de Oliveira. **Problemas de Processo Judicial Tributário** – v. 5, São Paulo: Dialética, 2002, p. 107 a 124.

_____. **Curso de Direito Constitucional Tributário**. 2.ed. São Paulo: Malheiros, 2015.

_____. **Responsabilidade pessoal do agente público por danos ao contribuinte**. São Paulo: Malheiros, 2017.

_____. Sanções Políticas no Direito Tributário. **Revista Dialética de Direito Tributário** n.º 30. São Paulo: Dialética, maio de 1998, p. 46-47.

_____; MACHADO, Raquel Cavalcanti Ramos. Lançamento por homologação, alteração na apuração feita pelo contribuinte e direito de defesa. **Revista Dialética de Direito Tributário**, São Paulo, v. 116, p. 69-84, 2005.

_____; _____. O art. 20, § 4.º, do CPC, e a sucumbência da Fazenda Pública. **Revista Dialética de Direito Tributário**, São Paulo, v. 86, p. 60-76, 2002.

_____; _____. Antecipação da Tutela Jurisdicional em Matéria Tributária. In: ROCHA, Valdir de Oliveira. (Org.). **Problemas de Processo Judicial Tributário**. São Paulo: Dialética, 2002, v. 5, p. 125-152

MACHADO, Raquel Cavalcanti Ramos. **Competência tributária**: entre a rigidez do sistema e a atualização interpretativa. São Paulo: Dialética, 2014.

MARCONI, Diego. **Per la verità. Relativismo e Filosofia**. Torino: Einaudi, 2007.

MARINS, James. "A Compensação Tributária e o art. 170-A do CTN: Regra de Procedimento Dirigida à Autoridade Administrativa ou Regra de Processo Civil Dirigida ao Juiz?". In: ROCHA, Valdir de Oliveira. **Problemas de Processo Judicial Tributário** – v. 5, São Paulo: Dialética, 2002, p. 153 a 162.

MARINS, James. **Defesa e vulnerabilidade do contribuinte**. São Paulo: Dialética, 2009.

MARMELSTEIN, George. O Racismo Invisível: uma introdução à discriminação por preconceito implícito. In: MATIAS, João Luís Nogueira (Org.). **Direitos Fundamentais na Contemporaneidade**: entre as esferas públicas e privadas. 1ed.Rio de Janeiro: Lumen Juris, 2017, p. 119-132.

MATIAS, João Luís Nogueira (Org.). **Direitos Fundamentais na Contemporaneidade**: entre as esferas públicas e privadas. 1ed.Rio de Janeiro: Lumen Juris, 2017.

MCEACHERN, Andrew. **Game Theory**: a classical introduction – mathematical games and the tournament. Queens University: Morgan & Claypool Publishers, 2017.

MEIRELLES, Hely Lopes. **Direito Administrativo Brasileiro**. 22. ed. São Paulo: Malheiros, 1997.

MELLO, Celso Antônio Bandeira de. **Curso de Direito Administrativo**. 9. ed. São Paulo: Malheiros, 1997.

MIRANDA, F. C. Pontes de. **Comentários ao Código de Processo Civil**. 3. ed., atualização legislativa de Sérgio Bermudes, Rio de Janeiro: Forense, 1997, t. V.

_____.. **Tratado de Direito Privado**. 3. ed. Rio de Janeiro: Borsoi, 1970, tomo I.

_____. **Comentários ao Código de Processo Civil**. 3.ed. atualização legislativa de Sérgio Bermudes. Rio de Janeiro: Forense, 2001, t. IV.

_____. **Comentários à Constituição de 1967, com a emenda n. 1, de 1969**. 2.ed. São Paulo: RT, 1970, t. III.

_____. **O Problema Fundamental do Conhecimento**. Porto Alegre: O Globo, 1937.

NASCIMENTO, Carlos Valder (Coord.). **Comentários ao Código Tributário Nacional**. Rio de Janeiro: Forense, 1997.

O'NEIL, Cathy. **Weapons of math destruction**. How big data increases inequality and threatens democracy. New York: Crown, 2016.

PERELMAN, Chaïm. **Lógica Jurídica**. Tradução de Vergínia K. Pupi. São Paulo: Martins Fontes, 2000

PONTES, Fernando Demetrio de Sousa. **Fundamentação das decisões judiciais e interpretação jurídica:** estudo comparativo entre as contribuições da hermenêutica filosófica de Gadamer e do Modelo Toulmin deargumentação racional. Dissertação de Mestrado em Direito. Universidade Federal do Ceará. 2017. 120 f. Disponível em: http://www.repositorio.ufc.br/bitstream/riufc/29579/1/2017_dis_fdspontes.pdf. Acesso em: 10 jun. 2019.

PONTES, Valmir. **Programa de Direito Administrativo**. 2. ed. São Paulo: Sugestões Literárias, 1968.

POPPER, Karl. **A vida é aprendizagem** – Epistemologia evolutiva e sociedade aberta. Tradução de Paula Taipas, São Paulo: Edições 70, 2001.

_____. **O mito do contexto: em defesa da ciência e da racionalidade**. Tradução de Paula Taipas. Lisboa: Edições 70, 2009.

PRAKKEN, Henry; SARTOR, Giovanni. **More on presumptions and burdens of proof**. EUI Working Papers LAW 2008/80. Disponível *online* em: http://ssrn.com/abstract=1317348. Acesso em: 12 abr. 2013.

RAO, Vicente. **O direito e a vida dos direitos**. 5.ed. São Paulo: RT, 1999.

RAZ, Joseph. **Ethics in the public domain**. Essays in the morality of law and politics. Oxford: Clarendon Press, 1996.

_____. The relevance of coherence. **Boston University Law Review**. v. 72, n.2, March 1992, pp. 273-321.

RESCHER, Nicholas. **Epistemology- An Introduction to the Theory of Knowledge**. Albany: State University of New York Press, 2003.

RIDLEY, Matt. **The evolution of everything**: how new ideas emerge. New York: Harper Collins, 2015.

ROCHA, Joaquim Freitas da. **Lições de Procedimento e Processo Tributário**. 6.ed. Coimbra: Almedina, 2018.

ROSE-ACKERMAN, Susan. **Corruption and Government**. Causes, consequences and reform. New York: Cambridge University Press, 1999.

SANTOS, Boaventura de Sousa. **Um discurso sobre as ciências**. 6.ed. São Paulo: Cortez, 2009.

SANTOS, Moacyr Amaral. **Primeiras Linhas de Direito Processual Civil**. 11. cd., São Paulo: Saraiva, vol. I.

SCHAUER, Frederick. **The force of law**. Cambridge, Massachusetts: Harvard University Press, 2015.

SEARLE, John R. **The construction of social reality**. Nova Iorque: Simon & Schuster, 1995.

SHAPIRO, Stewart. **Vagueness in context**. Oxford: Claredon Press, 2006.

SMITH, Adam. **The theory of moral sentiments**. London: A Millar, 1790.

STROUD, Barry. On Scepticism. In: EDMONDS, David; WARBURTON, Nigel. **Philosophy bites**. Oxford: Oxford University Press, 2010.

TARUFFO, Michele. **La prueba de los hechos**. 3.ed. Traducción de Jordi Ferrer Beltrán. Madrid: Trotta, 2009.

_____. **La semplice verità. Il giudice e la costruzione dei fatti**. Roma: Laterza, 2009.

TESAURO, Francesco. Giusto processo e processo tributario. In: PIETRO, Adriano (Coord.). **Per una constituzione fiscale europea**. Milano: Cedam, 2008, p. 301-354.

TIPKE, Klaus. **Moral tributaria del estado e de los contribuyentes**. Tradução de Pedro M. Herrera Molina, Madrid: Marcial Pons, 2002.

TOULMIN, Stephen. **Os usos do argumento**. São Paulo: Martins Fontes, 2001.

TRINDADE, André Karam. O controle das decisões judiciais e a revolução hermenêutica no direito processual civil brasileiro. In. STRECK, Lenio Luiz; ALVIM, Eduardo Arruda; LEITE, George Salomão (Coord.). **Hermenêutica e jurisprudência no novo Código de Processo Civil:** coerência e integridade. Salvador: Juspodivm, 2016.

UHLMANN, Eric Luis; COHEN, Geoffrey L. Constructed Criteria Redefining Merit to Justify Discrimination. **Psychological Science**. v.16, n. 6, 2005, p. 474-480. Disponível em: https://ed.stanford.edu/sites/default/files/uhlmann_et_2005.pdf. Acesso em: 31 maio 2018.

VIANA, Juvêncio Vasconcelos. **Do processo cautelar.** São Paulo: Dialética, 2014.

_____. **Efetividade do processo em face da fazenda pública.** São Paulo: Dialética, 2003.

VIGORITI, Vicenzo. **Garanzie constituzionali del processo civile**. Milão: Giufré, 1973.

WAAL, Frans de. **Good Natured**: The Origins of Right and Wrong in Humans and Other Animals. Cambridge: Harvard University Press, 1996.

_____.; CHURCHLAN, P.; PIEVANI, T.; PARMIGIANI, S. (Eds.). **Evolved morality**. The biology and philosophy of human conscience. Boston: Brill, 2014.

WALDHOFF, Christian. Recent developments relating to the retroactive effect of decisions of the ECJ. **Commom Law Market Review**, 46. Netherlands: Kluwer International, 173–190, 2009.

WILK, Michal; WLODZIMIERZ, Nykiel (eds). **Polish tax system: business opportunities and challenges**. Warzawa: Wolters Kluwer, 2017.

XAVIER, Alberto. **Do Lançamento. Teoria Geral do Ato, do Procedimento e do Processo Tributário**. 2. ed. Rio de Janeiro: Forense, 1997.

ZAVASCKI, Teori Albino. **Antecipação da tutela**. São Paulo: Saraiva, 2009.

ZIPPELIUS, Reinhold. **Introdução ao Estudo do Direito**. Tradução de Gercélia Batista de Oliveira Mendes. Belo Horizonte: Del Rey, 2006.

Índice Remissivo

A

ação rescisória – 72, 115, 119, 121, 122, 123

ADCT – 56, 62, 63, 64, 66, 67, 68, 87

ADI – 62, 64, 66, 82, 83, 87, 99, 100, 120, 148

algoritmos – 79, 129, 131

Alzheimer – 24, 135

American Virginia – 146, 147

ampla defesa – 18, 19, 111

anarquismo epistemológico – 10, 14

Antiguidade – 8

Arbitragem – 138

arbitramento – 22

Arbitramento – 21

arbítrio do julgador – 19, 28, 91, 107

assessores de Ministros – 127

autotutela – 32, 43, 141, 142

averbação pré-executória – 78

B

biologia – 147

boa-fé – 86, 88

C

campanhas eleitorais – 8

capacidade contributiva – 5, 100

CARF – 142

CDA – 38, 72, 73, 77, 79, 142, 148

ceticismo – 10, 13, 14

chefe de polícia – 96

chimpanzé – 2

Ciência Política – 4

Código de Justiniano – 6

coisa julgada – 63, 64, 65, 66, 87, 115, 116, 119, 120, 121, 122, 123, 124, 141

compensação tributária – 47, 48

conciliação – 45, 136

Constituição

rígida – 5, 6

Corte Interamericana de Direitos Humanos – 59

Cortes de León – 6

crítica literária – 3

custas judiciais – 31

D

Defensoria Pública – 32

denúncia espontânea – 104, 105, 106, 107

depósitos judiciais – 31, 97, 129

dever de fundamentar decisões judiciais – 11

devido processo legal – III, 9, 18, 25, 72, 78, 111, 141, 142, 143, 144, 147

diálogo de fontes – 75

Direito Público – III, IV, 5, 71, 133, 135

dubiedade processo/resultado – 12

E

encargos legais – 35, 38

Epistemologia – 4, 13, 92

Estabilidade da jurisprudência – 108

Estado de Direito – III, 4, 8, 11, 25, 47, 50, 54, 58, 62, 66, 84, 88, 95, 108, 109, 113, 143

estado de necessidade – 18

Estado Fiscal – 4

Execução administrativa – 76

execução contra a Fazenda Pública – 53, 55, 57, 74

execução fiscal – 49, 60, 72, 73, 74, 75, 76, 77, 78, 79, 106

extralinguístico – 13

F

falhas de mercado – 7

falhas no Estado – 7

falibilismo – 13, 14

Filosofia da Ciência – 13

free rider – 1

H

História – 4, 5, 8

Honorários de advogados – 31

honorários de peritos – 31

I

idealismo – 13

ilícito penal – 83

imparcialidade – III, 25, 26, 28, 29, 94, 104, 141

Império Romano – 5

inamovibilidade – 71, 128, 142

incidência – 8, 11, 19, 82, 94, 98, 99, 103, 110, 117, 118, 119

inteligência artificial – 79, 129, 130

interesse público – 7, 59, 146

irredutibilidade – 71, 128, 142

irretroatividade – 4, 5, 83, 84, 88, 95, 124

L

legalidade – III, 4, 5, 6, 9, 18, 19, 21, 22, 25, 49, 61, 73, 95, 112, 115, 122, 137, 138, 141, 163

legítima defesa – 18

livre convencimento – 28

M

macho alfa – 3, 4

mandado de segurança – 51

máxima coincidência possível – 32, 33, 43, 63

Mediação – 136

meios alternativos de cobrança – 75

Mercosul – 98, 99, 129

mínimo existencial – 5, 6

Ministério Público – 50, 51, 127, 128

modulação de efeitos – 10, 81, 84, 85, 88

O

ônus da prova – 17, 18, 19, 20, 21, 26, 28, 77

ornitorrinco – 41, 82

P

parlamento – 9, 85, 108

passing-on defense – 85

pedido de suspensão – 50, 51

pênalti – 93, 95

perigo da demora inverso – 44

PIS e COFINS – 98, 99, 129

poderes instrutórios – 27, 29, 30

Poder Executivo – 9, 62, 67, 128, 129

precatório – 38, 54, 55, 56, 57, 58, 59, 60, 63, 64, 65, 66, 67, 68, 69, 87, 123, 140

presunção de veracidade – 21, 25, 27

privilégios da Fazenda Pública – 7

Processo administrativo – 141

processo de tentativa e erro – 4, 5

processo penal – 18, 57

processo sincrético – 54

proliferação de liminares – 49, 146

protesto de CDA – 148

prova desnecessária – 24, 25

prova ilícita – 25

provas ilícitas – 24, 25

provas impertinentes – 24

R

racionalidade humana – 4

realidades culturais – 6

realidades institucionais – 3, 4, 93, 94

realismo ingênuo – 23

REFIS – 66

regime democrático – 6, 7

relações de poder – 8

relativismo – 13

replay – 94

requisição de pequeno valor – 54, 67

restituição do indébito – 84, 101

S

segurança jurídica – 17, 81, 83, 102, 108, 109, 123

seleção natural – 2, 4, 13, 15, 147

senso comum jurídico – 19

sentimentos morais – 2

separação de poderes – 4, 5, 6, 9, 53, 63, 65, 71, 72, 112

Separação de Poderes – 11, 66

SERASA – 75

SPC – 75

sucumbência – 32, 33, 34, 35, 36, 37, 38

suspensão de liminar – 50

T

teoria da escolha pública – 59

Teoria do Direito – 11, 95, 116, 117

Teoria do Estado – 4

Teoria dos Jogos – 1

  jogo de soma não-zero – 1

tese dos 5+5 – 106

Transação – 136, 138

transporte aéreo – 99, 100

Tribunal de Justiça Europeu – 85

tríplice função – 8, 9

tutela cautelar – 41

tutela cognitiva – 53, 59, 71, 140

tutela provisória e proporcionalidade – 43

V

verdade

  como correspondência – 23

Vigência – 11

vitaliciedade – 71, 128, 142

ANOTAÇÕES